国家形象外译融通及可接受性研究

曾剑平 著

中国出版集团
中译出版社

图书在版编目(CIP)数据

国家形象外译融通及可接受性研究 / 曾剑平著.
北京：中译出版社，2024. 11. -- (中译翻译文库).
ISBN 978-7-5001-8014-2

Ⅰ．D820；H059

中国国家版本馆 CIP 数据核字第 2024T2Y295 号

国家形象外译融通及可接受性研究
GUOJIA XINGXIANG WAIYI RONGTONG JI KEJIESHOUXING YANJIU

出版发行 / 中译出版社
地　　址 / 北京市西城区新街口外大街28号普天德胜大厦主楼4层
电　　话 / (010) 68359827，68359303（发行部）；68359725（编辑部）
邮　　编 / 100088
传　　真 / (010) 68357870
电子邮箱 / book@ctph.com.cn
网　　址 / http://www.ctph.com.cn

出 版 人 / 刘永淳
出版统筹 / 杨光捷
总 策 划 / 范　伟
策划编辑 / 刘瑞莲　钱屹芝
责任编辑 / 钱屹芝
营销编辑 / 董思嫄　吴雪峰

排　　版 / 冯　兴
封面设计 / 潘　峰
印　　刷 / 三河市国英印务有限公司
经　　销 / 新华书店

规　　格 / 710毫米×1000毫米　1/16
印　　张 / 19.25
字　　数 / 287千字
版　　次 / 2024年11月第1版
印　　次 / 2024年11月第1次

ISBN 978-7-5001-8014-2　　定价：65.00元

版权所有　侵权必究
中 译 出 版 社

本书的出版得到了以下项目的支持：
国家社科规划课题（编号：17BYY052)
教育部人文社会科学研究规划基金项目（编号：24YJAZH006）
江西省社会科学"十四五"规划课题（编号：23YY10)
江西省高校人文社会科学研究项目（编号：YY23102)
第十二批"中国外语教育基金"项目（编号：ZGWYJYJJ12Z012）
江西服装学院专著出版基金资助项目

序

国家形象是一个国家内部公众和外部公众对该国政治、经济、文化、地理与历史等方面的认识,是国际交往中他国及其公众对该国形成的观念、综合印象与评价,是一个国家的综合实力、凝聚力和影响力的体现。良好的国家形象直接影响一个国家的对外经济发展与文化交流。

国家形象也是国家软实力的一种重要表现形式,是一种无形的战略资产,凝聚着民族生命力和意志力的国家软实力的组成部分——国家形象,在国与国竞争中,其作用可谓秉要执本。

改革开放以来,中国国力快速发展,经济实力不断提升,政治地位不断提高,中国的国家形象更加真实、丰满,但同时也面临着许多新的挑战。要完成对外宣传工作这项使命,我们关键在于着力打造融通中外的新概念、新范畴、新表述,增强对外话语的创造力、感召力、公信力,讲好中国故事,传播好中国声音,阐释好中国特色,建构好中国的国家形象。

建构好国家形象与做好外宣翻译,彼此密切关联。可以毫不夸张地说,成功的外宣翻译是助力中国文化走出去、全面建构信而有征的中国国家形象的重要途径。国际社会对我国各种宣传文本所透露出的政治信息和国家发展走向颇为关注,故而外宣翻译的准确性、可读性及政治性等势必对我国在国际上的名誉和地位产生直接或间接的影响。一些国外媒体对我国的报道扣盘扪烛、重此抑彼、抉瑕摘衅,报道缺乏客观性和真实性。鉴于此,为了最大程度地消除国际社会对中国的偏颇认知和误解,将外国民众因受误导而对我国产生的刻板扭曲的国家印象涣然冰释,就迫切需要做好我国的对外宣传工作。做好外宣翻译,可以让国外受众更好地了解中国,同时也可以让中国更好地融入世界,在世界上树立较好的形象。

政治话语是外宣翻译的重要语类。我国党和国家领导人讲话引经据典、提纲振领，对此，如何在外宣翻译时精准表达其所隐含的深厚思想、文化积淀的同时，使译文的表达方式为目的语文化所接受和认可，就成为外宣翻译成功与否的关键。故而，近年来国内政界与学界高度重视外宣效果，外宣翻译研究打破了以往"只专注翻译本身研究，不关注外宣效果"之瓶颈。诚然，政治话语外宣翻译应植根于中外和而不同的历史、政治、社会文化、价值观念，对于具有中国特色的概念、理念的翻译处理，译文不仅要传递出原文的原汁原味，话语方式还要能为外国受众接纳和认可，如此，中华文化才能真正走向世界。

曾剑平教授即将付梓的国家社科基金研究成果《国家形象外译融通及可接受性研究》，契合了国家形象建构、外宣翻译的主流脉动，系统地研究了国家形象外译融通及可接受性，论述翻译可接受性是评判翻译成功与否的关键，指出衡量翻译可接受性综合评价体系包括言内和言外因素，翻译可接受性是相对的，不是固定不变的，而会随时代和社会发展而有所变化，也会因读者的认知水平而异。不难看出，其论述很有见地，在国内外学术界堪称别开一格。

在研究路径上，全书从跨学科视角探讨国家形象外宣翻译融通策略及可接受性，既有宏观视野，也有微观洞见，理论建构与个案研究相辅相成、相得益彰，较好地做到了理论与实践结合。另外，书中对《习近平谈治国理政》的英译评价也弥足珍贵。

我与剑平兄相识多年，一直为其孜孜不倦的治学精神、擘两分星的治学态度所钦服。此番应邀为其最新研究成果作序，我深感荣幸。弘扬和传播中华文化，"讲好中国故事""翻译好中国"，就必须树立中华文化自信，确立"以我为主"的对外翻译原则，探索中国形象"本土自构"的翻译之路，以期实现更全面、更好的外宣翻译效果，构建更加可亲、可敬的美丽中国形象。

谨愿剑平兄翻译研究之途安常履顺、径行直遂！

司显柱

2024 年 10 月 5 日

于大别山浉河之岸独山

前　言

自大学毕业以后，在教学之余，我就一直从事翻译实践并致力于与翻译相关的课题研究，具体涉及的内容包括翻译实践、翻译理论、翻译教材、翻译教学和翻译人才培养等方面，主持国家和省部级课题二十七项，其中一项国家社科基金项目，两项教育部人文社科课题，一项教育部重点课题，一项江西省社科规划重点课题，部分研究成果发表在《中国翻译》《上海翻译》《中国科技翻译》《外语与外语教学》《江西社会科学》《江西财经大学学报》《南昌大学学报》《译林》等外语和中文核心期刊上。围绕课题研究发表了八十多篇论文，出版专著三部，合编或主编翻译教材十二部，其中《英译汉教程》（北京大学出版社，2006，2007，2008）、《英汉互译教程》（北京大学出版社，2009）和《研究生英语写译教程》（江西高校出版社，2011）分别获江西省高校优秀教材一等奖和二等奖。

课题研究源于问题意识。我长期兼任几家学报的摘要译审，翻译了近五百万字的中外文资料，发表过几篇科技论文译文。在翻译中遇到不少问题，这些问题有原语表达问题，也有翻译表达问题。原语表达问题是指原语不规范，包括文字表述错误、语境缺乏和专业术语的不当表述等。翻译表达问题大都源于专业文献翻译和中国特色文化翻译。前者由于专业知识的缺乏，所以专业文献翻译如何体现"专业味"遇到不少挑战。后者则源于译语没有相应的表达，而翻译创新会遇到可接受性问题。翻译中遇到的问题使我形成课题意识，想通过课题来深化相关问题研究。先后主持并完成"社会科学术语的规范性问题及术语创新机制研究"（2006—2007）、"语言的不确定性及翻译的不确定性研究"（2008—

2010)、"翻译取向和翻译策略研究"（2009—2011）、"有意文化误译研究"（2012—2015）、"汉英翻译可接受性研究"（2012—2015）、"文化认同与语言变异：基于汉英翻译的中国英语研究"（2013—2017）、"外宣翻译可接受性研究"（2016—2019）、"《习近平谈治国理政》对外话语特色及传播效果研究"（2017—2019）、"国家形象外译融通及可接受性研究"（2017—2022）。这些列举的课题只是与翻译本体研究相关的课题，不包括翻译教学和翻译人才培养相关的课题。课题研究与论文发表形成良性循环。课题研究促成果，论文发表水到渠成。

本拙著是国家社科规划课题"国家形象外译融通及可接受性研究"（编号：17BYY052）、教育部人文社会科学研究规划基金项目"中华学术外译项目传播效果提升路径研究"（编号：24YJAZH006）、江西省社会科学"十四五"规划课题"江西特色文化外译融通策略研究"（批准号：23YY10）和江西省高校人文社科研究项目"《习近平谈治国理政》的翻译融通策略及效度研究"（编号：YY23102）的部分研究成果，获江西服装学院专著出版基金资助。国家社科规划课题得以立项，离不开北京外国语大学王克非教授和王文斌教授、北京第二外国语大学司显柱教授和广东外语外贸大学黄忠廉教授的细心指导。这四位教授无论是选题还是课题论证，都不吝赐教，使我受益匪浅。他们是我的良师，亦是益友。

本书是本人对外宣翻译长期思考和研究的结果，共分十一章。

第一章是导论，阐述研究背景、研究意义、研究内容、研究思路和方法及创新之处。

第二章是关键术语界定，对国家形象、外宣和外宣翻译和翻译可接受性进行界定。国家形象是一个多维度的概念，具有跨学科交叉性特点。学者们出于不同视角对其内涵和外延有不同的理解，给予其不同的定义。外宣是对外宣传的简称，与内宣相对，是面向国际社会的宣传。外宣翻译就是对外宣传的翻译。外宣翻译是翻译的一种特殊形式，具有明确的目的性和交际意图，而且意识形态浓厚。翻译可接受性（translation's acceptability），顾名思义，是指翻译语言或作品能为读者接受。它是一种面向译文读者的综合性翻译标准，既是译文在译语读者一方产生的一种直觉交际效果，又是译者主观努力方向。从总体上看，翻译可接受性可分为译作的文化可接受性和译作的语言可接受性。

第三章阐述翻译在国家形象建构中的作用。在以"交流""沟通"与"合作"作为对外交往关键词的时代，国家形象的对外传播不仅是国家发展的诉求，还有助于世界对这个国家及其人民的认识。国家形象的建构有自塑和他塑之分。构建良好的国家形象主要靠自塑，对外传播国家形象是使国外公众了解该国形象的主要途径。对外传播国家形象有言语和非言语两种形式，主要以言语为主。由于不同民族有不同语言，传播国的语言不被其他国家读者理解，因此对外传播离不开翻译。翻译是对外传播国家形象的主要工具和有效手段，在国家形象的构建中起着不可或缺的作用。只有翻译才能消除各民族交流的语言障碍，架起文化沟通的桥梁，把对外传播的信息转换成国外公众理解的语言。讲好富有感召力的中国故事，传播好独具公信力的中国声音，阐释好具有创造力的中国特色，这些都离不开翻译。翻译在国家形象建构中的作用主要表现为：

（1）翻译架起了文明互鉴的桥梁，推动了社会和文化发展。自人类早期社会之始，不同民族文化相互传播，相互碰撞，交叉融合。人类社会文明从低级到高级发展的过程，是不同民族之间在文化上相互学习、取长补短的过程，是文明互学互鉴的过程。在不同文明的接触中，翻译架起了文化交流的桥梁，使不同民族文化信息交流得以畅通。社会的发展，文明的进步，宗教信仰的传播，东西方智慧的相互借鉴，先进技术的引进与输出，以及所有的国际交流活动及经贸往来都离不开翻译。人类的文明史，也是一部翻译史。

（2）翻译构建对外话语体系，传播国家形象。话语体系是由相对固定的概念、范畴、表述、理论、逻辑等构成，是思想和文化的语言载体。对外话语体系折射国家形象。一方面，话语体系可以客观地反映一国的国情，展示该国的政治、经济、军事、科技、文化、教育等方面发展的现实状况，另一方面话语体系是一个民族国家的文化密码，蕴含着一个民族国家特定的思想体系、价值观念和意识形态（杨鲜兰，2015：59）。我们在对外传播中建构的对外话语体系是独特的话语体系，因为我们有独特的政治制度、独特的历史文化、独特的发展道路、独特的价值观念，这既是中华民族屹立于世界民族之林的根，也是我们对外宣传的底气和源泉。翻译构建中国特色对外话语体系，表达与阐释文化话语权。

（3）翻译是文化软实力，折射国家文化形象。翻译既是文化交流的手段，也是一种文化。翻译的所有活动构成了翻译文化。翻译文化是国家文化形象的重要组成部分。从某种意义上说，翻译本身就是一种文化软实力的表现。一个国家翻译水平的高低，代表了该国的翻译文化软实力，也从一个侧面反映了该国的文化形象。翻译文化是一个国家对外交流的晴雨表。一个国家翻译活动频繁，说明该国的对外交流程度高，也就树立了对外开放的形象。一个闭关锁国的国家对外交流程度自然就低。一个国家的优秀民族文化总是要借助翻译手段向世界传播，并得到广泛的认同，这样才能建构良好的国家文化形象。

（4）国家翻译政策和翻译行为对提升国家形象发挥了不可替代的作用。国家翻译是一种由国家权力机构所组织和实施的国家行为。随着国家综合国力的增强，我国开始重视文化软实力的建设，对外传播中国文化，翻译出现了由译入为主向重视译出的转变。国家有关部门出台了系列文件，支持引导中国图书走出去，强调加强译介工作。国家级外宣出版社在对外传播国家形象方面功不可没。他们紧扣时势，配合时代主题，精心挑选文本，介绍我国的国情，大力宣传我国在政治、经济、科技、文化等领域取得的最新成果，为国外读者解读中国提供丰富的图书资源。

第四章阐述国家形象外译原则。外宣翻译是政治性、目的性和时效性很强的翻译门类。外宣翻译既有普通翻译的特点，又有其特殊性。为了达到外宣翻译的预期效果，外宣翻译既要遵循普通翻译的一般原则，又要根据自身的特点坚持某些特殊原则。本章提出外宣翻译的十一项原则。

（1）政治意识和国家利益原则：外宣翻译最明显的特点是政治性。外宣翻译的政治性既是由国家的政治性决定的，也是由语言符号的政治性来决定的。外宣材料蕴含了国家利益、政治立场等意识形态。外宣翻译要有敏锐的政治意识，维护国家利益。

（2）准确性原则：翻译要准确表达语义，必须做到正确理解原文含义；考虑词汇之间的细微差别，注意词汇的口吻与分量；区别对待词语的语境意义。

（3）非歧义原则：非歧义原则是准确性原则的进一步延伸。外宣翻译要尽量避免模棱两可的表述，选词用语方面做到语义清晰、没有歧义。

（4）话语创新原则：外宣翻译话语创新，包括词语创新和书名、广告等的创译。词语创新主要是指文化词语翻译创新。文化词语翻译创新，就是根据译语构词规则创造新的概念名称。词语创新的理据是文化词语原语独有而译语中没有对应词语。创译就是创造性翻译，是基于原语的再创作。创译适用于书名、电影名、品牌商标、广告等的翻译。

（5）语用等效原则：翻译时舍形取义，用译文中最贴近而又对等的自然语将原文内容表达出来，以求等效。

（6）信息凸显原则：根据不同国外受众的信息需求和修辞心理，凸显主要信息，弱化或虚化无关联信息。

（7）统一性原则：外宣翻译要达到预期效果，首先要统一规范对外话语，尤其要统一核心理念和关键词的翻译。因为核心理念和关键词是政治话语的灵魂，它们的翻译正确与否，或一语多译，均会影响国外读者对中国政治话语的正确解读。翻译不当，自然不能表达原语思想。一语多译，同样会误导国外读者。

（8）读者意识原则：译者应自觉地把读者的信息需求、阅读心理、价值取向、人情风俗、思维习惯和审美情趣等因素纳入自己思维活动之中，使作品符合读者的期待视野。

（9）内外有别原则：不能把内宣文本不加选择和过滤地翻译成外宣文本，要对外译文本作价值判断。

（10）外外有别原则：不同国家的受众，基于既定的认知，会对同一传播的信息有不同的反应。外宣翻译要因地制宜，有的放矢。

（11）译有所为原则：译有所为是上述各种原则的综合应用，是译者发挥主体性的具体表现。译有所为主要表现在译前和译中的两个过程：在译前，译者要对文本信息进行过滤，起着把关人的作用，择宜译或适译文本翻译；在译中，译者要综合考虑诸多言内外因素，采取不同的翻译策略。

第五章分析外宣翻译要考虑的言外因素。翻译是在特定社会语境下进行的社会实践活动。翻译过程中的各个环节，如选材和翻译策略的采用等，都会受言外因素（如价值观念、意识形态、伦理道德、文化风俗、审美趣味、思维习惯等）的约束。外宣内容是否为受众接受，是否可以达到预期的宣传效果，也是由言外因素决定。分析影响外宣翻译可接受性的言外因素，对于外宣翻译材料的甄选和翻译策略的选用具有理论价值和现实意义。本章着重讨论信息需求、价值观念、意识形态、文化风俗和思维习惯对外宣翻译的影响。信息需求引发读者的阅读动机。阅读动机和阅读需要是译文读者最基本的心理过程之一，阅读动机可以引起、维持个体阅读活动，并产生阅读活动的内在动力。不同的文化群体对外来信息和知识的需求在层次和内容上各不相同。为取得预期的外宣翻译效果，要了解外国受众的兴趣和需求，了解读者的个体特征、群体特征，了解他们的价值取向、宗教信仰、风俗习惯，进一步推测其对外宣传与翻译作品的期待视野、理解能力，并以此为基础，因地制宜、有的放矢，制定合理的翻译策略，满足不同层次读者的多元文化需求，增强对外宣传的针对性和实效性。意识形态与翻译密切相关。任何翻译活动都是在意识形态的约束下进行的。翻译是蕴涵着强烈意识形态的行为。意识形态对外宣翻译内容的遴选有制约作用，也影响着翻译策略的选择。国家主导的外宣翻译总会于有意无间、或直接或间接地表达并宣传某种意识形态与价值观念、实现某种政治影响与目的追求。价值观属于意识形态范畴，但两者既有联系又有区别，它们相互影响、相辅相成。意识形态是无所不包的观念系统，而价值观是意识形态诸要素中的具体表现之一。不同民族由于其历史背景、政治文化、宗教信仰等不同，对于包括自然与社会在内的世界有着不同的认知和理解，因而形成了不同的价值体系，或价值观念。价值观对翻译有很大的影响，主要表现在译者对原语的理解及表达和译文读者对译文的接受两个方面。原语读者和译语读者出于他们的前理解结构（如意识形态、价值观念、思维习惯、社会习俗等），分别对原语和译语的感悟能力是不同的。在理解过程中，译者会根据其个人的经验、价值观、文化、信仰、观点和态度等去想象文字和符号的言外之意（何英，2005：45）。同样地，译者在表达过程中也会有价值取向，因为语言使用具有意向性，是包含动机的，浸润着发话者的态度。价值观取向还会影响翻译的可接受性。在跨文化交际中，不同民族的文化价值观表现相同、相近和对立三种情况。相同的价值观就是普适价值观，是所有社会都推崇的，如民主、自由等，相近的价值观在不同民族文化中可以相互兼容，而对立的价值观则会在不同民族文化中相互抵制。正如译者是按照自己的价值观去理解和表达原文一样，译语读者也会按照自己的价值观去理解和接受译文。这就会出现这样一种情况：当原语文化价值观与译语文化价值观相同或相近时，译语承载的价值观会被译语读者接受；而原语文化价值观与译语文化价值观有冲突时，译语承载的价值观就遭到译语读者的抵制。外宣译者要考虑中外受众价值观差异，翻译时弱化价值观冲突，采取变通译法，避免歧义，同时还要注意原语词语和与之对应的译语词语在内涵方面的差异。文化习俗是一个民族在特定文化背景下长期形成、发展和承袭的文化现象。翻译要人"入乡随俗"，尽可能避免用词不当引发的误解和冲突。思维方式是看待事物的方式方法。翻译不仅是语言形式的转换，而且是思维方式的变换。正如思维方式体现于语言从词语构成到谋篇布局的各个层面一样，翻译的思维方式转换同样体现于语言的各个层面。所谓思维方式转换，就是要用译语的思维方式表达原语的思想内容。这就要打破原语的句法结构和语篇模式。思维方式转换贯穿于翻译话语融通的整个过程。

第六章讨论外宣翻译的信息过滤。外宣与内宣有很大的差异，主要表现为受众不同和话语体系不同。在外宣翻译中，翻译的文本内容主要来源于内宣文本。内宣构成外宣的基本框架。但由于内宣和外宣的受众不同，他们会基于前理解，对相同的宣传内容作出不同的反应。要使外宣翻译为国外受众接受，就有必要对内宣文本进行信息过滤。信息过滤分为真伪信息过滤、词语语义信息过滤、主次信息过滤和文化信息过滤。其中主次信息过滤体现在第四章的"信息凸显原则"。

第七章阐述国家形象外译融通策略。外宣翻译既要保持中国话语特色，又要注意中外话语融通。保持中国话语特色，是中国特有的文化使然，注意中外话语融通，是出于跨文化交际的考虑。没有话语融通，对外传播就不能达到预期效果。所谓话语融通，就其内涵而言，是指理念相通、话语相汇；从翻译层面来讲，是指以目标语读者为取向，为迎合目标语读者的阅读心理和思维习惯而采取的翻译变通策略。本章着重讨论文化语义补偿策略、修辞策略、语义近似策略、语篇重构策略及文本类型与翻译策略的关系。外宣翻译要做到话语融通，首先在文化层面，要采取文化语义补偿策略以弥补文化缺省，为目标语读者扫除文化阅读障碍。文内释解和文外加注是最常见的两种文化语义补偿策略。其次，在修辞层面，要充分考虑中外语言差异及目标语读者的阅读修辞心理，采用受众喜闻乐见的语言表述建构话语体系，使译文符合目标语表达习惯、修辞习惯与偏好。重构译语修辞文本，要遵守大原则：恰切性原则和有效性原则。第三，在词语选择方面，要用词义相近的目标词语表达源语词语。第四，在语篇方面，针对不同的外宣翻译文本，采用全译、重构和改写等翻译策略，以符合译语语篇的思维方式和行文习惯，从而使译文具有"文本内连贯"。不同的文本类型应该采用不同的翻译策略。

第八章探讨国家形象视域下的文化翻译。国家形象从某种程度上说是由话语建构的。话语体系是由相对固定的概念、范畴、表述、理论、逻辑等构成，是思想和文化的语言载体。中国对外话语体系包含了许多特有的中国文化概念和语言表述。这些文化概念和语言表述在翻译时没有先例可援，只能翻译创新。本章从文化全译和文化变译两个层面探讨文化翻译策略。文化全译属于微观层面的翻译策略。文化全译就是力求保全原作的文化，除了原作中的一切信息外，尤其要注重对原作中的文化特色要素进行转换，主要是文化意义的转移保留，更换的是文化形象（黄忠廉，2009：76）。文化专有项翻译是文化全译的重点。文化专有项是指一国语言中独有的文化词语。文化词语，故名思义，就是指含有文化信息的词语。文化词语分为文化词和文化含义词两种类型。文化词语的全译策略有音译、移植、文化转移、套译和意译等。文化变译是指在文化选择的总原则下对原语文化产品进行适应译语文化需求的改造性或变通式翻译（黄忠廉，2009：74）。变译是话语融通策略，而话语融通是译文可接受的必要条件。变译的依据就是语言的行文习惯和交际价值。当原文的行文习惯与目标语言的行文习惯相去甚远，原文照译不符合目标语读者的期待视野或修辞心理，甚至与读者的价值观念有冲突，变译就成为翻译的不二法则。变译是在一定程度上摆脱原文的文本建构方式，是遵照目标语同类文本的体裁常规，重建目标语文本的翻译策略。

就语篇而言，变译的主要形式是改写，包括句法结构重组、语篇调整和内容增删。文化变译是从文化角度考虑对原语文本进行改写，包括微观层面文化词语语义补偿或省略，宏观层面语篇的删节或重组。

第九章是个案研究，专门探讨《习近平谈治国理政》的翻译。《习近平谈治国理政》的翻译是集体智慧的结晶，译者都是国内富有翻译经验的专家学者。为了满足读者修辞心理和思维习惯，使读者有效解读中国的执政理念和优秀文化，该书的翻译采用了许多翻译融通策略，既忠实于原文，又满足了译语读者阅读修辞心理，为时政翻译树立了标杆，是一部学习外宣翻译策略的好的教科书。分析总结《习近平谈治国理政》的翻译融通策略，不仅有理论价值，而且有现实意义，为外宣翻译提供有益的和参考和借鉴。本章从语义层面、文化层面、修辞层面和语篇层面详尽分析《习近平谈治国理政》的翻译融通策略。每个层面下的翻译策略都包含许多翻译技巧。《习近平谈治国理政》译本得到国内外读者的广泛认可和称赞，其发行量已达两千多万册，创下了改革开放以来中国国家领导人著作海外发行最高纪录，发行遍及五大洲的多个国家，并且为国外多家图书馆收藏（管永前，2017）。该书之所以得到海外读者的广泛关注，原因有二：一是书的思想内容引起了外国读者的阅读兴趣。习近平的讲话阐述了我国的治国理念和执政方略，提出了许多新思想、新观点、新论断，深刻回答了新的历史条件下党和国家发展的重大理论和现实问题，为全球治理体系提供了中国方案。二是翻译架起了融通中外话语的桥梁。为了满足异域读者的认知结构和思维、修辞习惯，使读者有效解读中国的执政理念和优秀文化，该书的翻译采用了许多翻译融通策略与技巧，"编""译"融合，注重海外读者需求。

第十章研究外宣翻译可接受性综合评价体系。翻译可接受性是译者在翻译的过程中必须考虑的因素。事实上，翻译理论中提出的诸多翻译策略或技巧和方法，都是围绕翻译可接受性展开的。只有为读者认可的译作才算是成功的译作，不具备可接受性的翻译毫无价值。翻译可接受性是一种面向译文的综合性翻译标准，指的是译文的语言符合译入语规范，能够为读者理解和接受。翻译可接受性判断具有很强的主观性，会因人异。为此，有必要设置评价翻译可接受性的参照系。本章从言内因素和言外因素两个方面设置评价翻译可接受性的参照系。就言内因素而言，翻译可接受性的参照指标有：语法性、习惯性、逻辑性、可理解性、非歧义性、专业性、语用性、语体适切性、语篇性等。只有具备这些基本语言要素的翻译才具有语言层面的完全可接受性。缺少其中一项或几项语言要素的翻译都会影响翻译可接受性判断。言外因素包括翻译标准、读者对象、交际意图、文化背景、文化取向等。翻译可接受性与文本类型、社会文化环境和翻译目的都有很大的关系。翻译可接受性是相对的，而不是固定不变的，它会随时代和社会发展而有所变化，也会因读者的认知水平而异。

第十一章是结语，是对本书研究内容的总结，并针对外宣人才培养现状，提出相关建议。"讲好中国故事，传播好中国声音"，需要大量的优秀外宣翻译人才。高校是培养外宣翻译人才的摇篮。然而，目前高校的翻译专业培养方案中，除少数高校外，无论是本科翻译专业，还是翻译硕士专业，都没有把外宣翻译人才培养放在应有的位置，结果学生的外宣翻译能力缺失。高校培养外译人才，从宏观层讲，对接了国家文化走出去的发展战略；从微观层面，满足了社会现实需求。高校培养外译人才，要有顶层设计，对学科和专业重新定位，把外宣翻译人才培养纳入翻译专业人才培养方案中，课程设置要交叉融合。在外宣翻译教学过程中，要培养学生敏锐的政治意识、语言审美能力、价值判断能力和文化感悟能力，通过翻译实践培养学生的外宣融通能力，为国家培养优秀的外译人才。

本书中的部分成果已经发表在《中国翻译》《上海翻译》《中国科技翻译》和《江西社会科学》等学术刊物上。

本书的创新之处表现在如下几方面。

（1）学术观点新：认为翻译可接受性是评判翻译成功与否的关键因素。翻译可接受性涉及言内和言外因素。其中言内因素是构成语言可接受性的基本语言要素。而言外因素则包括价值观念和意识形态等文化因素。翻译可接受性是相对的，而不是固定不变的，它会随时代和社会发展而有所变化，也会因读者的认知水平而异。

（2）研究内容新：系统地研究国家形象外译融通及可接受性，试图构建融通中外话语体系的外宣翻译可接受性综合评价体系，在国内外学术界还属首次。研究内容全面，既涉及翻译可接受性的语言本体研究，也涉及影响翻译可接受性的言外因素研究。研究的翻译策略不止是全译策略，还包括变译策略。而《习近平谈治国理政》的英译评价更是学者们很少触及的研究课题。

（3）研究视角新：立足于受众意识，从跨学科视角研究国家形象外宣翻译融通策略及可接受性，既有宏观视野，也有微观研究，理论建构与个案研究相辅相成，相得益彰，做到理论与实践相结合。

（4）研究方法多样：不仅采用了常用的文献研究法和跨学科研究法，而且还采用了问卷调查法和比较研究法。多种方法并用，使研究的结论更具逻辑性和说服力。

本课题研究参考了大量国内外学术专著，引用了不少学者的观点和文献中的实例，书中都一一标出。在此，对书中标出的学者表示感谢。

特别要感谢司显柱教授在百忙之中为本书作序。司教授是本人一生中的贵人，他把我从南昌航空工业学院（现在的南昌航空大学）引进江西财经大学，并给我提供可以施展人生抱负的更大的舞台，在学术上给予了我不少指导和帮助，对此，我没齿难忘。

中译社的范祥镇主任和钱屹芝编辑为本书的出版倾注了大量心血。她们为人热情，待人诚恳，做事认真负责。自从本人提出出版专著的想法后，她们就指导我如何填写出版申请表。我稿件提交后，钱屹芝编辑认真审稿和编辑排版，对稿中个别内容和不规范的地方提出修改意见。为此，表示衷心感谢！

由于本拙著研究内容涉及面广，书中难免有缺点、错误，欢迎批评指正。

曾剑平

2024 年 10 月 10 日

目　录

第一章　导论 ··· 1
1.1 研究背景 ··· 1
1.2 研究意义 ··· 4
1.2.1 学术价值 ·· 4
1.2.2 应用价值 ·· 5
1.3 研究思路和方法 ··· 5
1.4 创新之处 ··· 6

第二章　关键术语界定 ··· 8
2.1 国家形象 ··· 8
2.2 外宣与外宣翻译 ··· 11
2.2.1 外宣 ·· 11
2.2.2 外宣翻译 ·· 12
2.3 翻译可接受性 ··· 13

第三章　翻译与国家形象建构 ··································· 15
3.1 翻译架起了文明互鉴的桥梁，推动了社会和文化发展 ··· 15

3.2 翻译构建对外话语体系，传播国家形象⋯⋯⋯⋯⋯⋯⋯⋯ 18
3.3 翻译是文化软实力，折射国家文化形象⋯⋯⋯⋯⋯⋯⋯⋯ 24
3.4 国家翻译政策和翻译行为对提升国家形象的作用⋯⋯⋯⋯ 28

第四章　国家形象外译原则⋯⋯⋯⋯⋯⋯⋯⋯⋯⋯⋯⋯⋯⋯ 31

4.1 政治意识和国家利益原则⋯⋯⋯⋯⋯⋯⋯⋯⋯⋯⋯⋯⋯⋯ 31
4.2 准确性原则⋯⋯⋯⋯⋯⋯⋯⋯⋯⋯⋯⋯⋯⋯⋯⋯⋯⋯⋯⋯ 33
4.3 非歧义原则⋯⋯⋯⋯⋯⋯⋯⋯⋯⋯⋯⋯⋯⋯⋯⋯⋯⋯⋯⋯ 35
4.4 话语创新原则⋯⋯⋯⋯⋯⋯⋯⋯⋯⋯⋯⋯⋯⋯⋯⋯⋯⋯⋯ 37
4.5 语用等效原则⋯⋯⋯⋯⋯⋯⋯⋯⋯⋯⋯⋯⋯⋯⋯⋯⋯⋯⋯ 41
4.6 信息凸显原则⋯⋯⋯⋯⋯⋯⋯⋯⋯⋯⋯⋯⋯⋯⋯⋯⋯⋯⋯ 43
4.7 统一性原则⋯⋯⋯⋯⋯⋯⋯⋯⋯⋯⋯⋯⋯⋯⋯⋯⋯⋯⋯⋯ 46
4.8 读者意识原则⋯⋯⋯⋯⋯⋯⋯⋯⋯⋯⋯⋯⋯⋯⋯⋯⋯⋯⋯ 47
4.9 内外有别原则⋯⋯⋯⋯⋯⋯⋯⋯⋯⋯⋯⋯⋯⋯⋯⋯⋯⋯⋯ 51
4.10 外外有别原则⋯⋯⋯⋯⋯⋯⋯⋯⋯⋯⋯⋯⋯⋯⋯⋯⋯⋯ 55
4.11 译有所为原则⋯⋯⋯⋯⋯⋯⋯⋯⋯⋯⋯⋯⋯⋯⋯⋯⋯⋯ 58

第五章　外宣翻译要考虑的言外因素⋯⋯⋯⋯⋯⋯⋯⋯⋯⋯ 59

5.1 信息需求⋯⋯⋯⋯⋯⋯⋯⋯⋯⋯⋯⋯⋯⋯⋯⋯⋯⋯⋯⋯⋯ 59
5.2 意识形态⋯⋯⋯⋯⋯⋯⋯⋯⋯⋯⋯⋯⋯⋯⋯⋯⋯⋯⋯⋯⋯ 62
5.3 价值观⋯⋯⋯⋯⋯⋯⋯⋯⋯⋯⋯⋯⋯⋯⋯⋯⋯⋯⋯⋯⋯⋯ 68
5.4 文化习俗⋯⋯⋯⋯⋯⋯⋯⋯⋯⋯⋯⋯⋯⋯⋯⋯⋯⋯⋯⋯⋯ 76
5.5 思维方式⋯⋯⋯⋯⋯⋯⋯⋯⋯⋯⋯⋯⋯⋯⋯⋯⋯⋯⋯⋯⋯ 79

第六章　外宣翻译的信息过滤⋯⋯⋯⋯⋯⋯⋯⋯⋯⋯⋯⋯⋯ 83

6.1 真伪信息过滤⋯⋯⋯⋯⋯⋯⋯⋯⋯⋯⋯⋯⋯⋯⋯⋯⋯⋯⋯ 83
6.2 词语语义信息的过滤⋯⋯⋯⋯⋯⋯⋯⋯⋯⋯⋯⋯⋯⋯⋯⋯ 86

6.3　文化信息过滤 ··· 90

第七章　国家形象外译融通策略 ·································· 93

7.1　文化语义补偿 ··· 95
7.2　趋同修辞 ·· 99
7.3　语义近似 ·· 105
7.4　语篇重构 ·· 107
7.5　文本类型与翻译策略 ··· 111

第八章　国家形象视域下的文化翻译 ·························· 116

8.1　文化全译策略 ··· 117
 8.1.1　音译 ··· 118
 8.1.2　直译 ··· 122
 8.1.3　直译加注 ··· 122
 8.1.4　移植 ··· 124
 8.1.5　套译 ··· 124
 8.1.6　意译 ··· 125
8.2　文化变译 ·· 127
 8.2.1　文化变译的定义 ······································ 127
 8.2.2　文化变译的价值蕴含 ······························ 128
 8.2.3　文化变译的具体策略 ······························ 132
8.3　异化翻译可接受性分析 ······································· 142

第九章　《习近平谈治国理政》的翻译策略 ············ 145

9.1　语义翻译策略 ··· 145
 9.1.1　把握词语内涵，同词异译 ······················ 146
 9.1.2　带后缀词语的变通翻译 ·························· 151

- 9.1.3 词语的虚实转换 ·········· 154
- 9.1.4 缩略语信息还原 ·········· 155
- 9.1.5 语义明晰化 ·········· 156
- 9.1.6 专有名词复原 ·········· 159
- 9.1.7 同义词句省译 ·········· 160
- 9.1.8 外来词语回译 ·········· 169
- 9.1.9 套译 ·········· 171
- 9.1.10 词类转换 ·········· 171

9.2 释疑解惑的增译策略 ·········· 173
- 9.2.1 文化词语语义补偿 ·········· 173
- 9.2.2 增加时间词语 ·········· 175
- 9.2.3 对引语做出解释 ·········· 176
- 9.2.4 对比喻性词句做解释 ·········· 177

9.3 修辞翻译策略 ·········· 177
- 9.3.1 再现副文本修辞 ·········· 178
- 9.3.2 再现源语积极修辞 ·········· 180
- 9.3.3 "去修辞化" ·········· 189

9.4 语篇策略 ·········· 201
- 9.4.1 书名的预设翻译 ·········· 202
- 9.4.2 标题翻译的浓缩化 ·········· 203
- 9.4.3 破句重组、削繁就简 ·········· 205
- 9.4.4 衔接 ·········· 215

9.5 效果分析 ·········· 227

第十章 外宣翻译可接受性综合评价体系 ·········· 231

10.1 构成外宣翻译可接受性的言内因素 ·········· 231
- 10.1.1 用词准确 ·········· 232
- 10.1.2 语法性 ·········· 236

10.1.3 逻辑性	238
10.1.4 习惯性	240
10.1.5 可理解性	243
10.2 外宣翻译可接受性的言外因素分析	245
10.2.1 评价主体	246
10.2.2 评价标准	248
10.2.3 文化因素	251
10.2.4 交际意图	253

第十一章 结语 ······ 256

参考文献 ······ 259

第一章 导论

1.1 研究背景

改革开放以来,尤其是进入21世纪后,中国发生了翻天覆地的变化,经济社会发展取得了举世瞩目的辉煌成就,不仅硬实力得到加强,而且软实力也有长足发展。尽管国际形势风云变幻,国家关系错综复杂,地区冲突此起彼伏,贸易摩擦有增无减,严重阻碍世界经济发展,但我们的经济建设平稳运行,GDP增速在全世界发展中国家稳居前茅。政治上更加民主、清廉、透明,权力被关进了制度的笼子,监督体系逐步健全和完善,反腐倡廉深入民心,形成了"山清水秀"的政治生态。在社会建设方面,民生得到保障和改善,基本公共服务体系得到健全,人民生活水平不断提高,人民安居乐业,社会和谐稳定,全面建设小康社会取得重大进展。在文化建设方面,文化软实力得到加强,人民文化生活多姿多彩,中华文化的生命力不断增强。我国已经成为世界图书出版第一、电视剧制播第一、电影银幕数第一的国家,电影市场世界领先,一批文化精品力作引起强烈反响。文化传播、文化交流、文化贸易多头并举,中国品牌、中国声音、中国形象得到越来越多的认可,文化自信得到彰显。生态文明制度建设有序推进,"绿水青山就是金山银山"的发展理念深入人心。法治建设得到加强,以法治国成为治国方略,社会公平正义得到彰显。国家治理体系进一步完善,治理能力进一步提高。科技发展日新月异,科技创新实现了历史性、整体性、格局性重大变化,科技创新水平加速迈向国际第一方阵。蛟龙、天眼、悟空、墨子、慧眼、大飞机,一大批代表性重大科技创新成果相继涌现,天宫、神舟、天舟、天问、嫦娥、祝融、长征系列成果举世瞩目,毛泽东同志提出的"可上九天揽月，可下五洋捉鳖"的梦想终于实现。量子调控、铁基超导、合成生物学领域步入世界领先行列。国际地位显著提升，国际影响力也日益加强。作为联合国安理会五个常任理事国之一，中国在世界重大事务上，都有一票否决权，是少数几个名副其实的政治大国。在政治、经济、军事与外交等领域国际影响力显著增强，彰显了大国政治威望，在国际社会中中国扮演着越来越重要的角色。中国积极参与全球治理体系建设，为其他国家和人民谋求发展提供了可供借鉴的思想资源。中国的治国理政方略也成了许多国家的"他山之石"。习近平总书记提出的"构建人类命运共同体"被写入联合国决议。这是中华人民共和国成立以来，中国国际地位实现历史性提升、外交理念影响力得到历史性增强的生动写照。中国发展模式和理念受到国际社会的关注，中国智慧和中国方案在全球治理结构中发挥了其应有的作用。

随着综合国力的不断增强，中国的发展战略由输入向输出转变。"走出去"战略不止是在经济领域，还包括文化领域。文化因素是衡量一国综合国力与处理国际关系中不可忽略的一环，文化多样性与文化外宣已成为国际政治领域的重要内容，各国政府常常通过译介与文化宣传来增进了解、推进外交、提升国际形象（梁岩，2010：2）。毋庸置疑，"中国文化走出去"战略的实施，对于传播中国文化，树立良好大国形象起了重要作用。但我们的对外传播效果不尽如人意。习近平总书记在2016年党的新闻舆论工作座谈会上指出："我们在国际上有时还处于有理说不出、说了传不开的境地，存在着信息流进流出的'逆差'、中国真实形象和西方主观印象的'反差'、软实力和硬实力的'落差'"。（习近平，2017：149）之所以出现上述的"逆差""反差"和"落差"，除了东西文明和意识形态的冲突以及西方社会对于中国话语的先天偏见之外，翻译能力与传播能力自身的建设也不容回避。中国话语的对外译介与传播采取的是一种"单向度"的外宣策略，偏重于"坚持正面报道为主"的原则，"自弹自唱""自说自话""自娱自乐"的印迹非常明显，中国化的思维方式明显，在语言表达上缺乏灵活性，经常出现套话、空话、政治术语（张骥 等，2019：358），中国话没有与目标语言接轨，其实质是严重忽略目标受众的"代入感"和"体验性"。我们的表达和阐释还没有做到让外国受众愿意看、愿意听、能产生共鸣。比如，作为2008年北京奥运会的主题口号，"同一个世界，同一个梦想"译成"One World, One Dream"，没想到却备受诟病。英语译文的"One World"常常是"单一世界""天下大同"的意思，而不是"同一个世界"所表达的同一个地球的存在环境概念。所以，"One World"在英语符号体系中的意义与"同一个世界"在汉语符号体系中的政治内涵有着天壤之别。"One World"（单一世界）一直是西方政治经济领域引起争议、贬多褒少的用语，如"单一世界经济""单一世界秩序"等（朱义华，2017：93）。我们的一些文件，包括给外国人看的白皮书，也充满了文件术语，外国读者看不懂，不明白我们在说什么，把理解中国的政治理念说成是一个密码解密的过程（陈明明，2016：10）。

新华社"对外宣传有效性调研"课题组（2004：20-22）经过调查发现，境外媒体和受众对我国新闻报道的一个普遍意见是"人情味太少""针对性太差"。菲律宾《世界日报》社长陈华岳说，中国政府提出"弘扬主旋律""以正面为主"的宣传方针是对的，但好的要说，坏的也要说，"好与坏的比例当然可以适当控制，但绝不要一边倒"。《联合日报》国际版的一位责任编辑也指出："如果老是说好的，不说问题或者淡化问题，时间长了，读者就会产生不信任感，这又可能被别人误导。"（卢彩虹，2016：123）我国英语媒体虽然拥有一定的外国受众，但据郭可的调查，来华国际受众对我国英语媒体新闻报道的认同度较低，只有16.7%，而大多数外国受众持反对（19.7%）和谨慎的模糊态度（46.9%）（郭可，2002：43-44）。因此，通过外宣翻译工作来改变海外受众对中国的看法是"一项长期而艰巨的任务，不可能立竿见影，相反，有时甚至会劳而无功"（唐润华，2005：52）。

周明伟（2015：8）借用习近平在全国文艺工作座谈会上提出的"有数量缺质量""有高原缺高峰"的形象来描述当下对外传播领域的现状。周明伟认为，构建融通中外话语体系，应该成为对外传播迈向高峰的一个突破口。为了实现"三个适应"，即努力使对外传播能力同我国的经济社会发展水平相适应，国际话语权同我们的大国地位相适应，国家形象同我们的实际情况相适应，最终使我们有更多登"高原"、攀"高峰"

的对外传播作品，我们应该紧紧抓住构建融通中外话语体系这个环节。

　　翻译对国家形象的传播有很大影响。翻译是一把双刃剑，有可能成为桥梁，也有可能成为障碍。高水平的翻译能准确传递原语的精神实质，精准建构对外话语体系，传播国家形象，这是翻译积极的一面；但低劣的翻译会歪曲原语的意思，引起国外读者误解，不能正确传播文化，影响对外交流，不能收到预期效果，甚至有损国家形象，这是翻译消极的一面。因此，我们要提高外宣材料的编写和翻译质量，创新外宣工作的思路与方式来减少"宣"的色彩，实现"传"的效果。

1.2　研究意义

1.2.1　学术价值

　　翻译只有被读者理解和接受，才能算是成功的翻译。翻译可接受性分语言可接受性和文化可接受性。要使译语语言为读者接受，翻译就要使用地道的译语语言，以满足读者的阅读修辞心理，这就要求译者采取话语融通策略，以消除中外语言差异带来的阅读障碍。要使翻译具有文化可接受性，即译语文化信息被译语读者接受，翻译应该面向目标文化受众，考虑译语读者的信息需求、意识形态、价值观念、风俗习惯、文化心理等诸多言外因素，在此基础上甄选翻译材料和措辞，尽量不要让读者误解译语信息。翻译的传播效果主要是由受众对翻译的认可度来衡量的。认可度越高，传播效果越好。

　　本书以国家形象外译融通与可接受性为研究对象，宏观上研究衡量翻译可接受性的参照系，不仅考虑言内因素，还考虑言外因素（如价值观念、意识形态、人情风俗等），微观上研究实现翻译可接受性的翻译策略或翻译方法，并在此基础上构建融通中外话语体系的外宣翻译可接受性综合评价体系，扩大了翻译研究视野，不仅为外宣翻译提供理论依据，而且丰富了翻译理论内容，是翻译批评的进一步深化，具有理论意义。

1.2.2 应用价值

在中华文化走出去的宏大语境下，外宣翻译担负着传播国家形象、提升国家文化软实力的重大使命。

翻译从方向看，分译入和译出。译入是指从外语译成母语，而译出则相反，是从母语译成外语。一般情况下，译入水平要比译出水平高，因为译入是用母语表达，了解母语读者的期待视野和修辞接受心理，符合翻译规律。而译出是用外语表达，译者对外语掌握的程度总不可能如母语那么娴熟，加上中外语言思维和文化差异，所以译文可接受性就要差些。汉译外还存在着令人担忧的状况。不仅街头巷尾的公示语翻译存在低级错误，甚至有些正规的涉外媒体的翻译也不尽如人意，甚至闹出翻译笑话。拙劣的翻译会影响对外传播的效果，影响我们国家的文化软实力建设，有损国家形象。提高外宣翻译质量，用外国读者乐于接受的方式"讲好中国故事，传播好中国声音"，争取中国在国际政治、经济、文化等方面的话语权已是迫在眉睫的问题。

本书立足于受众意识，从多角度研究中国特色话语外译融通与可接受性，提高外宣翻译的信息可读性和读者接受度。其研究成果对外宣翻译具有现实的指导意义，在理论和实践层面都服务于我国文化"走出去"的战略目标。

1.3 研究思路和方法

本书以现代翻译理论和传播理论等为指导，以最新的外宣英译文本为语料，以平行文本比较法为主，归纳法与演绎法并重，宏观视角和个案研究相结合，正反例子相佐证，多维度研究国家形象外译融通策略及可接受性的影响因素，在此基础上采用理论分析法研究外宣翻译可接受性的参照指标，从语法维度、语用维度、文化维度、语篇维度等构建融通中外话语体系的外宣翻译可接受性综合评价体系，并用该评价体系对《习近平谈治国理政》的英译本进行案例分析。

拟采用以下四种方法进行研究：

（1）文献研究法：广泛阅读有关国家形象、外宣翻译和翻译可接受性的相关文献，系统梳理相关研究，揭示我国国家形象研究和外宣翻译研究的现状、问题及出路。

（2）跨学科研究法：借鉴语言学、翻译学、修辞学、文化学、文体学、跨文化言语交际等学科的研究成果，以 *Beijing Review*、*China Daily*、*New York Times* 等国内外知名的英语报刊文章为语料，从句法、语用、认知、逻辑、文化等方面分析外宣翻译可接受性的影响因素，构建外宣翻译可接受性综合评价体系。

（3）平行文本比较法：一是以时政文体（如政治文献、政治新闻等）为语料，比较分析中英不同外宣文本的语篇特点，从平行文本角度研究语篇翻译策略及可接受性；二是比较分析同一文本的不同译文，比较它们的可接受性差异。

（4）个案研究法：对《习近平谈治国理政》的英译本进行问卷调查，分析该译本为使译语读者接受所采用的种种翻译策略及其效果，按照翻译可接受性综合评价体系对该译本进行综合评价。

1.4　创新之处

（1）学术观点新：认为翻译可接受性是评判翻译成功与否的关键因素。翻译可接受性涉及言内和言外因素。其中言内因素是构成语言可接受性的基本语言要素，包括语法性、语用性、习惯性、逻辑性等因素。而言外因素则包括价值观念和意识形态等文化因素。翻译可接受性是相对的，而不是固定不变的，它会随时代和社会发展而有所变化，也会因读者的认知水平而异。

（2）研究内容新：系统地研究国家形象外译融通及可接受性，试图构建融通中外话语体系的外宣翻译可接受性综合评价体系，在国内外学术界还属首次。研究内容全面，既涉及翻译可接受性的语言本体研究，也涉及影响翻译可接受性的言外因素研究。研究的翻译策略不只是全译策略，还包括变译策略。而《习近平谈治国理政》的英译评价更是学者们很少触及的研究课题。

（3）研究视角新：立足于受众意识，从跨学科视角研究国家形象外宣翻译融通策略及可接受性，既有宏观视野，也有微观研究，理论建构与个案研究相辅相成，相得益彰，做到理论与实践相结合。

（4）研究方法多样：不仅采用了常用的文献研究法和跨学科研究法，而且采用了问卷调查法和比较研究法。多种方法并用，使研究的结论更具逻辑性和说服力。

第二章 关键术语界定

2.1 国家形象

"形象"一词,包括"形"与"象"两个方面的意义。"形"为客观世界,"象"为"形"在主观世界的投影,物有其形,心生为象。所以,"形象"应该被归入包括主客观两个方面的认识论范畴,由于人的认识的社会化意义,它也指涉了美学和心理学范畴。"形象"的英语对应词为 image,包含主观性极强的"想象"的意思(刘国强,2009:79)。

国家形象是一个多维度的概念,具有跨学科交叉性特点。学者们出于不同视角对其内涵和外延有不同的理解,给予其不同的定义,具有代表性的定义有:

(1)国家形象是国际舆论和国内民众对特定国家的物质基础、国家政策、民族精神、国家行为、国务活动及其成果的总体评价和认定。国家形象的构成要素,主要包括物质要素、精神要素和制度要素三个方面(张昆、徐琼,2007:11)。

(2)国家形象是"外部和内部公众对某国的总体判断和社会评价"。(汤光鸿,2006:23)

(3)国家形象是一个"多维度"的建构,它是"关于某一具体国家的描述性、推断性、信息性的信念的总和"。(Martin & Eroglu, 1993:193)

(4)国家形象是"对某一国家认知和感受的评估总和,是一人基于这个国家所有变量因素而形成的总体印象"。(Seyhmus & Ken, 1999:868-897)

综上所述,国家形象可定义为:国内外受众个体依据有形的物质要素和无形的非物质要素（如精神、制度、观念等）对一国做出的总体认知和评价。该定义具有如下含义：

（1）评价主体是国内外受众。根据评价主体来分，国家形象可分为国内形象和国际形象。国内形象是国家的"自我期望形象"，即国家希望自己具有的理想社会形象，它是国家的自我期许和自我评价，是国家发展的内在动力和国民凝聚力之所在（张昆、徐琼，2007：15）。国际形象是外国受众通过媒体报道、文学作品、文化交流或亲身感受（如留学、阅读、参观、旅游等方式）形成的对特定国家的印象。由此，国家形象有自塑和他塑之分。

（2）评价依据包括有形要素和无形要素，有形要素是硬实力，无形要素是软实力。有形要素和无形要素构成国家的整体形象。

（3）评价不完全是客观的，多少带有主观色彩。国内受众对自己国家形成的印象和国外受众对该国的印象是不完全相同的。这主要是因为国外公众对一国形象的认知，要么直接感知，如通过人际交往认识某个人物，或通过留学、阅读、参观、旅游等方式亲身观察、体验某个国家，从而形成对特定国家或个人的印象，要么间接认知，如通过媒介传播（媒体报道、文学作品、文化交流等）（张昆，2015：2-3）。对大多数国外公众而言，直接感知毕竟有限，不是人人都有亲身经历的机会，因此对一国的认知，更多的是间接认知，即通过媒介传播和文学作品等来了解一国形象。中国的形象是西方文化传统的一部分，这意味着，西方如何看待中国不仅取决于中国本身的实际情况，在很大程度上也依赖于西方的学术文化或意识形态氛围（马克林，2013：3）。比如，19世纪那些杰出的社会人类学者，如英国的爱德华·泰勒和詹姆斯·弗雷泽、法国的埃米尔·迪尔凯姆、美国的摩尔根，他们以多维的视野漫游于各种文化，对人类社会过程中的演化阶段进行比较，追寻现代社会的制度、仪式、风俗习惯以及思维习惯的起源，但他们逃脱不了的局限是，同时期的那些异文化被他们视为"野蛮""原始"或"半开化"的文化资料，当作历史文化的"活化石"。虽然他们偶尔也去异域旅行，但很难或者根本无心进入与异域文化群体的交流状态，到头来只是根据旅行家的记述、殖民地当局的档案和传教士留下的资料来分析异文化（马尔库斯、费切尔，1998：37），而得到的理解只不过是自我文化系统知识的理解，不能像陌生人那样同时拥有他者的视野（单波，2010：36）。从西方的中国形象史看，最早的《马可·波罗游记》和《曼德维尔游记》给西方人塑造了一个极为繁荣、富庶的东方世俗乐园形象。杜赫德的作品《中华帝国全志》对中国推崇备至，称中国较之欧洲诸国更为先进。首先，他极力称赞中国政府。他认为中国人民仁爱善良、智慧勇敢，并认同中国"天朝上国，君临天下"的自我标榜。他将中国看作一个环境优美、物产富饶、农业发达、交通便利的繁荣大国。他赞扬中国是礼仪之邦，称赞中国人民爱好和平，并盛赞中国女性端庄正直、品德高尚（马克林，2013：14）。否定的中国形象出现于1750年前后，标志性的时间或文本是1742年英国海军上将安森（G. Anson）的《环球旅行记》的出版和1748年孟德斯鸠的《论法的精神》的出版。《环球旅行记》介绍的那个贫困堕落的中国与孟德斯鸠的《论法的精神》中分析的那个靠恐怖暴政统治的中国，逐渐改变着西方人对中国文明的印象。此后的一个世纪，邪恶堕落的东方专制帝国的中国形象在西方不断被加强（刘强国，2009：87-88）。

（4）信息传播对国家形象的构建有很大影响。美国舆论学者沃尔特·李普曼的"两个环境"理论认为，我们事实上生活在两个世界重构中，一个是被称为"第一经验环境"的真实的现实世界，另一个则是被称为"第二经验环境"的主要由媒介建构出来的"虚拟世界"。我们在日常生活中依靠感官所能体验到的"第一经验"其实很有限，而对于身外的世界的信息，更多的是从媒体等其他中介上获得的（龙小农，2012：127）。国家形象是有关国家的信息经过媒介传播作用于民众大脑后，大脑对所接收的信息处理认知的结果。它很大程度上取决于接受信息的受众如何解读信息。信息传播需要一定的符号载体。一般来说，承载信息的符号都具有某种暗示的象征意义（龙小农，2012：5-6），构成国家形象的某些元素。正面的信息传播，构成正面的国家形象，负面的信息传播，构成负面的国家形象。

一般而言，如果两国关系好，包容彼此的意识形态和价值观，主流媒体就会对友好国家做正面描述，即使有负面事件发生，也会轻描淡写、一概而过，而对于正面事件，就会浓墨重彩、大力宣传。反之，如果两国关系不好，政治上有冲突，意识形态和价值观彼此不容，那么主流媒体对彼此国家的描述会负面多于正面，正面的事件会视而不见或轻描淡写，负面的事件会大肆渲染、无限夸大。

在国际社会中，物质实力雄厚和国民素质高的国家，国家形象并不一定好（蒙象飞，2016：1），如美国是超级大国，硬实力和软实力都是世界上最强的，但美国给世人的形象是霸道、霸凌、自私，唯我独尊，长臂管辖，穷兵黩武，到处兴风作浪，煽风点火，唯恐天下不乱，是国际秩序的破坏者，而不是维护者。美国发达的文化形象改变不了美国的霸道形象。

不管如何定义，国家形象都是着眼于国际舞台来界定的，准确地表述，它应该是"一个国家的国际形象"，它所指称的无非是一个国家留给本国或他国公众的形象，或是公众通过各种信息传播渠道而形成的对一国或整体或局部、或物质或精神或制度的印象（刘强国，2009：80）。公众对国家形象的认知有很大偏差。这种偏差与传播手段相关，与亲身感受有关，最重要的是与受众的跨文化差异相关（范红、胡钰，2016：56）。国家形象的损害要比国家形象的建构容易。普通人的不文明行为、国家领导人的丑闻、国家的霸凌行为、一个突发事件的处理不当等等，都会有损国家形象，而国家形象的建构却是相当漫长的过程，甚至良好的愿望都会被他国误读误解，乃至妖魔化。

2.2 外宣与外宣翻译

2.2.1 外宣

外宣是对外宣传的简称，与内宣相对，是面向国际社会的宣传。在任何一本外文词典里都难以找到与"对外宣传"相对应的概念和词语。外宣研究专家们普遍认同在汉语里"宣传"一词为中性（吕和发、邹彦群，2014）。在英文中，自第二次世界大战结束以来，政府宣传部门使用 propaganda 字样的情况已经越来越罕见，因其"很容易让人们联想到那些强势、狡黠的国家领导人利用谎言和耸人听闻的言辞操控舆论，灌输洗脑"。（Vincent, 2007：238）也就是说，宣传者主观上有改变或影响受众的思想、观念、态度等以使之与宣传者一致的明确意图，并常常为实现这一意图而采取各种技术的和人文的手段，包括某些不符合文明社会道德准则的手段，如对信息进行"加工"，隐瞒某些不利信息，夸大某些有利的信息，制造或散布某些虚假的信息，操纵或利用群众心理等（衡孝军 等，2011：3-4）。取而代之的是"publicity, public affairs, public diplomacy, public relations, promotions, marketing, advertising"（Vincent, 2007：238），或者是"information, communication"（杨雪莲，2010）。

2.2.2 外宣翻译

外宣翻译就是对外宣传的翻译。外宣翻译是翻译的一种特殊形式，具有明确的目的性和交际意图，而且意识形态色彩浓厚。外宣翻译，尤其是国家层面上的外宣翻译，不再是单纯意义上的翻译实践活动，而是一种注重传播效果的对外传播形式（朱义华，2017：67）。外宣翻译有狭义和广义之分，狭义的外宣翻译是指国家政策、党政文件、经济文化、科学技术等的对外宣传翻译。广义的外宣翻译包罗万象，几乎涵盖所有的翻译活动，包括各种媒体报道（张健，2013：19）。

"外宣翻译"的英文表达是翻译研究中一个颇具争议的话题。目前，在中国发表或出版的文章与书籍中，"外宣翻译"已有超过50种英文译名，反映出相关学者与译者对其的不同解读。吕和发和邹彦群（2014：27）认为，"外宣"的目的是通过翻译实现与世界的沟通和交流，因此可将"外宣"直接译为 International Public Relations，"外宣翻译"英译宜为 Translation for International Public Relations 或 Intercultural Public Relations。徐建国（2013：73）认为，从术语学视角出发明确"外宣"的英文表达，需要面对两个关键问题：第一，两个名称所承载的概念是否相同或相似；第二，这一代指行为能否满足某种社会需要。运用术语学的研究方法解决上述问题，可以得出"Public Diplomacy Translation"是"外宣翻译"的理想英译名。

外宣翻译是特殊翻译，兼有"宣"和"译"的属性，所以国内翻译界有外宣翻译是姓"宣"还是姓"译"之争。外宣翻译兼有"宣"和"译"的属性表明，译者身兼两职，他既是传统意义上的翻译工作者，起"传声筒"的作用，同时也是对外宣传工作者，肩负对外宣传的使命。译者翻译的过程就是对外宣传的过程，译作就是对外宣传的内容。外宣翻译不完全等同于广义的汉译外。专门的外宣活动有明确的目的性，它有特定的出发点、行为主体、目标受众，有明确的、希望达成的效果，这是广义的汉译外行为未必具备的。

2.3 翻译可接受性

翻译可接受性（translation's acceptability），顾名思义，是指翻译语言或作品能为读者接受。可接受性的概念是 Toury 提出的。他用"可接受性"和"充分性"描述从翻译文学作品中观察到的两种倾向。按照 Toury 的文学翻译观，翻译中不存在任何唯一"正确"的方法；相反，他主张对单个译者在其作品中所遵循的翻译规范进行描述。任何一篇译文都在充分性和可接受性之间占有一个位置。前者（在语言和文本上）遵循源系统，后者则遵循目标系统。在这两极中，特定译文倾向取决于初始规范的价值，但几乎所有目标文本（译文）都是在两者之间妥协的结果。因此，倾向于可接受性的译文，会被认为是符合用目标语撰写、"读起来像原创"的要求，而不是符合"读起来像原文"要求的译文（Toury,1980：75），因而译文也就更有自然"感"。就"充分性"而言，如果译者自始至终都遵循源语而不是目标语的语言与文学规范来翻译，那么所翻译出的译文就是充分的译文。换言之，译者如果要充分翻译，就只会做强制性转换，在目标文本中会尽可能使源文本的特征保持不变。无疑，这种翻译程序所产生的目标文本，会在某些方面与目标语言或文学格格不入。原因是"译文根本不是译入目标语，而是译入一种样板语（model language），在最好情况下它是目标语的一部分，在最差情况下则是一种人造的、并不存在的语言；这种译文并不是被引进到目标文学

的多元系统中，而是被强加到这个系统"。（Toury, 1980：56）

Toury 提出的"可接受性"概念是放在翻译策略的背景下讨论的，相当于 Venuti（1995）提出的归化策略，所以与本书研究的翻译可接受性不可同日而语，而"充分性"则相当于异化策略。

翻译可接受性是相对翻译标准的"信"（"忠实"）和"达"（"通顺"）而言的。它是一种面向译文读者的综合性翻译标准，既是译文在译语读者一方产生的一种直觉交际效果，又是译者主观的努力方向。从总体上看，翻译可接受性可分为译作的文化可接受性和译作的语言可接受性。这两种可接受性都难以准确把握量度。而文化和语言可接受性的"极限"，或者说不可接受性的标准，是不明确的。出现这种现象的根本原因在于读者接受具有动态性（孟建钢，2002：27-31）。译文的可接受度会随时代、社会、意识形态等因素的变化而变化。

第三章 翻译与国家形象建构

翻译是文化输入或输出的最直接手段。通过翻译，我们可以引进先进的科学技术和其他文明成果，博采众长，丰富和发展本土文化，达到洋为中用的目的。同样，通过翻译，我们可以传播本土文化，把独特的民族文化变成世界性的文化，把"民族的"变成"世界的"。没有翻译，就不可能输入或输出文化，文明互鉴和文化交流就会成为一句空话。当今世界，翻译的重要性不言而喻，可以简洁地用三个英文单词或四个汉字来加以概括："Translate or die"（Paul Engle 语）或"不译则亡"。（陈刚，2010）

习近平总书记指出，中国需要更多地了解世界，世界也需要更多地了解中国，他强调："要注重塑造我国的国家形象，重点展示中国历史底蕴深厚、各民族多元一体、文化多样和谐的文明大国形象，政治清明、经济发展、文化繁荣、社会稳定、人民团结、山河秀美的东方大国形象，坚持和平发展、促进共同发展、维护国际公平正义、为人类作出贡献的负责任大国形象，对外更加开放、更加具有亲和力、充满希望、充满活力的社会主义大国形象。"（习近平，2014：162）无论是中国了解世界，还是让世界了解中国，塑造国家形象，都离不开翻译。

3.1 翻译架起了文明互鉴的桥梁，推动了社会和文化发展

自人类早期社会之始，不同民族文化相互传播，相互碰撞，交叉融合。人类社会文明从低级到高级发展的过程，是不同民族之间在文化上相互学习、取长补短的过程，是文明互学互鉴的过程。罗素（1996：

114）指出："不同文明的接触，常常是人类进步的里程碑。希腊学习埃及，罗马学习希腊，阿拉伯学习罗马，文艺复兴时期的欧洲学习东罗马帝国。"在不同文明的接触中，翻译架起了文化交流的桥梁，使不同民族文化信息交流得以畅通。社会的发展，文明的进步，宗教信仰的传播，东西方智慧的相互借鉴，先进技术的引进与输出，以及所有的国际交流活动及经贸往来都离不开翻译。人类的文明史，也是一部翻译史。比如，西方文明的源头产生在幼发拉底河与底格里斯河流域一带，从巴比伦文明中希腊人学到了数学、物理和哲学，犹太人学到了神学，阿拉伯人学到了建筑学，这些文明成果通过翻译的媒介教化了整个欧洲。希伯来文化、希腊文化以及基督教文化的策源地，就产生在这个地区（刘军平，2016：53）。所以有人认为，欧洲文明源于翻译。古罗马的希腊文学翻译导致了拉丁文学的诞生，促使古罗马文化的兴起。用古希伯来文写的《圣经》和用阿拉伯文写的《福音》，如果没有先译为希腊文和拉丁文，后来又译为中世纪和近代诸语言的话，2000年来的犹太基督教文化就不会产生，因而欧洲文化也不会出现。当代阿拉伯文化与中东文化都在不同程度上受到了来自古希腊与罗马的文化、拜占庭与波斯萨珊王朝的文化、中世纪以及现代欧洲文化和当代美国文化的影响。文艺复兴时期翻译在欧洲各国普遍展开，路德翻译的第一部"民众的圣经"、英国的"钦定圣经译本"等不仅使得宗教改革在欧洲风起云涌，而且对于民族语言的发展起到了重要作用。翻译能推动文化革新，不仅能修正预先目标语言中存在的文化话语的层级，还能跨越本土文化群体的界线，改变制度的价值观与实践的再生产（Venuti，2019：292）。纵观人类社会发展史，社会发展的巨大变革都离不开翻译。每一次的文化复兴，都伴随着翻译的高潮，如古希腊、古罗马文化的复兴，往往以翻译为先锋（许钧，2004：39）。马克思、恩格斯著作的汉译和传播，改变了中国历史的发展进程。

翻译促进了中华文化的历史发展进程。中国自汉代起就保持着与印度、阿拉伯乃至欧洲文化的频繁对话，尤其是中印之间的佛教文化交流，深刻影响了中华文化的深层结构和文化传统的演进（张骥 等，2019：64-65）。杜维明就此指出："如果没有印度文化和中华文化的沟通，儒学就不可能发展成宋明理学。没有希腊文明和印度文明的沟通，也不会发展出多元多样的中世纪文明。"（关世杰，2007：5）季羡林先生（1997）认为，任何文化都不能永存，但中华文化之所以能够延续不断一直存在到今天，正在于翻译为媒介的文化交流："倘若拿河流来作比，中华文化这条长河，有水满的时候，也有水少的时候，但却从未枯竭。原因就是有新水注入，注入的次数大大小小是颇多的，最大的有两次，一次是从印度来的水，一次是从西方来的水。而这两次的大注入依靠的都是翻译。中华文化之所以能长葆青春，万应灵药就是翻译。翻译之为用大矣哉。"

翻译丰富了民族语言和民族文化，推动了民族文学的发展，唤醒了民族觉醒。翻译有助于本土文学话语的建构，是语言革新的源泉。例如，在 18、19 世纪，德语翻译在理论与实践上都被作为促进德语文学的一种手段。1813 年，哲学家弗里德里希·施莱尔马赫（Friedrich Schleiermacher）向学界的德国读者指出"我们语言中许多优美而富有表现力的东西，部分是通过翻译而来或是由翻译引发的"（Lefevere, 1992b: 165）。他想通过异化翻译创造属于德国自己的文学。在中国，东汉到北宋末年的佛经翻译在政治、思想、文学、语言以及生活习俗等方面都产生了极为重要的影响。佛教在中国与老庄哲学结合，使中国唯心主义思潮发展到极盛阶段，推动了中国道教的创立。在语言方面，佛经翻译对汉语词汇的扩大、反切成韵、四声的确立、文体等方面都有影响。中国的小说、戏剧以及文学体裁无不与佛经的翻译有关。从明朝延伸到晚清的西学东渐在全球化的背景下给中国带来的影响到今天都难以估量（刘小刚，2014：5）。五四时期的西学东渐及大规模翻译活动促进了现代白话文的形成和发展。鲁迅通过异化翻译，创造出一种异质的翻译话语，建立质疑传统中国文化的现代文学。鲁迅和他的弟弟周作人合译的《域外小说集》连同 1919 年出版的《官话和合本圣经》共同培养了白话文学话语的发展（Venuti, 2019：286–289）。

中国是四大文明古国之一，有丰富的文化宝库，有深邃的哲学思想。中华文化推动了世界文明的发展。早在 16 世纪，西方通过丝绸之路以及来到中国的传教士，发现了《易经》，发现了老子，发现了孔子，这些学说被带回欧洲后，推动了整个欧洲的科技革命，使科学发生了翻天覆地的变化（熊春锦，2016：15）。孔子学说的外译，不仅被西方视为"东方的《圣经》"，而且让当代众多获得诺贝尔奖的自然科学家认为，21世纪的人类生存，要从孔子那里汲取智慧（杨庆存，2016：16）。西方人对于中国传统根文化是十分推崇和敬重的。德国的哲学家尼采曾经称赞老子的五千言"像一个永不枯竭的井泉，满载宝藏，放下汲桶，唾手可得"。俄国著名作家列夫·托尔斯泰说："我的良好精神状态也要归功于阅读孔子，而主要是老子。"德国启蒙运动中伟大的全才科学家莱布尼茨，就是因为受了伏羲八卦图的启发而提出了二进位制的思想，被称为现代计算机之父；他还根据老子的阴阳学说，开创了德国古典思辨哲学，即辩证法的雏形。欧洲近代文明和科学技术的飞跃发展，与中国传统文化的输入有着密切的关系（熊春锦，2016：20）。

3.2 翻译构建对外话语体系，传播国家形象

在以"交流""沟通"与"合作"作为对外交往关键词的时代，国家形象的国际传播不仅是国家发展的诉求，也有助于本国国民对世界的了解，当然还有助于世界对这个国家及其人民的认识。翻译是对外传播国家形象的主要工具和有效手段，在国家形象的构建中起着不可或缺的作用。

国家形象是国家对外信息传播与对内信息传播交互影响的结果（龙小农，2012：5）。就传播渠道而言，国家形象的建构有自塑和他塑之分。自塑是一国的政府、组织和个人通过大众传播、组织传播、人际传播、政府公关和教育传播等渠道向公众传递有关国家形象构成要素的信息，从而使公众形成对该国面貌的总体认识和评价，以求得他们对国家的认同。他塑是他国媒体传播有关该国的信息，从而在他国的公众中形成对该国的认知和评价。由于媒介传播受多种因素控制，总是有自己的立场、态度，总有自己的情感投射，所以媒介传播的国家形象绝非国家状况的客观再现，而是通过大众媒介处理的、带有意识形态和价值观

等主观因素的映象,所以通过媒体报道对国家形象的认知会出现偏差。"从语言的隐蔽、遮蔽的意义上讲,语言是人与外在世界的一个中间世界,它不是对客观现实的反映,而是人对客观现实的主观态度。"(单波,2010:145)。正如美国修辞学家伯格所说,每一套词语或符号无一不构成一个可以被称为"辞屏"的独特"镜头"或"荧屏"。然而,在这一"荧屏"上显现的并非原原本本的"现实",而只是所用的那一套语言符号允许我们看到的那一"相",因而不可避免地将突出某些特征,甚至歪曲某些形象(Burke,1966:44-45)。所以"这个世界不是本真的世界,而是经过认知经验重新编码的世界"(龚光明,2010:208)。群体间语言偏见理论说明,语言可以以一种更具迷惑性、不为人所觉察的方式来反映占主导地位的种族意识形态。这个问题来源于人的动机机制和认知机制(单波,2010:163)。比如,意识形态上的分歧和矛盾导致一些西方国家媒体戴着有色眼镜审视中国事物,对许多新闻事件,即使是正面的事情,也要鸡蛋里挑骨头,进行片面、不实甚至歪曲的报道,导致西方社会不熟悉中国语言和文化的读者被新闻媒体牵着鼻子走,形成刻板印象,对中国的评价负面多于正面。我们提出的一些理念也往往被媒体误解。如"中国梦"的概念提出,国外媒体就有不同的解读。有的解读为"帝国梦";有的解读为"敛财梦";还有所谓"强军梦"等。这些误读已影响到中国国际形象(陈亦琳、李艳玲,2014:28)。"一带一路"遭到某些西方媒体的质疑和抹黑,被他们描述为中国的金钱外交、中国的马歇尔计划、中国殖民化(唐青叶、申奥,2018:15)。中国成为第二大经济体后,"中国威胁论"的调子在西方媒体中甚嚣尘上,"中国责任论""中国模式论""军事威胁论""经济威胁论""中国强硬论""新殖民主义论""中国不确定论"等不断涌现。舆论指向由传统安全威胁向市场威胁、能源威胁扩展,由军事、政治等硬实力向国际影响力、经济吸引力等软实力威胁扩展,由战略威胁向具体的经济社会领域扩展,由主要在一些发达国家中传播向发展中国家扩展(姜加林,2012)。事实证明,所谓的"中国威胁论"都是西方某些政治领导人和媒体凭空捏造的,带有不可告人的目的。但由于媒体的大肆渲染,无形之中在西方国家的受众中形成对中国不好的印象,中国国家形象不时被误读、歪曲甚至丑化。美国汉学权威费正清（2003：3）曾说："美国人对中国的印象当然非常不可靠，它首先是由那些美国的中国问题研究权威创造的，其次是由那些旅行家、传教士、记者、领事（外交人士）、学生和旅行者将其所见所闻转述给他们的听众而形成的。由此对中国产生的印象至多不过像一只万花筒，呈现出纷繁杂乱的景象，而且变幻无常。"费正清认为，美国人常常根据课本、回忆录、小说、电影、广播电视和评论来积累、编织中国印象。作为德国最具影响力的新闻周刊，《明镜》周刊封面标题在提及中国的时候，最常报道的是和各式斗争和争斗相关的内容（梁珊珊，2015）。高频词包括毛（Mao）、战争、革命、斗争、骚乱等，这非常容易使德国民众不自觉地将中国界定为一个好斗好战的国家。《明镜》周刊封面在介绍有关中国的内容时画面一般都会采用红色或黄色，红色的使用显得尤为突出。但它在西方文化氛围中往往与死亡、危险有关联性。《明镜》周刊涉中报道钟爱红色，会使那些本来对中德文化差异并不敏感的德国民众也容易将中国和危险、威胁等联系在一起，进而形成相对的文化定式（张骥 等，2019：342）。由此可见，一个好的国家并不必然有好的国家形象，国家与国家形象也不可能完全等同（龙小农，2012：6）。比如，萨义德认为："'东方主义'并非欧洲人对东方的一种虚无缥缈的幻想，而是一个人为地创造出的实体。其中既有理论，又有实践，而且投入了大量的人力物力。'东方主义'是文化霸权实践的结果。"按照萨义德的总结，就是这样的一些话语：东方是欧洲的病人；东方是被西方男性征服的女人；东方是东方学家的舞台，而东方人是看客；东方是被审判者，西方是法官；东方是儿子，西方是父亲（萨义德，1999）。令人沮丧的是，对东方主义话语的反思并未消解这类刻板印象，也没有消解仇恨与对抗，而是烙印在心灵深处（单波，2010：12）。刻板印象进一步左右人们对他者的感知，导致偏见的产生。正如《一千零一夜》成为西方人定义阿拉伯人形象的手段，"傅满楚"的形象成为西方定义中国人形象的手段（王磊，2020：58-59）。

　　构建良好的国家形象主要靠自塑，对外传播国家形象是使国外公众了解该国形象的主要途径。对外传播国家形象有言语和非言语两种形式，主要以言语为主。由于不同民族有不同语言,传播国的语言不被其他国家读者理解,因此对外传播离不开翻译。只有翻译才能消除各民族交流的语言障碍,架起文化沟通的桥梁,把对外传播的信息转换成国外公众理解的语言。讲好富有感召力的中国故事,传播好独具公信力的中国声音,阐释好具有创造力的中国特色,这些都离不开翻译。

习近平总书记(2014:162)指出:我们"要加强国际传播能力建设,精心构建对外话语体系。"话语体系是由相对固定的概念、范畴、表述、理论、逻辑等构成,是思想和文化的语言载体。对外话语体系折射国家形象。一方面,话语体系可以客观地反映一国的国情,展示该国的政治、经济、军事、科技、文化、教育等方面发展的现实状况,另一方面,话语体系是一个民族国家的文化密码,蕴含着一个民族国家特定的思想体系、价值观念和意识形态(杨鲜兰,2015:59)。"话语不单纯是语言和文本,而是一种具有历史、社会和制度独特性的陈述、术语、范畴和信仰之结构;话语系统涉及一系列边界,它规定什么可以说,什么不可以说,它是塑造世界的另一种方式。"(郑乐平,2003:62)话语是"一种调控权力统治的规则系统"(布朗,2002:38),是"隐藏于人们意识中的深层逻辑,它在黑暗中控制语言表达、思维以及所有不同群体的行为标准,它是某种认知领域和认知活动的一种语言表达"(Shapiro,1984:206)。话语有助于创造"知识系统和信仰系统",有助于确立"社会关系",建构"社会身份"。一个国家的话语将影响其他国家对它的了解和认识,决定它在世界上的位置(庄琴芳,2007:95)。在国际政治中,本国自我表述的话语和其他国家的话语,实际上处于一个相互博弈的过程中,就如同商品市场上的定价权一样,在国际权力的争斗中谁最后进入主导话语谁就获得了主动,进而更容易对自己的政治行为进行有效解释(衡孝军 等,2011:208)。

我们在对外传播中建构的对外话语体系是独特的话语体系,因为我们有独特的政治制度、历史文化、发展道路、价值观念,这既是中华民族屹立于世界民族之林的根,也是我们对外宣传的底气和源泉。从话语与权力的关系来看,构建独特的对外话语体系是非常必要的。如果没有自己的话语,那么就会成为或被人视为只是别人思想的应声虫,并且逐渐失去自主思考的能力（韩震，2016：69）。独特的对外话语体系体现了国家意志，反映我国政策、方针、执政理念等，是展示国家文化软实力的重要媒介，也是彰显文化自信的一种表现。

向世界展示真实、立体、全面的中国，需要以融通中外的对外话语和叙事体系作为支撑，而翻译在其中发挥着沟通弥合中外价值观和语言文化差异的关键作用（杜占元，2022）。翻译建构对外话语体系，表达与阐释文化话语权。权力和话语往往是紧密联系在一起的。福柯（2000：3）认为，所有的权力都是通过话语来实现的，话语是权力的体现方式。任何一个社会中的各个领域和层面都有其特定的话语。福柯在《话语的秩序》一文中指出，话语的产生不是偶然的，它的控制、选择和组织过程也受到权力的制约。我们要在对外交往中有自己的话语权，必须有自觉而清晰的自身文化的表达，有作为主体的"前理解结构"（韩震，2016：69），体现我国的文化传统和民族特色，形成中国声音"本土化"表达，构建体现着中国人价值观范畴的话语体系。也就是说，报道中国、解读中国、翻译中国，应该立足于中国的历史传统、文化积淀、基本国情、发展道路这些最为基本的事实。从这个意义上，外宣翻译应该以我为主，从维护国家利益、民族身份和坚持正确的政治立场出发，在借用英语国家主流媒体上表达中国特有概念，特别是属于政治词汇的中国英语时要格外慎重，注意摒弃其中对我国不利的意识形态符号，灵活慎重地翻译中国特色词汇，特别要注意避免译词产生的不当政治含义（范勇，2015：186）。比如，在《纽约时报》涉华报道中，"台独"和"藏独"一律被译成 Taiwan Independence 和 Tibetan Independence，"在英语中，'independence'含有对'独立'概念颂扬的褒义，反映对独立价值观某种精神追求"（于丹翎，2009：73），作为母语是英语的记者应该是清楚这一点的，而他们总是用 independence 来翻译"台独"和"藏独"，既是一种翻译观的问题，也是一种价值观的问题，这种译法是在引导西方读者对"台独"和"藏独"产生同情。因此在我国外宣翻译中，"台独运动"被译为 Taiwan Secession Attempt，在美国的法律和教科书中提到南方的分裂运动时使用的词便是 secession（范勇，2015：186）。

对于核心文化概念，我们应该在充分理解其内涵的基础上翻译创新,构建有中国特色的对外话语体系,让世界品味原汁原味的"中国文化大餐",不应牵强附会于西方话语,陷入他们的话语圈套。最早把中国文化介绍给西方的欧洲传教士采取了"介入与镶嵌"式传播策略,即把中国思想传统介入和镶嵌到欧洲宗教或形而上学话语体系中(章晓英,2019:4-5)。比如,理雅各将《易经》中的"上帝"完全用基督教名词"God"代替。其实,中国传统概念中的"天"或"天帝"与西方基督教的"上帝"是截然不同的概念(刘剑,2012:103)。在传教士编撰的词典中,"义"变成了"righteousness"(听上帝的话),"孝"变成了"filial piety"(对上帝的虔诚),"礼"变成了"ritual"(教会礼仪),"道"变成了"the way"(上帝之路)等(章晓英,2019:4-5)。结果,"中国思想在西方的话语体系中被解读,但始终低西方思想一等。在西方的东方主义视野中,中国代表着神秘落后、愚昧原始、停滞不前"(卞俊峰,2018:2-21)。有些核心概念的翻译也不到位。比如,"阴""阳"概念乃是中国传统文化的核心理念之一。理雅各将"阴""阳"分别译为"Inactive operation(不积极的运作)"与"Active operation(积极的运作)",没有体现其富有哲理的独特内涵(刘剑,2012:103)。有些外国译者在翻译中国理念时,刻意错译歪译,最典型的就是把我们人民军队要继承红色基因翻成中国在给 200 万士兵打针,进行基因编辑,以此培养军队。我们所说的继承红色基因是指继承革命传统,传承八路军和人民解放军的传统。还有的外国译者把任正非所说的要闯出一条血路来翻译成任正非要一路杀人血流成河等,这都是故意的歪译,是丑化中国的一部分,我们不能不说某种程度上翻译已经成为西方用来丑化中国、污化中国的一个新式武器(黄友义,2022)。

建构国家形象的外宣翻译既不能不顾目标语读者的阅读修辞心理一意孤行,我行我素,自说自话,也不能一味讨好目标语读者,置国家利益而不顾,全盘接受他人的翻译,而是要用中国的话语方式介绍中国的独特理念和文化价值观。外宣翻译要兼顾两者的平衡,具体而言,语言形式(包括叙事方式)应该以目标语读者为取向,而核心概念的翻译和涉及国家利益或主权的翻译应坚持以我为主的原则。

3.3 翻译是文化软实力，折射国家文化形象

软实力（Soft Power）是由美国哈佛大学政治学教授约瑟夫·奈在 1990 年正式提出的，是相对硬实力而言的。硬权力来源于传统的政治、军事、经济等有形领域，软权力来源于文化、政治价值观和对外政策三个无形领域。约瑟夫·奈（2012：159）认为，权力是影响他者从而获得期望结果的能力，可以通过胁迫、收买或吸引力来实现。军事权体现胁迫力，经济权体现收买力，这两者都是硬实力，而话语权则体现一种吸引力。所以他把通过吸引和说服获得更优结果的能力概括为"软实力"，认为"软实力资源"主要包括"文化吸引力、意识形态和国际机构"。1999 年约瑟夫·奈（1999：21）在《软实力的挑战》（The Challenge of Soft Power）一文中对其做了完整、系统的定义："软实力是一个国家的文化与意识形态吸引力，它通过吸引力而非强制力获得理想的结果，它能够让其他人信服地跟你或让他们遵循你所制定的行为标准或制度，以按照你的设想行事。软实力在很大程度上依赖信息的说服力。如果一个国家可以使它的立场在其他人眼里具有吸引力，并且鼓励其他国家依照寻求共存的方式加强界定它们利益的国际制度，那么，它无须扩展那些传统的经济和军事实力。"概括而言，文化软实力就是依靠文化的影响、交流、传播所形成的凝聚力、渗透力、影响力、持续力，它主要包括国家制度、历史文化传统、意识形态、科学文化、商业文化等，并从文化本身向政治、外交、经济等领域拓展影响。从本质上讲，文化软实力是指从文化本身所弘扬出来的创造生存的力量（张骥 等，2019：31—32）。

翻译从本质而言就是一种展示形象、塑造形象的话语建构行为（吴赟，2019：75）。翻译既是国际交流的手段，也是一种文化。翻译的所有活动构成了翻译文化，不仅包括翻译行为本身，还包括翻译政策制定、翻译规划、翻译选题、翻译培训等与翻译有关的翻译活动。翻译文化是国家文化形象的重要组成部分。一个国家的优秀民族文化总是要借助翻译手段向世界传播，并得到广泛的认同，这样才能建构良好的国家文化

形象。但凡发达国家树立国家文化形象无不是通过高水平的翻译大量地向他国输出文化产品。比如，美国以文化产品和文化贸易为载体，输出美国民主、价值观和消费文化，在扩展本国文化利益的同时充分展示了其文化软实力；法国始终坚持对外积极推动文化交流，加强法国文化的世界影响力的文化发展战略方向（邓显超，2009：35-38）。"这些发达国家通过输出文化产品，在赚取大量经济利益的同时，输出了他们的政治文化观念，对他国的文化观念和生活时尚产生了极为深刻的影响。"（刘明东、陈圣白，2012：102）

从某种意义上说，翻译本身就是一种文化软实力的表现。一个国家翻译水平的高低，代表了该国的翻译文化软实力，也从一个侧面反映了该国的文化形象。翻译文化是一个国家对外交流的晴雨表。一个国家翻译活动频繁，说明该国的对外交流程度高，也就树立了对外开放的形象。一个闭关锁国的国家对外交流程度自然就低。比如，二十世纪五六十年代，中国主要同社会主义国家交往，跟资本主义西方国家交往少，对外开放的程度极低，翻译的文学作品也主要是社会主义国家的文学作品，政治经济和自然科学等方面的作品很少涉及。而改革开放以后大量西方国家的文献被译成中文，同时大量中文文献被译成西方国家的语言。不仅有传统文化和文学作品译成外语，而且国家主要领导人的文献也译成外语。在20世纪末到21世纪初的十几年，中国对外宣传事业快速发展，取得显著成果。

纵观人类翻译史，文化总是由强势文化向弱势文化译介，而且总是由弱势文化语境里的译者主动地把强势文化译入自己的文化语境。所以法国学者葛岱克教授会说："当一个国家在技术、经济和文化上属于强国时，其语言和文化的译出量一定很大；当一个国家在技术、经济和文化上属于弱国时，语言和文化的译入量一定很大。第一种情况下，这个国家属于语言和文化的出口国，而在第二种情况下，它则变为语言和文化的进口国。"（转引自谢天振，2012）理查德·亚克蒙德指出，在强势文化的市场中，只有百分之一到二的文本是从弱势文化中翻译过来的；而在弱势文化的市场中，从强势文化中翻译过来的文本占所有翻译文本的百分之九十八到百分之九十九（Venuti，1992：139-158）。

中国的翻译情况也是如此。如果从中国翻译史考察，自从佛经翻译以来，一直是译入为主，"译出"则是零散的、自发的，译入和译出存在着较为明显的失衡现象。有学者指出："整个20世纪西方译介的中国图书只有1000多册，但是中国翻译的西方著作数量却高达10万册，相差100倍；我们翻译的西方著作品种多不胜数，而输入西方的中国文化的品种却少得可怜，极不成比例。"（王岳川，2006）

译入和译出失衡现象进入新世纪仍然存在，版权贸易逆差的情况一直非常突出，如下表格所示。

表1：2006年至2015年版权引进和输出情况（引自中华人民共和国国家版权局）

年份	2006	2007	2008	2009	2010	2011	2012	2013	2014	2015
版权引进	24772	11101	16969	13793	16602	14708	17589	18167	16695	16467
版权输出	4319	2593	2455	4205	5691	5922	9365	10401	10293	10471

注：版权包括图书、录音制品、电子出版物等。

虽然引进和输出版权的图书未必都经过翻译，但按照版权法，图书翻译必须先购买版权，所以译入和译出失衡现象从版权贸易逆差的情况就可略见一斑。

翻译成功与否，不仅关乎一个国家的文化沟通能力与传播能力，更关乎一个国家的政治文化立场及其在国际舞台上的影响力和发言权。那么，当前我们国家的翻译状况如何呢？季羡林说过，中国是翻译的大国，但不是翻译的强国（季羡林，1995：10）。虽然我们有像杨宪益、许渊冲等翻译大家的典籍英译"即使不说胜过，至少也可以和英美人的译文比美"（许渊冲，2006），但纵观新中国的对外文化交流，中国译者汉籍外译的译本在译入语文化环境中的传播效果不容乐观。20世纪80年代杨宪益主持编译的"熊猫丛书"在英美的文学领域内传播，多数译本并没有取得预期的接受效果（耿强，2013：87）。另外，专门负责中国文学对外翻译和对外交流的《中国文学》杂志在2001年也被迫停刊。在孔慧怡（1999：107）看来，"这种在译入语文化以外策动的翻译活动，并非应主体文化的需要或期望而产生，因此它们能进入主体文化的机会就非常低了"。就文学翻译而言，翻译质量粗糙仍是令人头疼的问题。即便是研究英美文学的教授和博士后翻译的英美文学作品，不是中文文笔一般，就是理解原著错误多多，或是知识面不够宽，即不太适合翻译文学作品（陈刚，2010）。但总体而言，译入水平远远高于译出水平。由于译入是用自己的母语翻译，目标语言容易掌控，知道读者喜欢什么样的语言，了解读者的修辞心理，可以满足读者的期待视野。而译出是用他国语言，对他国语言的掌握不可能达到母语的熟练程度，而且长期以来我们对语言差异和文化差异所造成的障碍估计严重不足，所以译出语言的地道性还会有欠缺。中译外，尤其是中译英的效果，一直有些差强人意。

在莫言之前中国没有人获得诺贝尔文学奖，很大原因是翻译语言不过关。正如诺奖评委马悦然所指出的，他们"通晓自己的母语，知道怎么更好地表达。现在（中国国内的）出版社用的是一些学外语的中国人来翻译中国文学作品，这个糟糕极了。翻得不好，就把小说给'谋杀'了"。马悦然的说法也许不无偏激之处，因为单就外语水平而言，我们国内并不缺乏与这些外国翻译家水平相当的翻译家。但是就对译语读者的修辞心理和审美品位的把握方面，国内翻译家不如外国译者。文学翻译语言缺乏活力，没有灵魂，打动不了读者。此外，对异国的文化语境重视不够，甚至忽视，通俗地说，就是"翻"的程度不足，译得还不到位，接受的效果自然要打折扣。无须回避的是，有的译作，在句法上无懈可击，全无漏洞，但读起来感觉就不是英文。我们经常看到的是，原文里几乎所有的东西都"忠实"地保留了，但翻译语言显得笔力孱弱，生硬刻板，毫无生气，读起来味同嚼蜡，兴致全无，虽无明显的施暴痕迹，原文的艺术生命就在看似不动声色中被谋杀了！（孙艺风，2016：61-62）莫言之所以获得诺贝尔文学奖，很大程度归功于他的译者，而他的译者母语就是英语，了解译入语读者的阅读心理，翻译时不受原文受缚，而是"连改带编"，以满足读者的期待视野。从翻译规律看，译者应该是把外语翻译成母语，试图把母语翻译成外语是违背翻译规律的。尽管如此，中译外数量在逐年增加，2010 年中国翻译协会的一项调查数据显示，语言服务企业中译外的比例仅占总业务量的 30%，而 2011 年的调查报告则显示，这一比例已超过外译中，达到54.4%，90%以上受调查的企业认为中译外业务会呈增长趋势，且增长率较高。但是，总体而言，语言服务还存在不少问题（郭晓勇，2014：10）。

3.4　国家翻译政策和翻译行为对提升国家形象的作用

国家翻译是一种由国家权力机构所组织和实施的国家行为。任东升（2016：1）认为，中西翻译史上有重大影响的翻译事件，大多体现出国家层面翻译实践的特征，甚至被上升为一种国家行为。他首先推出国家翻译实践概念，把国家翻译实践定义为主权国家以国家名义为实现自利的战略目标而自发实施的自主性翻译实践。

随着国家综合国力的增强，我国开始重视文化软实力的建设，对外传播中国文化，翻译出现了由译入为主向重视译出的转变。国家有关部门出台了系列文件，支持引导中国图书走出去，强调加强译介工作。中宣部陆续发布国家外宣出版项目，致力于把中华文化精髓、中国文学精品、当代中国价值观和中国发展道路通过对外出版宣传推向世界，讲述中国故事，传播中国声音，提升我国的国际影响力。自1995年中国政府启动"大中华文库"重大翻译工程以来，"中国图书对外推广计划""经典中国国际出版工程""中国文化著作翻译出版工程""中国当代文学百部精品译介工程""百部国剧英译工程""丝路书香工程"等一批由国家层面大力推动的对外出版翻译工程陆续实施。2007年新闻出版署出台了8项走出去优惠政策，2011年和2012年又相继出台了《新闻出版业"十二五"时期走出去发展规划》和《关于加快我国新闻出版业走出去的若干意见》。2011年，党的十七届六中全会通过的《关于深化文化体制改革推动社会主义文化大发展大繁荣若干重大问题的决定》指出："推动中华文化走向世界，开展多渠道多形式多层次对外文化交流，广泛参与世界文明对话，促进文化相互借鉴，增强中华文化在世界上的感召力和影响力，增强国际话语权，增进国际社会对我国基本国情、价值观念、发展道路、内外政策的了解和认识。实施文化走出去工程，完善译制、推介等方面扶持机制,组织对外翻译优秀学术成果和文化精品,开拓国际文化市场。"这些文件都有针对性地对出版译介工作提出了支持引导的政策。国家社科基金"中华学术外译项目"2010年正式启动,主要资助我国哲学社会科学学术研究优秀成果的翻译与国外的出版发行,推动中外学术交流与对话,提高中国文化特别是创新理论的国际影响力和学术话语权。截至2019年底,该项目已连续实施10年。以全国哲学社会科学规划办公室官网发布的2010—2019年的立项结果为准,10年间共计1036部学术精品得以成功立项,有效地传播了中国文化。有些重要国家领导的著作也译成外语。《习近平谈治国理政》被译成英、法、俄、阿、西、葡、德、日等24个语种,在国外已发行两千多万册,成为国际社会了解当代中国的重要窗口。

国家级外宣出版社在对外传播国家形象方面功不可没。他们紧扣时势,配合时代主题,精心挑选文本,介绍我国的国情,大力宣传我国在政治、经济、科技、文化等领域取得的最新成果,为国外读者解读中国提供丰富的图书资源。例如,为了展现改革开放后我国的新成就与新面貌,外文出版社策划了一批以介绍中国经济建设为主要内容的选题,宣传各地各行业在对外开放、加强法制建设等方面的新成就,尤其是出版我国在加速涉外经济立法等方面的选题。比较有代表性的图书有"中国之光系列""国情故事系列""解读中国系列""中国的和平发展系列""中国经济系列""中国农村系列"等。这些图书从多方面解读中国改革开放、中国经济转型、中国法治状况、中国外交格局等,为外国读者深入了解中国提供了更直观的信息。国外读者透过这些图书了解中国的最新国情、国策、法制建设、经济制度、国防建设、政党制度等方面,吸引更多的外国人来华投资、来华旅游,从而更大程度上带动中国经济迅速腾飞(钟雯雯,2013:24)。外文局精选的"大中华文库",是中国文化走出去的标志性产品,精选文学、历史、哲学、政治、经济、军事、科技等领域最具代表性的经典古籍,全面反映中国五千年悠久历史文明的方方面面,在国际上产生了重大影响,获得了极高的荣誉。"大中华文库"多文种出版项目获批国家出版基金项目。"大中华文库"的出版,传播了中华民族的优秀传统文化,展现了中华文化的优秀成果。"大中华文库"已成对外传播耀眼的名片（钟雯雯，2013：26）。外文局出版的"熊猫丛书"是新中国成立以来由政府参与的、以丛书形式向海外译介出版中国文学的最初尝试。"熊猫丛书"中收录的现当代小说大多是反映中国人民生活的全景全貌，通过对社会、环境、人物的描写从侧面反映出中国人民勤劳质朴的优良品质。该丛书的中国典籍英译也是中国文学对外话语的一个组成部分，为国家形象对外传播做出了积极的贡献。可以说"熊猫丛书"是政府为主导的中国文学对外话语体系建设之肇始，中国文学由此开始以新的姿态走向世界，很多作品通过对外出版得以走向世界，为中国文学对外话语体系建设添砖加瓦。外文出版社还推出了500万字的《本草纲目》英文版，10卷本《学术中国》英文版等中国文化对外传播中的精品。2011年中国的翻译市场发生了一个里程碑式的变化。中国的对外翻译工作量首次超过了外译中。这说明，中国已经从一个输入型翻译市场变成了输出型市场。随着中国经济的国际化和文化走出去，这种趋势会进一步发展（黄友义，2011：5）。

第四章　国家形象外译原则

外宣翻译是政治性、目的性和时效性很强的翻译门类。外宣翻译既有普通翻译的特点，又有其特殊性。为了达到外宣翻译的预期效果，外宣翻译既要遵循普通翻译的一般原则，又要根据自身的特点坚持某些特殊原则。翻译的一般原则，一言以蔽之，就是忠实原文，表达通顺，文体贴切。而外宣翻译的特殊原则，如"政治原则"、"三贴近"原则（黄友义，2004：27-28）、"内外有别"原则（把内宣和外宣区别对待）、"外外有别"原则（根据不同的受众采用不同的宣传文本和翻译策略）等等，对外宣翻译具有更强的针对性和指导性。

4.1　政治意识和国家利益原则

外宣翻译是对外宣示政治立场、传播执政理念、建构国家形象的工具。外宣翻译政治意图明显，注重政治立场和国家利益的维护。外宣翻译最明显的特点是政治性。外宣翻译的政治性既是由国家的政治性决定的，也是由语言符号的政治性来决定的。外宣材料蕴含了国家利益、政治立场等意识形态。"世界上任何一种语言都不是中立的，翻译行为也不可能是真正客观和中立的，而是一种包含意识形态与权力的政治行为。"（Alvarez & Vidal，2007：1-9）任何翻译都受意识形态操控，政治是主流意识形态，对翻译的制约作用尤其明显。译者的所有翻译活动都应该在政治操控下"画地为牢"，不可"越雷池一步"，违反政治原则，触犯国家利益，轻则受到禁锢，重则受到惩罚。无论是社会主义国家，还是资本主义国家，莫不如此。资本主义国家标榜言论自由，党派之间会相互攻击，诋毁对方的政策，甚至个人还可以谩骂总统或其他国家领导人，但在对外方面保持统一口径，绝不做有损国家形象的事或发表破坏国家统一的言论。因此，外宣译者需要头脑清醒，有坚定的政治立场和高度的政治敏感度。外宣译员必须仔细琢磨并领会外宣翻译宏观与微观政治生态诸要素中读者受众对外宣译文可能产生的政治作用与建构意义，把外宣翻译的过程理解为外宣翻译政治生态因素"复调对话"的一种体现，明确树立"外宣政治意识"，并运用各种翻译技巧来实现外宣译文的交际等效与政治等效（朱义华，2017：129）。例如，中国政治制度中的"民主党派"如照字面直译成"democratic parties"，就会使西方受众误以为共产党是不讲民主的专政党，译成"other political parties or groups"就可以消除误解（黄友义，2004：27-28）。

国家利益至上原则是外宣翻译政治性原则中国家维度的集中体现，要求我们在对外宣传与翻译报道中坚持用我方所用语言文字或称谓来指代我国特有事物，切实维护国家主权与民族利益。这是因为"话语是掌握这个世界的关键，它直接牵涉着知识，而更为隐蔽地牵涉着权力，话语体现出来的实际上就是权力，或者说话的实质就是权力"（Foucault，1984：120）。语言文字蕴含政治态度和国家利益，有时一字之差，其政治含义就有天壤之别。例如，任何国家如胆敢把"台北代表处"改为"台湾代表处"，会带来严重的政治外交危机，遭到中国人民的强烈反对。"台湾代表处"和"台北代表处"这听起来好像没有什么区别，但一字之差，背后的含义却大相径庭。台湾是中国的一个省，这是国际社会的基本共识，也是其他国家在发展对华关系时首先要承认的。刻意以"台湾"为名，用意无非是强调台湾的"自主性"，间接否认台湾是中国一部分的事实，属于典型的包藏祸心。外宣翻译中，当涉及领土主权等重大问题时，关键词语的翻译要"以我为主"，特别要注意避免译词产生的不当政治含义，因为"一个国家的语言文字是一个国家的重要标志与符号，在对外宣传中坚持用自身文字及其称谓来指代本国事物既是对外传播本国语言文化，提升其文化软实力的重要形式，也是扩大政治意识形态影响，维护国家利益的重要表现"（朱义华，2012：97）。比如，"钓鱼岛"应译为 Diaoyu Islands，而不使用 Senkakus（尖阁列岛），以宣示中国政府对该岛的主权（金惠康，2001：14）。"中国大陆"应该翻译成 China's mainland，而不采用西方国家媒体常用的 mainland China，因为以 mainland 作为 China 的修饰语，暗示"大陆"以外还有另一个中国（主要指台湾），译成 China's mainland 避免产生"两个中国"的暗示意义（过家鼎，2004：53）。同样地，"中国台北"应译为 Taipei, China 或 Chinese Taipei，而不能译为 Taipei（China），因为这样译有可能被解释为台北代表了一个中国，有两个中国之嫌（王弄笙，1991：7）。"中外合资企业"可字面理解为"中国和外国的合资企业"，但实际上还包括中国大陆和台湾、香港和澳门的合资企业，如果是后者，把"中外合资企业"译为 Sino-foreign joint venture 是不对的，等于把它们当作国家看待，犯了严重的政治错误。内陆的新闻、标语与公示语经常把香港、澳门、台湾与一些国家并列起来。如照译，则会犯严重的政治错误（岳峰、陈榕烽，2014：47）。再如，由于亚太经合组织包含我国的香港与台湾地区，故"亚太经合组织全体成员"不能简单模仿全部由主权国家所构成的"联合国全体成员"的译法译为"all member states of APEC"，而应译为"all member economies of APEC"或"all members of APEC"（朱义华，2017：130）。

4.2 准确性原则

准确性原则是翻译的基本原则。翻译要准确表达语义，必须做到：1）正确理解原文含义；2）考虑词语之间的细微差别，注意词语的口吻与分量；3）区别对待词语的语境意义。

首先要理解原文含义，准确表达词语的内涵。比如，"毛泽东思想"的翻译，是翻译成 Mao Zedong thought（Mao Tsedong thought）还是 Mao Zedong's thought？从"毛泽东思想"的概念内涵来讲，译成 Mao Zedong thought（Mao Tsedong thought）更准确，因为"毛泽东思想"是中国共产党第一代领导人集体智慧的结晶，而不是毛泽东个人的思想。如果译成 Mao Zedong's thought，变成他个人的思想，这是不对的。"民主不是个别国家的专利",这里的"专利"就不能译成 patent。全句应该译为 "Democracy is not distinctive of some countries."。"政治体制改革"在中国有特殊含义,官方翻译为 political restructuring 或 reform of the political structure,很明显,这个英文表述的含义是,中国的"政治体制改革"并非根本的政治体制的变革,而是内部运行组织或结构上的改革(衡孝军 等,2011:83)。

其次,考虑词语之间的细微差别,注意词语的口吻与分量。例如,中国政府在推行国有企业改革时曾提出了反对"平均主义","平均主义"不宜用英语中的 egalitarianism,因为该词是褒义词,如采用这种翻译,西方读者会认为我国主张两极分化,因此可以译为 leveling-out(郑海霞,2017:17)。把"伤害中国人民的感情"译成 "hurt the feeling of the Chinese people",用词太轻,因为 "hurt the feeling" 指的是不顾情面,使人感到不快,不符合原文意思,译成 "wound the national dignity of the Chinese people" 更合原意(程镇球,2003:21)。

2017年7月,中国电影《战狼2》上映,非常火爆。英国BBC于8月4日发声,评价该片是一部"民族主义动作电影"(nationalist action film)。nationalist 在英文中常带有贬义,指某人怀有一种"本民族优于其他民族"的非理性情绪。而对于大名句"犯我中华者,虽远必诛",BBC是这样翻译的:"Anyone who offends China will be killed no matter how far the target is."。这句话直译为:无论目标多远,冒犯中国的人都将被杀死。该译文给西方读者造成的印象是"中国人全是惹不起的民族主义者",这就把中国及中国人多年树立的亲善形象,毁于一旦。其实,"犯我中华者"中的"犯"应该是"侵犯、攻击"(invade/attack)之意而不是"冒犯、触怒"(offend)的意思,后者的词义分量过轻。这也是用词不当的典型例子。

《邓小平文选》被译成多国语言,其中很多文章都是以讲话及座谈形式发表的,翻译时一定要体现其语气和口吻。如"谁想变也变不了",如果不假思索想当然地翻译为 "Nobody can change this even if he wants to." 则没有传达原语的语气,应改为虚拟语气:"Nobody could change them, even if he wanted to."。(杨友玉,2018:225)

最后，要区别对待同一词语在不同语境中的不同含义。词语只有在一定的语境中才会有确切的含义。脱离语境，词语只有词典意义。翻译不能照搬词典意义，而是要根据语境确定词义。如"底线"一词在不同的上下文中有不同含义，翻译成不同词语。例如：

（1）任何危害国家主权安全、挑战中央权力和香港特别行政区基本法权威、利用香港对内地进行渗透破坏的活动，都是对<u>底线</u>的触碰，都是绝对不能允许的。(《习近平谈治国理政》第二卷，P435)

Any attempt to endanger China's sovereignty and security, challenge the authority of the central government and the sanctity of the Basic Law of HKSAR, or use Kong Kong as a channel for infiltration and sabotage against the mainland, is an act that crosses <u>the red line</u>, and is absolutely impermissible.（P474）

（2）中央和国家机关党员领导干部要坚持<u>底线</u>思维、增强忧患意识、发扬斗争精神,(《习近平谈治国理政》第三卷，P101)

We Party members and officials of central Party and government departments should stay true to <u>our principles</u>, be prepared for adversity, maintain our fighting spirit,（P126）

（3）……提高战略思维、创新思维、辩证思维、<u>底线</u>思维能力,(《习近平谈治国理政》第二卷，P417)

... and improve their capacity for strategic, innovative, dialectical, and <u>bottom-line</u> thinking,（P467）

措词不当，轻则言不达意，重则造成经济损失，甚至损害国家利益，有损国家形象。

4.3 非歧义原则

非歧义原则是准确性原则的进一步延伸。语言意义具有不确定性特点，同一句话可做多种解释，这在文学语言中表现尤为明显。正是语言意义的不确定性，才导致文学文本的多样性解读。语言意义的不确定性导致文学翻译的不确定性。同样的文学文本，可以有多种译本，甚至有意误译都有其合理性。但是外宣翻译要尽量避免模棱两可的表述，选词用语方面做到语义清晰、没有歧义。比如，说某种商品价格便宜，"便宜"一词在英语中有两个词语与之对应：cheap 和 inexpensive，前者除有"便宜"的语义外，还给人"便宜没有好货"的联想义，后者就没有。"三高农业"如译为 three high agriculture，会使读者理解为"三个高级农业"，其实"三高农业"指"高产量、高效益、高技术农业"，译为"high yield, cost-efficient and high-tech agriculture"才准确。"芳草"牌（牙膏）如音译为 Fang Cao，就会产生歧义，因为 Fang 在英语中具有"犬牙"之意。在外宣翻译中，有些词语字面翻译似乎准确，但会产生歧义，也就是说，没有体现词语的内涵。"五讲四美三热爱"中的"四美三热爱"如译为 four beauties and three loves，就会让外国读者理解为"四大美女和三个情人"，这完全违背了原意。"科学发展"最初被译为 scientific development，然而这种直译并没有被外国受众所接受，因为他们所理解的 scientific 是 something related with science，所以 scientific development 容易被误解为 progress in the science field。我们所说的"科学发展"含义广泛，远远超过了科学研究领域，现译为 sound development 或 balanced and sustainable development。类似的例子还有，如"韬光养晦"，有人将其理解为"掩盖企图，等待东山再起"或想当然地比附于历史典故"卧薪尝胆"，因此把它译为"temporary retirement to bide one's time before going on the offensive"或"hide one's capabilities and bide one's time"等。这样的译文不但没有能够把中国自身的文明理念、发展理念、崛起理念等正确地传达给世界，反而在某种意义上严重扭曲了中国长期以来坚持和平发展的形象，屡屡成为西方反华势力鼓吹"中国威胁论"的借口（熊光楷，2010：62-66）。"韬光养晦"翻译成"to keep/maintain a low profile"，就不会产生歧义了。我们倡导的政府"廉政建设"如译为"construct clean politics"，就会产生歧义，因为"politics"在英语中多含贬义，多指官场或职场的不正之风,如明争暗斗的办公室政治"office politics",译成"build a clean and honest government"就可以让外语读者理解中国政府的这一举措完全是为了提高政府的办公效率,更好地为人民服务。

在对外宣传工作中,中文喜欢用军事用语作比喻,如"战略高地""制高点""排头兵""桥头堡"等,翻译时都应该尽量避免使用具有强烈军事色彩的词语,多用诸如"倡议""经济合作"等软性词语。军事用语给人一种威胁感。对于一些政治敏感性话题,比如有关领土、人权、外交等方面的话题,译者必须保持高度警惕,切实维护外宣翻译的严肃性,维护国家主权、领土完整与民族独立。比如,我们常提到的台湾问题便是政治敏感话题,外宣翻译中应尽量避免使用有争议的表达形式,如"the Taiwan issue / the issue of Taiwan",而应斟酌使用意义明确且政治立场明确的词语,如"the topic/future/development/sovereign of Taiwan",或政治上无歧义表达,如"issues related to/concerning/regarding Taiwan"等来处理(朱义华,2017:33-34)。

4.4 话语创新原则

对外话语体系建设是外宣翻译的应有之义。对外话语体系的根基是中国特色社会主义制度,其独特的历史文化、发展道路、价值观念既是中华民族屹立于世界民族之林的根,也是我们对外宣传的底气和源泉。中国社会的发展,文明的进步,理念的更新,必然会出现大量独特的文化词语。中国的对外话语体系是由具有中国特色文化内涵的术语词汇构成的,这些文化词语没有现成的目标词语可用,翻译创新也就成为必然。正如过家鼎(2005)所说:"有些汉语词句具有浓厚的中国特色,意义深邃,在英语词库中找不到现成的答案。在这种情况下,汉语的原文既不容易修改,就不必煞费苦心地去寻找英语中的对等语。唯一的办法是依据英语的语言规律,创造出新词或词组。"

从某种意义上说,翻译本身就是创新。翻译是再创作的观点已成为译界的共识。外宣翻译话语创新包括词语创新和书名、广告等的创译。

词语创新主要是指文化词语翻译创新。文化词语翻译创新，就是根据译语构词规则创造新的概念名称。词语创新的理据是文化词语原语独有而译语中没有对应词语。正如葛传椝先生（1980：13-14）在《漫谈由汉译英问题》一文中指出的那样，"对于具有中国特色的东西不必挖空心思去找对应的表达法，实际上也找不到，应该大胆地使用中国英语去表现它们，从而填补由于英汉文化的差异而造成的表达真空。""使用中国英语"，就是翻译创新。所谓中国英语，是指以规范英语为核心，表达中国社会文化所特有的事物，通过音译、译借及语义再生诸手段进入英语交际，为英语本族语者理解和接受，具有汉语文化特色的英语变体语言。中国英语有别于中国式英语。所谓中国式英语，又称汉化英语，是指受汉语表达习惯影响而出现的不规范英语或不符合英语文化习惯的英语。中国英语是规范的、可接受的，而中国式英语是不规范的、不可接受的。中国英语和南非英语、印度英语、新加坡英语一样，都是英语变体，是英语本土化的结果。英语与中国本土文化结合，具有鲜明的中国英语本土化特色，形成了中国英语变体。中国英语在表达中国社会文化诸领域的特有事物方面具有独特的不可替代的地位。随着中国国际影响力的不断扩大，中国在世界英语本土化的大潮中将不再是被动地接受英语，而会积极主动地影响它的变化和发展。中国经济的快速发展和国际地位的日益提高，使中国英语影响越来越大，已引起国际社会的瞩目。

翻译创新的文化词语构成中国英语词汇。中国英语词汇涉及中国文化的方方面面。例如，涉及思想理念的有：Confucianism（儒家思想），School of Mind / Hsin（心）Hsüeh（学）（心学，儒学的一门学派，其宗旨是"致良知"），Deng Xiaoping Theory（邓小平理论），Three Represents Theory（三个代表理论），Scientific Outlook on Development（科学发展观），Xi Jinping Thought on Socialism with Chinese Characteristics for a New Era（习近平新时代中国特色社会主义思想），等等；涉及政治的有：one country, two systems（一国两制），lianghui（两会，指人大政协会议），Three Stricts and Three Earnests（三严三实），four comprehensives（四个全面），等等；涉及经济的有：large-scale development of China's western region（西部开发），gaizhi（改制），non-state industries（非国有

工业），economy's "New Normal"（经济"新常态"），strategy of "Made in China 2025"（"中国制造2025"战略），debt-for-equity swaps（债转股），deleveraging of SOEs（国企去杠杆），等等；涉及宗教的有：Zen（禅），Taoism（道教），Tibetan Buddhism（藏传佛教），等等；涉及语言的有：putonghua（普通话），Cantonese（广东话），Pinyin（拼音），baihuawen（白话文），Minnan dialect（闽南话），Wenzhou dialect（温州方言），等等。

文化词语翻译创新的主要手段有以下几种。

一是音译。许多独特文化词语没有相应的目标语词语，只好音译。有些音译由于反复使用，成为目标语词语，如"阴阳""风水"等，有些词语的音译只是临时借用，后来被意译取代，如"小康社会"音译为xiaokang，现在意译为moderately prosperous society。

二是直译。直译既能传递原语文化信息，又能丰富译文语言。如面子工程face job、落下帷幕drop the curtain、流动人口floating population等。有的直译赋予目标语词语以新的含义，实际上是中式的思想穿上西式的外衣。比如"供给侧结构性改革"（supply-side structural reform），在中国语境下有特殊含义。supply-side在西方经济学领域已用数十年，为西方人和国际经济学界所熟知。采用supply-side对译"供给侧"，然后搭配structural reform，融合基于中国国情的新供给主义或新供给经济学的思想，进而形成新的英译术语supply-side structural reforms，如此旧语新用，中西合璧，赋予了西方旧术语以中国特色和改革新意（黄忠廉、刘毅，2021：61）。

三是杜撰翻译。借助英语构词规则杜撰出来的中国英语也是翻译中国特有事物的一种方法。根据Pyles和Algeo于1982年的统计结果，派生、复合、转类是三种主要的构词方法，此外还有缩略法，如减缀、拼缀等等（张维友，1999）。汉词英译的构词方法主要是派生和复合。英语词缀分前缀和后缀。中国英语词语常使用的前缀有：pre-, post-, neo-, pro-, anti-, 比如, pre-/post-Qing period, Neo-Confucianism。中国英语词语常用的后缀有：-er, -ese, -ism, -ist, -ize, 比如, Beijinger（北京人），Shanghainese（上海人），Taoism（道教），pinyinize（拼音化），relationshipism（关系网），triumphantism（必胜论）。复合是把两个以上词语结合在一起产生新单词的一种构词法。合成后的新单词一般都包含两个部分：修饰语和中心词。在这种合成混合语中应该有两种情况：一是汉语词语作修饰语，修饰英语词语，一是英语词语作修饰语，修饰汉语词语（吕莹，2005）。但在中国英语的表述中，主要以汉语词语作修饰语、英语词语作中心词的情况居多，如：Tang Dynasty（唐朝），Tantan noodles（担担面），Peking opera（京剧），等等。在这种合成混合语中还有一种情况特别值得关注，那就是使用China、Chinese 这两个词语作为修饰语的情况，这种方法直接彰显中国英语的特色，例如，Chinese calendar（农历），Chinese character（汉字），Chinese chess（象棋），等等。据统计，China 系列的复合词共 238 个，其中，China 指代的复合词 59 个，Chinese 指代的复合词 179 个。语用上，Chinese 比 China 更具普适性（陈胜利，2014）。

　　话语创新除上述文化词语翻译创新外，还包括创译。创译就是创造性翻译，是基于原语的再创作。创译，也叫译创，维基百科（wikipedia）将"创译"（transcreation）定义为"翻译研究领域的概念，用以描述把信息从一种语言改编为另一种语言的过程，同时，保留其意图、风格、语气和语境"。创译适用于书名、电影名、品牌商标、广告等的翻译。书名和电影名的创译是根据原作思想内容、译语读者的审美情趣和文化心理而进行的再创作。创译的书名或电影名不可能回译到原名。比如，电影《金刚川》翻译成 *The Sacrifice*，高度概括志愿军战士们在敌我力量悬殊的情况下以血肉之躯顽强拼搏、舍身报国的精神，而原名"金刚川"是一条河流的名称。《南极之恋》译成 *Till the End of the World*，回译为"直到世界末日"。该影片讲述了这样一个故事，婚庆公司老板吴富春和高空物理学家荆如意曾是两个毫无共同语言的男女，在南极上空遭遇坠机后，在绝境的南极腹地中，面对伤痛折磨、物资匮尽的困境，两人彼此依存、互生情愫。英译名有"相爱到永远"之意。电视剧《狂飙》是一部黑恶势力崛起的编年史，也是扫黑除恶的回忆录。根据剧情译为 *Knockout*。Knockout 是拳击术语，意为"击倒对方获胜"。品牌商标的创译往往具有联想性。例如，中文品牌商标"雅戈尔"翻译成

Youngor，该商标翻译由 young+or 构成，喻意"更年轻、更富有朝气"。"联想"译成 Lenovo 也是创译。Le 代表联想过去的英文名称 Legend，Novo 是拉丁词根，意为"新意、创新"，整个品牌名称的寓意为"创新的联想"，是在继承已有品牌资产的基础上的发展与升华。"红豆"牌服装译为 Love Seed（爱的种子），具有文化底蕴。"狗不理"（包子）译成 Go-believe，则是音意兼译的典范。广告创译也是很普遍的。广告翻译既要有审美意识，也要有移情意识，特别注重"译有所效"。比如，"美的"的广告语"科技尽善，生活尽美"译成"Midea—Bring great innovations to life"。

4.5 语用等效原则

语用等效是翻译的最高原则。所谓语用等效，是指译者在理解原语意图的基础上，舍形取义，用译语中最贴近而又对等的自然语将原文内容表达出来，以求等效（王守宏，2012：60）。语用等效表现在词语、语法、语义、语篇等不同层面。

在词语层面，词语的语用意义很多，包括表征意义、社交意义、祈使意义和联想意义（柯平，1993：27）。其中，联想意义是词语的附加义，具有主观性，会因人而异，也会因文化而异，主要源于语言与语境（语言语境与文化语境）之间的"磕磕碰碰"，词典中每个词项定义后面所标识的"粗俗语""俚语""迂腐语""污秽语"以及"儿语"等意义范畴均属于此（杨司桂，2016：85）。词语的联想义与文化密切相关，如俄国人由"鱼"联想到"沉默"义，英国人联想到"放荡不羁的人"，美国人则联想到"笨蛋"（龚光明，2012：206）。

在语法层面，组词造句应该合乎语法。Nida 认为，语法并不是词、词组或短语之间简单的形式组合关系，而是一种具有意义的语言现象，并把这种意义称为语法意义。与词语意义一样，语法意义也有所指和联想两个层面。语法的所指意义仅仅表示各语言单位之间的关系，既可指组合关系，也可指替代关系。而语法的联想意义则与其使用场合有关，有什么样的场合就有什么样的联想意义。例如,"he go now"这种句法结构的联想意义是句子表达不规范,属于次标准用法;"between you and I"的联想意义可表述为:"传统用法上不可接受,但现在逐渐普遍使用";而"What right hath my beloved?"这句话的联想意义是"句式陈旧,不适宜于当代使用语境"。(Waad & Nida,1986:124)

语篇层面的语用意义比较复杂,原因是语篇本身就是由语音、词位、句法等三个方面按照一定的法则组合而成,因而,语篇的联想意义要受到语音、词位、句法这三方面的联想意义影响(Nida,2001:60)。

语用具有社会性、规约性和情景性等特征。语用的社会性和规约性是指交际双方无论是表达内容,还是表达形式,都要遵从社会习惯和使用规范,按社会的行为规范行事,交际双方的言语行为被视为受各种社会规约支配的社会行为。情景性是语言使用在某种程度上要受语境和场合的影响。语言意义解读要根据情景而定。不同语言具有不同的语用习惯,翻译时不能按照原语的语用习惯套入译语中。比如公共交通车上的提示语"老、弱、病、残、孕专座"如译成"Seats reserved for the elder, the weak, the sick, the disabled and the pregnant",就不符合英语的语用习惯,就会引起读者不好的联想。在中国文化中"老弱病残孕"受到社会的尊重和照顾,但是在西方文化中不少人觉得这样的做法是把他们看成有缺陷的人,译成 Priority Seating / Courtesy Seats,就符合英语的语用表达习惯。

汉语中同样的意思往往有多种表达形式。比如,"禁止践踏草坪/花草"的公示语遍布城市的各个角落,而与之同样具有强制性社交语用功能的变异的表达有很多,表现出汉语丰富多彩的公示语表现形式。笔者收集的类似公示语就有:一花一草皆生命,一枝一叶总是情;多一片绿色,多一份静美;花草能装扮校园,更能美化心灵;花果共赏,严禁采撷;绿色环保,从我做起;足下留青,手下留情;爱护花草,从我做起;芬芳来自鲜花,美丽需要您的呵护;绿草茵茵,脚下有情;爱护绿化,关心未来;小草也有生命,请您脚下留情;朵朵小花草,寸寸园丁心;追求绿色时尚,拥抱绿色生活;草木皆生命,足下请留情;手上留情花自香,脚下留意草如茵;我的发型很酷的,请不要弄乱了哦!请爱护花草,您向花儿点头，花儿向您微笑；你给我多一些爱护，我给你多一些芬芳；绕步三五步，留得草儿绿；小草给我一片绿，我给小草一份爱；您给我一份温馨，我给您一点清新；小草依依，请您爱惜；芳草青青，踏之何忍；小心迈步，花草需要您的呵护；小草睡觉，请勿打扰；草木无情皆愿翠，行人有情多爱惜；我很弱小不能承受您大脚的亲吻；小草正在生长，踏入请想一想；青青园中草，暖暖心中情；小草有生命，脚下有深情；等等。从语用等效角度看，上述公示语无论有多么煽情，多么富有诗意，其语用意义是相同的，都可以译成"Keep away from the grass, please"或"Take care of the grass, please"。

4.6　信息凸显原则

外宣翻译的信息凸显原则是根据不同国外受众的信息需求和修辞心理，凸显主要信息，弱化或虚化无关联信息。信息可分为核心信息、次要信息和冗余信息。核心信息是主要信息，可以是明示的概念意义，也可以是暗含的概念意义以及潜在的文化信息。如果核心信息没有传达，译文可认为是不合格的译文。次要信息是指原文中具有一定价值的信息，在翻译中具有从属性，如果在不影响核心信息以及译文通畅的前提下能传达为最佳，但如果与核心信息及译文通畅有矛盾可考虑在一定程度上放弃（冯军，2010：72）。冗余信息是指原文中多余的信息。冗余信息的产生与语言构成及表达习惯有关。比如，汉语的构词方式产生了许多同义相构的词语，如道理、声音、惭愧、残酷无情、直言无隐、字斟句酌、横行霸道、街头巷尾等。汉语也有许多同义句，如"展现新气象，谱写新篇章"中的"展现新气象"和"谱写新篇章"是临时同义。由于外宣翻译中很多稿件原来是为国内读者写的，其中很多信息在中文中并不冗余，但在翻译中如以目的论来评判则变为冗余信息。比如，中文常说"从国外进口"，"进口"的语义就包含了"从国外"的信息，所以翻译时要把"从国外"删去。冗余信息分为常识（共享知识）性冗余，前提概念性冗余，概念内涵结构成分修饰/限定式信息冗余，命题重复性冗余，图式结构触发式冗余，等等（龙海艳、曾利沙，2012：191-192）。针对冗余信息，译者应该果断剔除（张健，2013：28）。英文表达中，一般不会出现同义的重复。而汉语中，有时为了加强语气，却经常加上一些意义重复的修饰词，如"毫无根据的捏造"或"没有事实根据的天方夜谭"，如译为 groundless lies 就太不恰当，应该把表达冗余的信息 groundless 去掉。再如，南昌城市规划用语"全市一盘棋、一个调、一条心，建设美丽南昌、幸福家园"，其中"一盘棋、一个调、一条心"是个形象比喻的说法，讲的是同一个意思，也就是共同的目标（common goal）。黄友义指出，好的外宣翻译"不是按中文逐字逐句地机械地把中文转换为外文，而是根据国外受众的思维习惯，对中文原文进行适当的加工，有时要删减，有时要增加背景内容"。他还提出，在外宣翻译中有两条原则必须坚持：1）充分考虑文化差异，努力跨越文化鸿沟；2）熟知外国语言习俗，防止落入文字陷阱（黄友义，2004：27-28）。

汉语中许多文体，无论是广告、企业简介，还是政治语篇，辞藻华丽、夸大其辞的现象普遍存在，次要信息掩盖了主要信息。比如"金龙鱼"的广告"金龙鱼一比一比一，带我乘风破浪，驶向远方"就是让读者不得要领的语言表述。

纽马克的交际翻译原则告诉我们，交际翻译注重功能，允许纠正原文的错误，调整原文的句子结构，改进原文的逻辑，消除歧义和隐晦，精简重复累赘的表达，解释难懂的术语，把个性特征过于显著的极端表达方式适度规范，强调译文的效果，为突出信息，可以牺牲原作的特点，允许对原文加以增删整合，使译文通俗易懂，符合特定的语域范畴（Newmark，2001：40-48）。曾利沙（2005：2）曾就旅游指南翻译提出信息突出策略的 5 个原则：1）文字信息传递的效度应符合受众的语言文化心理；2）应突出宏、微观层次的整体效应性；3）应把握质与量增益或删略的主题关联性；4）应具简洁可读性；5）应考虑所选择文字的诱导性特征。突出信息，删除无关紧要信息，常见于企业简介和旅游翻译。例如：

（1）逶迤秦岭，气象峥嵘；潺潺山泉，峭壁奇峰。蓝天白云，鸟唱蜂鸣。走进秦岭，你就像回归了远古，走进了童话般的境界。这里是中国南北的分界线，是长江、黄河两大水系的分水岭。这里资源丰富，动、植物种类繁多，单种子植物就有122类，671属，1988种，药用植物种类510种，闻名世界的蜂蜜上品山花蜜就出产在这崇山峻岭中。

在秦岭山脉北坡，关中平原西端，闻名遐迩的陕西宝鸡市高新技术开发区，坐落着一家专门研究蜂乳生物科学、生产"雒老大"牌系列蜂乳蜜酒的生产厂家——陕西黑马蜂乳生物技术发展有限公司。

On the north slope of Qinling Mountain is Shaanxi Dark Horse Honey Biological Development Co.Ltd.

Qinling Mountain, located in central China, has a varied climate and grand landscapes.It is a place where visitors can enjoy blue skies and white clouds. The region abounds in living things. There are 1988 different species of vegetables and 550 species of medicinal herbs. World famous quality honey is also produced here.

上例是一份企业简介，但画线部分给人感觉是旅游广告，语言优美，看不出与企业有多大关系。翻译时要按照信息凸显原则，删除原语不必要的信息，对原文进行重组（曾剑平、钟达祥，2005：146）。

下面是江西财经大学简介中涉及办学条件和师资队伍的文字描述及其翻译。

（2）办学条件：<u>赣江碧水，滕阁夕霞。有校江财，立于豫章。</u>学校坐落英雄城南昌，<u>东临赣江碧水，西接梅岭烟霞，北吸锦绣庐山之灵气，南纳雄伟井冈之精神。</u>现有蛟桥园、麦庐园、枫林园、青山园四个校区（不含独立学院共青校区）。占地面积共2200余亩，建筑面积100余万平方米，馆藏各类图书862万册（含电子图书189万册）。校园幽香雅静，错落有致，层重叠翠，湖光潋滟，是全国绿化300佳单位之一。

Located in Nanchang, the capital city of Jiangxi Province, Jiangxi

University of Finance and Economics (hereinafter referred to as JUFE) was founded in 1923. JUFE has four campuses under its name, covering a total area of 1.46 million square meters and a construction area of over 1 million square meters. The university has a collection of 8.62 million books (including 1.86 million e-books). The campus boasts beautiful scenery and unique landscape and it is one of the 300 best greening units in China.

例2的译文删除了画线的"赣江碧水，滕阁夕霞。有校江财，立于豫章""东临赣江碧水，西接梅岭烟霞，北吸锦绣庐山之灵气，南纳雄伟井冈之精神"，而原文的"校园幽香雅静，错落有致，层重叠翠，湖光潋滟"用 The campus boasts beautiful scenery and unique landscape 概括处理。

（3）师资队伍：师德巍巍，师艺煌煌。信敏廉毅，誉满西江。学校共有教职工2313人，专任教师1326人，其中正高级专业技术人员289人、副高级专业技术人员525人；具有博士学位855人；博士生导师159人；硕士生导师843人。

JUFE has 2,313 staff members, including 289 professors, 525 associate professors, among which 855 have doctoral degrees, 159 are doctoral supervisors, 843 postgraduate supervisors.

例3的"师德巍巍，师艺煌煌"是对教师品德的赞誉之辞，不是主要信息。"信敏廉毅"是江西财经大学的校训，在"办学特色"中提到了，所以在这里省译。

4.7 统一性原则

外宣翻译要达到预期效果，首先要统一规范对外话语，尤其要统一核心理念和关键词的翻译。因为核心理念和关键词是政治话语的灵魂，它们的翻译正确与否，或一语多译，均会影响国外读者对中国政治话语的正确解读。翻译不当，自然不能表达原语思想。一语多译，同样会误导国外读者。为了规范政治话语的翻译，中国外文局和中国翻译研究院主持建设了首个国家级多语种权威专业术语库"中国特色话语对外翻译标准化术语库""中国重要政治词汇对外翻译标准化专题库"和"中国关键词"项目。"中国特色话语对外翻译标准化术语库"是服务国家话语体系建设和中国文化国际交流的基础性工程。目前，平台发布了中国最新政治话语、马克思主义中国化成果、改革开放以来党政文献、敦煌文化等多语种专业术语库的5万余条专业术语，并已陆续开展少数民族文化、佛教文化、中医、非物质文化遗产等领域的术语编译工作。该术语库平台以语种的多样性、内容的权威性为突出特色，提供中文与英、法、俄、德、意、日、韩、西、阿等多种语言的术语对译查询服务，确立国家主导的中国特色话语外译标准。

鉴于当前政治话语的对外翻译还没有可参照的统一、规范的工作标准和指南，同时对外翻译工作的业务流程和管理模式也需改进和规范，中国外文局当代中国与世界研究院联合中国翻译研究院、中国翻译协会、外文出版社、北京周报社等单位共同研制编写《中国政治话语对外翻译工作手册》并于2019年发布。手册分为《总则》《中国政治话语英译体例规范（试行）》《中国政治话语法译体例规范（试行）》《中国政治话语日译体例规范（试行）》4个部分，还将陆续推出其他语种的外译规范。该手册对译员资质、翻译流程、语言规范、译后术语存储和资料整理等时政话语翻译的工作程序进行了专门规范，为建立政治话语对外翻译科学化、规范化的工作模式，提升新时代中国政治话语对外翻译质量和传播效果发挥积极作用。

4.8 读者意识原则

无论是写作还是翻译，读者意识都不可忽视。所谓读者意识，是指作者或译者在写作或翻译过程中自觉地把读者的信息需求、阅读心理、价值取向、人情风俗、思维习惯和审美情趣等因素纳入自己思维活动之中的心理形态，从而使作品符合读者的期待视野，实现读者与文本、读者与作者的"视野融合"。一言以蔽之，读者意识就是指作者或译者站在读者角度思考创作或翻译。郭天一（2005：28）将读者意识分为三层："读者是谁、读者有何需求以及读者需求如何满足。"从外宣翻译角度而言，读者意识可理解为译者在外宣翻译过程中以对译入语读者的关注、认识和了解为指导而进行自己的实践活动的意识。

　　读者意识最初来源于写作。读者意识在文学创作中具有举足轻重的地位，在作者、作品和读者之间架起了沟通的桥梁，打开了作品为读者接受的渠道。任何作家写作都应对读者的期待视野做出预测，在心目中都有潜在的读者。没有潜在读者的创作，是盲目的创作。这样的创作，不是孤芳自赏，就是目中无人，很难为读者所接受。读者是决定作品成功与否的关键因素之一。一般而言，读者量大，说明作品成功，是作品激发读者阅读动机的结果。没有读者的作品不能算成功的作品。

　　翻译犹如写作，同样应该有读者意识。传统的翻译理论以文本为中心，以忠实为原则，忽视包括读者在内的言外因素的作用，没有把读者接受考虑进去，所以理论不够完善。现代翻译理论认为，翻译过程中读者的因素不容忽视。读者是翻译效果的检验者和评判者。同时，受众又是翻译传播活动中整个文本信息的构建者。可以说，没有积极的受众，就没有成功的翻译传播（迪金森 等，2006）。翻译目的论认为，"决定翻译过程的最主要因素是整体翻译的目的"（Nord，2005：34），而决定翻译目的的重要因素之一便是受众——译文预期的接受者，因为他们有自己的文化背景知识、对译文的期待以及交际需求。每一种翻译都指向一定的受众。一般而言，如果译者翻译时有潜在的目标语读者，非常清楚目标读者的需求和阅读心理，就会采用相应的翻译策略。如严复翻译《天演论》，其目的是希望此书能开启民众，唤起人们的忧患意识，从而达到"强国保种"的目的。为了更好地达到此目的，他通过按语的形式把自己的理解、观念表达出来，以助读者理解、接受书中的内容。而他采用"以前的字法句法"的古文笔法，则是因为他心目中的读者对象主要是当时的一些士大夫、关心大局的上层知识分子，为使这些人接受西方的资本主义思想，必须投其所好，翻译时采用典雅的古文笔法。正因为严复基于当时的特定历史环境，深谙读者的心理、文化状态、知识水平和对西方资本主义的了解程度，采用非传统的翻译方法，才使得《天演论》"风行海内，吸引了从学者到青年学生一大批读者"。一时间报刊谈进化，学校讲进化，"物竞天择之理，厘然当于人心，中国民气为之一变"。（王克非，2000：123）严复的翻译，在当时的时代背景之下可谓是相当成功的翻译了。又如，辜鸿铭在翻译《论语》时，其目标语读者绝大多数是受过教育的普通英国人，因此，他声称"努力按照一个受过教育的英国人表达同样思想的方式，来翻译孔子和他弟子的谈话"。（黄兴涛，1996：345-346）而事实上，辜氏的译文在表达方式上的确是英国读者熟悉的表达方式，符合英语思维的习惯。

翻译功能论认为，文本的意义或功能并不是语言符号中固有的东西，它不能被任何懂得代码的人简单地取出来。文本只有被接受者接受才会有意义。不同的接受者（或同一接受者在不同的时间）会在文本提供的同样的语言材料中发现不同的意义。诺德甚至断言，一个文本有多少个接受者，就有多少个文本（Nord，1992b: 91；2001：31）。Nida 认为，只有译文被译文读者理解，才能最终衡量译文是否正确和恰当（Nida，2001：86-96）。为了更准确、全面地确定原文的信息意义，Nida 主张要系统深入分析与原文受众相关的因素：1）受众的背景知识；2）原文信息实际接收的方式；3）使这一信息得以产生的受众之行为方式；4）受众可能对信息所做出反应之方式（Nida，2004：243）。

根据传播学理论，信息传播主要由传播者、受众、内容、媒介和反馈五大要素构成。在文化影响力的作用机制中，传播者与受众是作为主观条件存在的。传播者首先结合自身需要生产具体的文化内容，并采取有效措施确保文化影响力的全面渗透，以达到预期的良好传播效果。而受众则是文化影响力的作用对象，它能够根据自身实际需求针对性地选择由影响者生产的文化内容，同时通过正面或负面的反馈表达其接受态度。受众的自我品质同样是影响者在进行传播内容、方式等选择时的重要参考（张恒军、吴秀峰，2019：86-87）。翻译就是一个传播过程。信息传播过程主要包括信息的传达、信息的接受和信息的反馈三个重要环节。在信息传达环节，译者身兼读者和信息传播者的双重身份。作为读者，译者对原文信息的价值进行甄别，把有价值的信息进行解码。作为信息传播者，译者对原文信息进行重构。无论是解码还是重构的过程，译者的读者意识都贯穿其始终。在信息接受环节，读者根据自己的前理解解读译本，进行价值判断。只有当读者的反应符合译者的预期目标，像奈达所说的"功能等效"，传播才算成功，翻译才算完成。在信息反馈环节，读者把解读信息的感受、评价以及愿望和态度反馈给译者。这个反馈一般是通过市场产品销量、读者和媒体反馈等间接实现的。一般来说，销量越大，信息传播就越成功（姚亮生，2003：IX）。

　　外宣翻译的读者意识，从宏观层面讲，就是外宣翻译应该面向目标文化受众，满足他们的需求，并树立为读者服务的意识。外宣翻译应该根据读者类型采取不同翻译策略。受众是由个体组成的。个人在生理、心理方面都存在差异，德福勒把这些差异归为五种：1）个人心理结构方面的；2）先天禀赋与后天习性的；3）认知态度价值标准方面的；4）社会理论所形成的观点或主张方面的；5）文化素质方面的（陈龙，2005：239）。英国翻译理论家萨沃里（Savory）在《翻译的艺术》（*The Art of Translation*）一书中，依据读者对原文的熟悉程度将他们分为四类：1）第一类读者对原文完全陌生，他们读译本出于好奇或是对某种文学特别感兴趣；2）第二类读者是正在学习原文语言的学生，阅读译文主要是一种辅助学习的手段；3）第三类读者曾学习过原文语言，但已遗忘；4）第四类读者是熟悉原文语言的人，他们或许是学者。这四类读者的目的不一，对于译文的要求也不一（吕和发 等，2016：112）。Newmark曾将目标读者划分为三种类型：学者型读者（the expert）、受到良好教育的一般读者（the educated layman）以及受教育程度不高的读者（the uninformed）（Newmark，2001a: 15）。按照这一标准，我国英文媒体的预期读者主要是后两种读者，而且可能为数众多。另外，由于我国的中英文媒体的交际环境和目标读者完全不同，因此，中文媒体中的有些内容不能直接移植到英文媒体中，而应该根据具体情况对原作内容进行改写或删除。

　　从微观层面讲，外宣翻译要特别注意东西方的修辞社会心理差异，贴近外国受众的思维习惯和语言习惯，消除外国读者阅读中的语言障碍和文化障碍。首先要满足译语读者的阅读修辞心理，贴近他们的思维习惯。其次，要创造适合目标语读者理解的译语语境。最后，要为译语读者释疑解惑。译者要透过协商来突破交际的壁垒，充分考虑到文化的可接受度，从而做出相应的调整和改造。

总之，读者意识应贯穿外宣翻译的整个过程。即使翻译完成后，在付梓之前，译者还要站在译文读者的角度去审视译文，检验译文是否明白晓畅、是否符合译语习惯，以完善译文。

4.9 内外有别原则

由于对外传播的对象是国外受众，他们有自己的价值观念、宗教信仰、政治立场、文化模式、思维习惯和接受方式，同样的文本信息对内报道是正面信息，对外报道就有可能是负面信息。因此，适用于内宣的材料未必适用于外宣，材料如果选得不当，不仅起不到预期效果，很可能适得其反。"橘生淮南则为橘，生于淮北则为枳，果徒相识，其实味不同。所以然者何？水地异也。"（《晏子春秋·内篇·杂下第六》）春秋齐国晏婴的这一比喻，用于对外汉英翻译可谓恰如其分。在很多情况下"好的内宣文本"并不等于"好的外宣文本"，而外宣文本的质量直接关涉到国外受众对中国国际形象的解读，关涉到国际形象的建构问题。外宣文本如何写，直接关涉到中国国家形象的建构是否符合事实，也关涉建构出的是不是我们所期待的国际形象（许宏，2017：3）。在对外传播中，极尽赞美之词来讲"好中国"和把中国故事讲好，是适得其反的，正如廉溪河（2014）在《用适当的方式讲中国故事》一文中指出的那样："尽管词美誉高，但西方人并没有因此就接受中国的'好'故事，反而觉得这些美词不过是在为中国辩护，并没有讲清楚中国故事，而为中国辩护，这恰恰让西方人听后觉得中国缺乏一个大国的自信。究其原因，这种辩护方式并不是讲述中国故事的恰当方式。"我们过去搞宣传，比较熟悉的是逻辑思维演绎法，从立意、主题到论证、论据。但是，西方普通公众不习惯这一套，他们习惯的是形象思维和归纳法，从具体事例引入，叙述有关事实，最后让受众自己去得出结论。例如，西方舆论攻击我们时常用的手法是"攻击其一点，不及其余"，但这一点往往选得巧妙，写得具体，讲得生动，很有迷惑力。从这一点讲，我们要学会"以其人之道还治其人之身"（段鹏，2007：6）。事实上，外国人所看到的不是中文稿而是外文稿。一篇好的中文稿，低水平的译者会把它翻译成不易懂的外文稿。相反地，一篇不怎么好的中文稿，高水平的译者会把它翻译成外国人爱看、易懂的外文稿（爱泼斯坦 等，2000：2）。

"内外有别"原则一直被视为对外宣传的圭臬。沈苏儒最早提出"内外有别"的概念。他指出，内外有别之处通常涉及五个方面：读者对象、宣传目的、宣传内容、宣传方法、语言文字。

内外有别原则，一言以蔽之，就是不能把内宣文本不加选择和过滤地翻译成外宣文本。外宣翻译机械照搬内宣内容和方式是达不到预期效果的，甚至会适得其反。早在 1942 年，毛泽东在《反对党八股》一文中指出："射箭要看靶子，弹琴要看听众，写文章做演说倒可以不看读者不看听众吗？我们和无论什么人做朋友，如果不懂得彼此的心，不知道彼此心里想些什么东西，能够做成知心朋友吗？做宣传工作的人，对于自己的宣传对象没有调查，没有研究，没有分析，乱讲一顿，是万万不行的。"（毛泽东，1991：836-837）这一思想对于对内传播和对外传播都是适用的。根据 Philipsen 的言语代码理论（Speech Code Theory），"每个文化都有自己的言语代码，即历史上制定的，社会中建构的与传播行为相关的说话方式、意义、前提和规则体系；每个代码揭示出该文化中自我、社会的策略性行为的结构层次。"（Philipsen，1992：27）作为一种意义体系，言语代码是历史的、建构的及松散的。他发现，同样的传播实践在不同的场景、对不同的群体意义并不完全相同，而这种意义上的差异可以说明传播实践所具有的独特性；只要有独特的文化，就会有独特的言语代码（单波，2010：62）。

从传播学角度看，同样的传播内容在不同的文化模式中会产生不同的传播效果，如果忽视了受众的差异性和选择性，就有可能产生与传播既定目标相违背的效果。例如，我国过去长期以来实行"一对夫妇只生一个孩子"的政策,这在外国人(特别是西方人)是很难接受的,因为他们认为这不符合他们对于人权、自由的基本观念(沈苏儒,1999:8)。所以我国的计划生育政策在外宣中是达不到宣传效果的。作为多年的"彩虹奖"评委,上海电视台外语部的一位负责人说,这些年各省市制作的外语节目,包括新闻片、专题片,往往不去考虑境外受众的需要,不注意"内外有别,外外有别",思维方式还是内需性的,或者只是把中文节目简单地翻译成外文,让外国人看不下去。"这种没有针对性的外宣不如不搞,搞了也白搭,国外不会买账,是资源浪费。"(段鹏,2007:59-60)同样的译本,在一国读者能够接受,而在另一国读者可能不会接受。

在对外传播翻译中,译者不是简单的传声筒,应该对文本信息进行甄别,区分内宣文本和外宣文本,起到信息把关人的作用,对报道信息进行过滤,从而正面报道国家形象,抵制歪曲、丑化国家形象的言论。从传播角度看,选择外宣文本十分重要。在选择外宣文时,要了解国外受众的信息需求,同时要确保文本内容在价值观念和宗教信仰等意识形态方面不会触犯国外群体。对外传播坚持"中国的立场,国际的表达"的原则,用国外受众喜闻乐见的方式来传播。"国际表达",包括三方面内容:一是根据外国受众的思维习惯、接受方式、信息需求,设计节目形式;二是通过第三视角表达和解读中国内容;三是借用国际惯例和规则对中国问题进行解释和说明(杨磊,2016:17)。文本叙事要多一些具体的说明,少一些抽象的概念;多一些人文色彩,少一些生硬说教;既准确鲜明,让外国受众看得懂、听得进,又亲切自然,让人乐于接受,做到潜移默化、润物无声(对外传播中的国家形象设计项目组,2012:261-262)。

在对外宣传中尽可能少一些意识形态的因素,把内宣和外宣区别对待,多宣传些与国外理念相通的思想,反映中国与世界各国的话语共同点,如怎么治国,怎么治理环境,怎么反腐,怎么反恐,怎么去产能,怎么发展经济,怎么消除贫困,等等。这些都是国外读者关心的问题,中国在这些方面的经验介绍容易引起国外读者的共鸣。在表达方式上,多使用与国外受众思维、表达方式、审美情趣相对接,易于他们理解和接受的话语体系，不断增强外宣翻译的质量和效果，进而深化世界各国人民对中国的了解和感情。

毋庸置疑，外宣语言和内宣语言是不同的。国内宣传文稿大多以汉语思维行事，写出来的东西往往是为了迎合国内受众的阅读心理，从对内的角度来看，这是无可厚非的。作为外宣翻译，其服务对象都是国外受众，他们大多对中国的历史、文化背景知之甚少，对中国的国情缺乏必要的了解。国外受众具有与中国完全不同或者大不相同的文化背景和现实环境，在长期的熏陶下早已形成一种固有的文化心理和思维习惯，硬用汉语的"习惯"去套用国外受众的"心理"显然是行不通的（王大来，2014：134-135）。这涉及语境差，即表达语境和接受语境的差异。在对内宣传中，由于读者所处的文化语境及语言语境与创造者所处的文化语境及语境信息是一致的，所以读者阅读原文时就显得很"自然"，不会碰到笨拙的语法或词法以及怪异的文化之障碍；然而，当原文译成接受语时，由于存在语符及文化差异，译文读者就比不上原文读者那么"自然"，所获得的感受也不一样（杨司桂，2016：104-105）。由于原语与译文读者对同一语言表达的认知环境很可能不一样，哪怕是对同一事物，也会产生不同的理解，因而难以达成认知环境中的共识。因此翻译时必须充分考虑译文读者的认知环境。

文化语境是语言理解的关键因素之一。不同民族文化有不同的文化语境。爱德华·霍尔（1988）将文化语境分为高语境与低语境，高语境文化中的语言本身并不能代表其全部意义，而是需要语境，即从这个文化群体的习惯、思维、潜意识中去寻找背景、解释意义，因此处于高语境文化中的语言意义是相对模糊的。而低语境文化则是语言本身能够指明意义，这个意义相对明确。

为了使译文读者阅读译文自然流畅，获得与原语读者大体一致的感受，译者就要创造接受语境，即翻译语境。翻译语境最早由美国人类学家及圣经翻译家肖（Shaw）在《翻译语境：翻译中的文化因素》一文中提出的，是指"译者在翻译过程中构建起来的两种文化相关的主客观因素互动的总和"，这其中包括四个关键因素：译者、原作语境、译语语境、互动。刘宓庆也曾提出"译必适境"的观点。"翻译不可避免地与文化语境相关联,而语境化的建构方式又必然影响意义及其解读,最终影响到文本的接受。翻译可能建构出完全不同的文化语境,因而产生其他的阐述或理解。在特定的语境下,某些原本可以接受的东西也许就变得难以接受了,反之亦然。"(孙艺风,2016:52)外宣与外宣翻译关注的不仅是"原文在跨文化语境中不断语境化的意义构建",更关注如何"精确信息发出者或委托人在目标市场及目标受众中所要实现的信息传播目标、达到的信息传播效果",而信息发出者或委托人的这些"意图"并不一定蕴含在原文里,甚至信息发出者或委托人的"意图"需要译者基于对目标市场语境和受众文化特点的精深了解,通过科学调研获取的语境各要素间互动与关系的认知,使信息发出者或委托人的"意图"明朗化、清晰化、具体化(吕和发 等,2016:72-73)。

4.10 外外有别原则

对外传播重要的一环就是进行受众分析和信息过滤。1949年以来,我国对外宣传的主题和目标区划随着世界局势和国家外交、政治、经济、文化、科教交流重心的变化而调整变化。沈苏儒(2004:57-58)在《对外传播理论与实践》中援引了1964年制定的《外文出版社发行事业局工作条例(试行草案)》,介绍了那个时代对外宣传对象和目标区划的情况:"对外宣传,从本质上说,是同美帝国主义,各国反动派和现代修正主义争夺广大中间地带、广大中间群众的斗争。因此外文书刊宣传,要面向国外广大的中间群众。对左派读者的需要,要通过适当的方式给予满足;但大量的、主要的是对处于中间状态的读者进行宣传。"程曼丽(2011:41)提出根据行为主体和受众群体关系状态的不同,可以设定目标受众,并进行适当的区分。比如根据地域和群体特征的不同,可以将我国形象塑造与传播的对象分为:世界范围内与我国有密切政治、经济等方面往来的国家;与我国处于同一区域与我国相邻的合作伙伴;与我国有着特殊历史渊源的国家或民族。比如,第一类受众中的典型代表是美国;第二类受众为印度等国家;第三类是广大的海外华人(华族)和华人人口比例较大的国家。张桂珍（2006：122-131）在《中国对外传播》中提出，外宣品要根据不同受众的不同需求制作不同版本。这些国家和地区分为四类：1）欧美资本主义国家；2）东方国家；3）非洲国家；4）华人华侨港澳台同胞。她强调大国关系是关键。重点地区、重点媒体、重点人群是我国对外传播的主要对象。她提出：1）以欧美发达国家为重点；2）以周边国家和地区为关键，这些国家包括俄罗斯、日本、其他周边国家；3）以为数众多的发展中国家为基础。

不同国家的受众，基于既定的认知，导致了他们本身可能就对中国有着认同或者否定，如巴基斯坦和印度就有很大的差异。巴基斯坦一直对中国采取非常友好的态度，中国也在经济、军事和科技方面支持巴基斯坦的发展。但是印度在过去的数年内一直散布"中国威胁论"，对华的态度并非像巴基斯坦那样友好（周智秋，2012：47）。一般而言，历史、文化、意识形态等因素较为接近的国家的人民，彼此的认同程度较高，国家形象信息被接受的可能性较大。比如，当国家形象传播塑造主体所传递的信息与传播对象国接受信息的受众的宗教信仰相一致时，这些国家形象信息被接受的可能性较大，抛却个人感情和国家利益等因素，这时受众较倾向于接受。当国家形象传播塑造主体所传递的信息与传播对象国接受信息的受众的宗教信仰不相符合时，或者内容不相符，或者与其教义、教规冲突，受众一般较倾向于抵制这类信息，倘若中间又掺杂有现实的国家利益、民族利益等因素，抑或与种族和民族冲突纠缠在一起，受众对信息的抵制程度会更大，这时塑造良好的国家形象的目标将会落空（李彦冰，2014：180）。在国与国之间的关系中，由于历史和现实不同，政治和文化迥异，译语读者对政治话语采取或接受或排斥的态度。外宣翻译要知己知彼，因地制宜，找准受众的差异化，有的放矢，精准传播，增强对外宣传的针对性和实效性（严文斌，2014）。

具体到翻译实践中，外宣翻译除了宏观层面的文本选择和信息过滤外，在微观层面的择词用语中要注意文化差异和风俗习惯，避免文化误读，带来不必要的麻烦或损失。文化把语言与其他自然现象、祸福联系起来，赋予了语言一种超人的力量，并通过语言体现出一定的意识形态和制度文化。由于民族文化的差异和认知心理的不同，因而不同民族对于事物的认识也不同。同一事物在甲民族中是可以接受的,而在乙民族却可能会遭到唾弃。比如,东方人认为孔雀是美丽的象征,但是在法国,死雀却是淫妇的别称;在中国和日本,鹤是长寿和幸福的象征,但是,鹤在英国被当成丑陋的鸟,在法国则是蠢汉、淫妇的代称(孙春英,2015:191)。在商标设计和翻译时,要注意符合各地的社会文化传统。例如,"荷花(Lotus)"在日本文化里有死亡的联想义,所以在日本市场中没有以取名为"荷花"的商标。中国出口的白象牌电池在东南亚国家受到欢迎,因为东南亚人认为白象代表吉祥,但是在欧美市场却无人问津,因为white elephant被视为累赘、无用的东西。中国人心目中的海燕是一种敢于搏击风浪、勇敢无畏的象征,故出口商品常用Petrel(海燕)作为商标,但西方人对海燕并无好感,在他们心目中海燕代指"社交圈里专事挑拨和兴风作浪的人"(《朗文现代英汉双解词典》:a person whose presence excites discontentment, quarrelling, etc. in a social group,现代出版社,P1413)。各个国家都存在一些禁忌,设计商品品牌商标名和英译时注意避免这些特殊的禁忌(郑海霞,2017:74-75)。一些国家的商标法规定,用姓氏名称作为商标必须征得本人同意。我国有些商标所附英文恰巧就是外国人的姓氏名称或有姓氏的含义。如"紫罗兰"商标的英文"Violet","前进"商标的英文"Forward","钻石"商标的英文"Diamond","天鹅"商标的英文"Swan"分别与英国人的威奥莱特、福沃特、戴蒙德和斯伍森的姓氏音相同或相近,这样的商标在国外注册时都遇到了困难,有的根本不能注册。再如我国出口试销美国的"轻身减肥片",原译名为Obesity-reducing Tablets,销售人员原以为在以减肥为时尚的美国,这种保健药品必然会走俏,然而结果却令人失望:经市场调查发现,美国人看了译名,以为此药是专给obese people(特大胖子)吃的,所以许多胖人出于面子,不愿问津。为了投顾客所好,后将原译名改为Slimming Pills,其销售情况才大有改观(包惠南,2003:275)。美国软饮料Fresca的制造商将产品出口到墨西哥后,销售非常萎靡,原因即出在Fresca这个词上面。该词在西班牙语里被用来形容有攻击性的、性急的、举止不太女性化的女人,购买这种饮料易使人联想到这种不好的形象(龚光明,2012:95)。

总而言之，为使外宣翻译达到预期效果，我们要有广阔的国际视野，增强对世界的了解和认知，多反映中国与世界各国的话语共同点、利益交汇点，尊重各国公众的心理特点和接受方式，既要体现我国的文化传统和民族特色，形成中国声音"本土化"表达，坚持中国立场，又要符合对象国的文化背景和审美习惯，要多贴近外国受众的思维习惯和语言习惯，用对象国容易接受的语言和逻辑方式去表达问题，让外国受众看得懂、听得进，又亲切自然，让人乐于接受，做到潜移默化、润物无声。

4.11 译有所为原则

译有所为是上述各种原则的综合应用，是译者发挥主体性的具体表现。译有所为表现在译前和译中两个环节：在译前，译者要对文本信息进行过滤，起着把关人的作用，择宜译或适译文本翻译；在译中，译者要综合考虑诸多言内因素，采取不同的翻译策略。

译有所为是有理据性的，也就是说，译者所采取的任何翻译策略都有充足理由和目的性，而不是随心所欲的胡为、乱为。译有所为的理论依据是语言顺应论、翻译功能理论和交际理论。语言顺应论认为，语言使用被看作是发话人与受话人不断做出选择的过程。语言选择是手段，顺应是目的和结果。按照顺应论的观点，翻译也是不断选择的过程，是语言结构和语境相互顺应的结果。翻译的功能理论和交际理论认为，为了达到有效的交际目的，实现译语与原语的动态功能对等，满足读者的期待视野，可以采取灵活多样的翻译策略。

译有所为的结果是"译有所效"，即译文具有良好的可理解性和可接受性，得到了目标语读者的认可和接受，达到对外传播的效果。

第五章 外宣翻译要考虑的言外因素

翻译是在特定社会语境下进行的社会实践活动。翻译过程中的各个环节，如选材和翻译策略的选用等，都会受言外因素（如价值观念、意识形态、伦理道德、文化风俗、审美趣味、思维习惯等）的约束。外宣内容是否为受众接受，是否可以达到预期的宣传效果，也是由言外因素决定的。分析影响外宣翻译可接受性的言外因素，对于外宣翻译材料的甄选和翻译策略的选用具有理论价值和现实意义。本文无意面面俱到，只讨论几个关键因素：信息需求、价值观念、意识形态、文化风俗、思维习惯。

5.1 信息需求

信息需求是信息消费的四个基本阶段之一，信息消费的过程包括信息需求、信息获取占有、信息吸收处理和信息创造四个阶段。信息消费始于信息需求，信息需求是引发信息消费的原动力，是信息消费者必备要素。信息需求是人的基本需求。人们在从事各种活动的过程中必须获取各种信息，这就产生了信息需求。认知过程理论认为，信息需求产生于个人的认知过程。信息需求的差异与文化主体原有的社会环境、文化环境、文化积累以及知识结构密切相关。

不同的文化群体对外来信息和知识的需求在层次和内容上各不相同。外国读者是个复杂的群体，不仅意识形态和文化价值取向迥异，而且信息需求、阅读心理、思维习惯、人情风俗都有很大的差异。我们粗略地把外国读者分为了解中国文化的读者和不了解（或不完全了解）中国文化的读者。这两种类型的读者可以进一步细分为政要型读者、专家学者型读者、普通读者。不同的读者有不同的信息需求，会对媒介信息进行选择，如政要型读者可能更想了解中国的大政方针和治国理念以及中国在国际事务中的立场；专家学者型读者专注于某一领域，如政治、经济、军事或文化等；普通读者可能更关心与他们切身利益有关的事情，如旅游、教育、贸易等。例如，有意来华留学的外国读者比较关心我国教育制度及对留学生的相关政策；来华旅游者则对我国的名胜古迹、山川大河以及与旅游相关的交通设施感兴趣；而来华投资者则对我国的营商环境、相关法律制度等感兴趣。如果读者对中国某一领域（如政治、法律、经济、旅游等）进行专题研究，自然对该领域感兴趣。笔者曾就信息需求对来华留学生做过调查，发现他们最想了解的是与他们切身利益相关的教育制度，包括学制学位、留学生的奖学金等，其次是与他们专业领域相关的信息，再次是中国文化。

信息需求源自"涉及某话题或某局势时，某人认识到自己的知识存在异常状态"，而且通常情况下这个人也并不能清晰地说出自己到底需要什么才能解决这种异常状态（Belkin et al.，1982：62）。信息需求并非一成不变，是由个人主体因素、社会因素和自然因素三个方面互相联系、互相影响所决定的（许宏，2017：72）。同一事件不同的个体可能会有不同的信息需求。比如，某地发生地震，普通读者只想了解地震强度、发生地点及伤亡和救援情况，而救援人员则需要更多的信息（如道路交通、地理环境、天气等）。

就国家层面而言，不同国家之间由于历史背景、意识形态、地缘政治、经济发展和外交关系等原因，信息需求是不同的。从现实看，与中国具有经济合作的贸易伙伴国关注的是中国的经济数据和政治新闻，而与中国具有地缘冲突的国家则更关注中国的军事动态和外交事件。不同的文化群体，在面对外来文化的本土传播时，是基于各自的信息和知识需求，以"有用性"和"适应性"为原则而进行批判性吸收（张昆、陈雅莉，2015：388-389）。

传播学研究表明，受众并非像照相机一样"看"到客观呈现在自己面前的一切，而是选择性注意自己感兴趣的内容，而且理解和记忆也是选择性的（许宏，2017：56）。具体而言，受众由于受到原有的态度倾向、观点和兴趣的影响，在信息接收的过程中会产生选择心理机制：（1）选择性注意，即受众根据自己的需要对媒介信息进行选择；（2）选择性理解，即受众对信息从自身的立场、利益出发所做出的理解，即仁者见仁、智者见智；（3）选择性记忆，指受众对强烈刺激自己大脑的信息，如赞成的、反对的或感兴趣的信息内容加以记忆，而对自己不感兴趣的、未对自己大脑形成刺激的内容则加以排斥、遗忘（陈龙，2005：244）。对受众个体而言，受众的人口特征、社会身份以及生活经历是导致选择性心理机制差异化的个性原因；而对受众群体而言，来自文化差异的累积性作用是产生选择性心理机制差异化的共性原因（张昆、陈雅莉，2015：389）。

信息需求对外宣翻译有一定的影响。信息需求引发读者的阅读动机。阅读动机和阅读需要是译文读者最基本的心理过程之一，阅读动机可以引起、维持个体阅读活动，并产生阅读活动的内在动力。读者心理活动或意识对译作的指向在心理学上称为注意，注意有两个特点：指向性、集中性。注意是一种意识状态，其功能是对信息进行选择。当外译作品的内容能够满足读者的动机、需要，并能够带来认同感及愉悦的心理、生理体验时，注意就会指向、集中到译作内容上。读者在阅读翻译作品时，阅读动机和阅读需要的强度与翻译作品的传播效果是成正比的。个体对翻译作品的内容需要强烈，动机指向性强，翻译作品传播效果就好；反之，阅读动机和阅读需要不强烈，翻译作品的传播效果就差（衡孝军等，2011：162）。

外宣翻译为了取得更好的传播效果，要了解外国受众的兴趣和需求，了解读者的个体特征、群体特征，了解他们的价值取向、宗教信仰、风俗习惯，进一步推测其对外宣与翻译作品的期待视野、理解能力，并以此为基础，因地制宜、有的放矢，制定合理的翻译策略，满足不同层次读者的多元文化需求，增强对外宣传的针对性和实效性。译者在译前应该起到"把关人"的作用。所谓把关人，就是对信息进行筛选和过滤的行为，把关人在传播过程中起着过滤、筛选的作用，决定信息的取舍。把关者的行为看似个人行为，实则受到许多因素的影响，如政治因素、社会文化因素、信息自身因素、受众因素、技术因素、传播者个人因素等，这些因素交织起来共同构成把关行为的规范系统（卢彩虹，2016：98）。这就要求外宣内容的选择应该"内外有别"和"外外有别"，选择能够引起共鸣的文化题材进行翻译，尽可能多地反映中国与世界各国的话语共同点，拉近国外受众和中国文化之间的距离。

5.2 意识形态

意识形态一词是由特拉西于 1795 年提出的。他的 ideologie 一词"源自希腊文：idea（观念）和 logos（逻各斯），从字面上讲，指的是观念的学说。"（尼古拉斯·布宁、余纪元，2001：469）意识形态是一个异常复杂的概念，是一个内涵界定不清、定性存在严重分歧的概念（卢永欣，2013：33）。拉伦在《意识形态概念》一书中说："意识形态或许是人们在社会科学中发现的一个最模糊、最难以捕捉的概念：这不仅是由于各种理论方法的变化赋予了此概念不同的意义和功能，还因为意识形态是一个被指责有政治蕴意的概念，是一个有着最多样含义的、在日常生活中用滥了的概念。"（Larrain，1979：13）马克思的《德意志意识形态》将该词条引入政治领域，并将其与"统治阶级"一词建立联系，意指"真实生活存在的反映，是统治阶级用来支配社会的物质生产资料和精神生产资料，进而获取阶级利益的工具。"（Marx & Engels，1965：52）Gramsci 将意识形态视为统治阶级操纵民众思想、获取文化领导权和政治统治权的一种工具（Gramsci，1983），是统治阶级以潜移默化的方式获得民众支持和认可的手段。百科对意识形态的定义是：意识形态是观念、观点、概念、思想、价值观等要素的总和。

意识形态和语言有着紧密关系。意识形态和语言互为表征，有什么样的意识形态，就会有什么样的语言表述。反之亦然。语言是意识形态的载体，是意识形态的实现途径。语言既内化为人的思维方式、价值关系，又外化为人的语言规则、言语代码、交流方式等方面。人们把语言变成包裹自己的工具，使语言成为文化身份、意识形态、权力竞争的空

第五章　外宣翻译要考虑的言外因素

间（单波，2010：144-145）。Gramsci 认为，语言并不只是空洞的形式符号，语言是观念的体现方式，在语言和世界观（他经常用这一术语来表达意识形态）之间有着内在联系。"在语言中，都包含有一种特定的世界观。"（Gramsci，2000：233）"语言是形式系统，无论单独使用还是一起使用，这些形式都具有某种倾向性或意向性。"（Weaver，1970：38）

在政治话语中使用重复修辞手段突显意识形态。同样的话语一旦重复使用，就体现为主流意识形态，引导受众与其取得认同。正如 Barthes（1973：66）所说："每一种语言一旦被重复了，即顷刻成为旧语言。如此，处于权势状态的语言（在权力的庇护之下被生产和传播的语言），顺理成章地成为其中重复的语言；语言的一切社会公共机构均是重复的机器，学校、体育运动、广告、大众作品、歌曲、新闻，都不止地重复着同样的结构、同样的意义，且通常是同样的词语：陈规旧套是一政治事实，是意识形态的主要形象。"重复辞格包含着特定的信仰和价值，并成为权力运作的工具，使特定的利益被巧妙地装扮为普遍的利益。话语的重复会导致大脑神经的定型，因为思维和大脑是一体两面，思维的不断重复通过神经系统的作用形成永久神经回路，最终体现为固化的世界观。

语言与意识形态的关系表明，意识形态与翻译密切相关。任何翻译活动都是在意识形态的约束下进行的。翻译将读者置于本土可理解状态，这亦是意识形态的立场，是一套促进某些社会集团利益而压制其他集团利益的价值观念、信仰与再现。在翻译栖身于诸如教会、政府、学校等机构的情况下，由译作所实施的身份形成的过程，以提供何谓真、善及其何以可能等判断，潜在地影响着社会的再生产（Venuti，2019：121）。

翻译是蕴涵着强烈意识形态的行为。翻译从一开始就必然打上了意识形态的烙印。Susan Bassnet 和 Andre Lefevere 在《翻译、历史和文化》（*Translation, History and Culture*）中指出，"意识形态指一种由某个社会群体在某一特定历史时期所接受的看法和见解构成观念网络，这些看法和见解影响着读者和译者对文本的处理。"他们认为，意识形态对翻译的影响无处不在，随时都在影响或左右着译者的思维或行文（Bassnet &

Lefevere，1990：14）。在《翻译、改写以及文学名声的制控》一书中，Lefevere 提出，意识形态、诗学以及赞助人这三大因素是操控翻译的主要因素。其中，意识形态起决定作用，制约着赞助人和诗学的作用方式（Lefevere，1992：preface）。任何文学都必须生存在一定的社会、文化环境里，它的意义和价值，以及对它的解读和接受，始终受到一系列相互关联、互为参照的因素的影响和制约。因此，翻译不只是语言形式的转换，它更是社会和文化的产物（刘雅峰，2010：126）。Lefevere 认为处于某一历史阶段和社会背景中的接受语境，包括物质背景、政治形势、经济系统、民族文化政策、社会意识倾向和文学传统等，不仅是决定译者翻译（改写）的内容和方法的重要因素，而且更为重要的是，还有助于在目标文化形成翻译的交际功能。因此，他一方面认为翻译不是在真空中进行的，同时又强调翻译也不是在真空中接受的（Lefevere & Bassnet，2001：3）。

意识形态对翻译内容的遴选有制约作用。"某个特定的语言或文体选择不是单纯的、毫无价值观的来自语言系统的选择，它们意在隐藏和显现某些现实，在选择的过程中来确立或加强某种意识形态，并且折射（与反映相对）某种观点或视角。"（R. Carter & W. Nash，1990：24）一个完整的翻译过程涉及多个阶段，从文本选择到出版发行，每个阶段均受意识形态的操控。意识形态多种多样，如政治意识形态、审美意识形态、伦理意识形态、价值观念等，每种意识形态都对翻译活动产生影响。其中政治意识形态是主流的意识形态，制约着翻译从选材到遣词的各个环节。这种制约性有来自政府出版审查方面的，也有发自译者个人政治意识的（王东风，1998）。一般而言，无论是开明的社会还是保守的社会，总是鼓励出版对该国政治意识形态有利的书籍，而禁止出版危害政府的反动书籍。翻译工作者应该具有很强的政治意识，在选材中能够独具慧眼，识别"毒草"和"鲜花"，不翻译可能触犯政府或主流政治的书籍，避免做徒劳而无益的工作。

意识形态影响翻译策略的选择。翻译无非是理解和表达的过程。在理解过程中，译者会根据其个人的经验、价值观、文化、信仰、观点和态度等去想象文字和符号的言外之意（何英，2005：45）。译者的理解不是随意性的，而是受到译语规范的制约。"规范在翻译过程的每一阶段都发挥作用。"（Gentzler，1993：130）以色列学者 Toury 将规范视为可以解释重复出现的翻译现象的"社会—文化制约"（social-cultural constraints），处于规则与特性两级之间，规则性的强弱在不断越界、变化。"社会学家与社会心理学家一直将规范视为社会共有的价值和思想——什么是对，什么是错，什么合适，什么不合适——在特定情境中的行为指导，具体表现为什么行为是规定禁止的，什么是可以容忍的、允许的。规范在个体社会化过程中获得，并总是意味着约束。"（Toury，2001：55）Toury 认为，翻译是规范制约下的行为。翻译过程中的规范分为初步规范（preliminary norms）与操作规范（operational norms）。初步规范涉及译本的选择与直接翻译和转译的问题，而操作规范则在宏观与微观两个方面操作着译文文本的构成（Toury，2001：56-60）。Hermans 指出，规范不仅是行为的规律性，也是支配这一规律性的潜在机制。"它在个人和集体，个人意向、选择、行为和集体共有的信仰、价值、偏好之间进行调节。"（Hermans，1999：81）规范不仅是社会中他人的期待，而且带有一定的强制性。在这一视角下，翻译是一种社会交际行为，而规范则影响着翻译决定（刘小刚，2014：101）。

不同的社会文化环境，会导致翻译作品中出现不同程度的改写（Lefevere，1992a：9）。因此，在不同的意识形态背景下会产生不同的译文。这往往与译文的质量无关，而是不同时代的译文要满足不同的社会需求（姜秋霞，2009：178）。这是因为，译者在选择源语文本之后，在面对源语文本所展现的思想世界时，必然遭遇本土文化的"文化过滤"，而"文化过滤"又是个极为复杂的过程，它是传统文化、历史语境、接受者文化心理结构、语言等多种因素的相互作用的结果（杨仕章，2011）。当原文文化意识内容与译者（或译者所理解的译入语文化语境）的意识形态相一致时，译者往往使自己的译文向原作者靠拢，采用异化策略，使用直译的方法使自己的译文尽量忠实于原文；反之，当原文文化意识内容与译者的意识形态不一致时，译者往往采用归化策略，使用删除和改译的翻译方法来迁就目标语赞助人和读者的期待，以保证自己的译文能顺利进入目标语文学和文化系统。如果违背主流意识形态，其译文也容易招致别人的评判和指责。比如林纾在译《巴黎茶花女遗事》时把原作中迦茵与男爵之子热恋、怀孕并有一私生子的情节照直译出，其译本也因违背了当时封建社会的主流意识形态而招致寅半生等卫道士的攻击（姜秋霞，2009：182）。一位英国译者译中国的《金瓶梅》时，凡是他认为有伤风化的片段或段落采用拉丁文来翻译，这样使得没有一定文化教养的人无法读懂，而有较高文化素养的人读来也无妨，这不失为一种妙着（吕俊、侯向群，2001：212）。

国家主导的外宣翻译总会于有意无意间、或直接或间接地表达并宣传某种意识形态与价值观念，维护某种利益关切与权利诉求，营造某种政治氛围与舆论影响，实现某种政治影响与目的追求。外宣翻译材料为正式对外传播语篇，或隐或现地承载着特定社会的主流意识形态，影响并改变着人们的思维、态度、观念和意识的形成（朱义华，2017：56）。例如，在我国翻译史上，意识形态的影响和操控作用一直存在。在特定的历史时期，尤其在新中国成立后十七年时期以及政治压倒一切的"文化大革命"时期，政治意识形态一向被认为是一只无形的手，操纵着当时翻译活动的各个环节（王友贵，2003：11-15）。

因此，外宣翻译具有特定的政治方向性。在意识形态驱动下，有些政治概念不能直译，而要有意误译。政治意识形态对翻译的操控作用，从微观层面讲，首先表现在词语的选择上。在词语选择方面，译者应该有政治敏感度。对于有损国家形象或违反政策的话语应该回避或改译。有些词语，如果照直翻译，就会触犯政治。如在一次记者招待会上，谈到内地和台湾和谈时，中国的政府高官说到第三国举行，而口译员施燕华没有照译，而是把"第三国"译为第三地，从而避免了常识性的政治错误。因为台湾是我国的领土，和谈属于内政。如果到第三国谈判，无疑是承认台湾是个主权国家。再如，1983年邓小平谈对台政策时指出："祖国统一后，台湾特别行政区可以有自己的独立性，可以实行同大陆不同的制度。"（《建设》，P18）这里"独立性"当然不能译成"independence"。所谓独立性，就是指谈话后面列举的各项权力：司法独立，终审权不须到北京；台湾的党、政、军等系统，都由台湾自己来管；等等。这句话的英译文是："After unification with the motherland, the Taiwan special administrative region will assume a unique character and may practice a social system different from that of the mainland."（Fundamental Issues，P19-20）。"独立性"是指我们的对台政策确实是独特的，史无前例的，不能翻译成 independent，否则就承认台湾独立了。译成"unique character"或"distinctive character of its own"都是可以的（程镇球，2003：19-20）。外宣翻译是汉译外，译者不仅需要了解和适应我国的意识形态，而且还需要了解和适应目标语文化占统治地位的意识形态，才能使译文既服务于我国的对外宣传，又使译文被国外受众接受（刘雅峰，2010：129）。

意识形态对翻译作品也有影响。文化因素对翻译作品的理解和接受有影响。文化因素包括历史、宗教、政治、语言、文学、社会习俗等，不同文化的成员对于包括自然与社会在内的世界有不同的认知和理解，从而形成了信仰和价值为基础的固定的理解世界的文化模式。支配着文化认知与文化模式的是包括世界观、家庭与历史在内的文化深层结构（刘小刚，2014：23-24）。翻译作品是一定历史和一定时代的产物，也就是说，翻译受一定历史时期和它那个时代的权力话语制约和支配。福柯将权力看作是由一切支配力和控制力构成的一种网络关系。权力大致可以分为两种，一种是有形的权力，而另一种是隐形的权力（孙会军，2005：63）。这个权力的网络规范着人们的行为，它告诉人们应该做什么，不应该做什么，哪些是为社会所接受的，哪些行为是不能为社会所接受的。权力和话语往往是紧密联系在一起的。在福柯那里，所有的权力都是通过话语来实现的，话语是权力的体现方式（福柯，2000）。如果触犯了权力话语，翻译作品就遭到社会的排斥。例如，英国著名作家劳伦斯的《查太莱夫人的情人》被列为禁书，是因为该书触犯了当时的道德伦理。拉什迪因《撒旦的诗篇》被人追杀是触犯了宗教的权力话语。罗兰·巴特的《写作的零度》被加利玛出版社拒绝是传统美学观权力话语的力量对新理论的排斥。宗教改革家马丁·路德和维廉·廷代尔所译的《圣经》都遭到查禁甚至被焚烧，是触犯了宗教的神权话语（吕俊、侯向群，2001：209）。这些都是触犯权力遭到社会的排斥的例子。

5.3 价值观

价值观属于意识形态范畴，但两者既有联系又有区别，它们相互影响、相辅相成。意识形态是无所不包的观念系统，而价值观是意识形态诸要素中的具体表现之一。当我们讨论意识形态时，很容易想到是政治意识形态，也就是国家层面的意识形态，而价值观既涉及国家层面和社会层面（如社会主义核心价值观），也包括个人层面（如个人的价值取向）。分析价值观对翻译的影响，是意识形态对翻译影响的进一步深化。

价值观是基于人的一定的思维感官而认定事物、辨别是非、判断美丑、区分善恶的一种思维或价值取向（贾玉新，1998：58）。人的价值观不是与生俱来的，而是在特定的时代背景和社会环境下形成的。不同时代，不同社会生活环境，如学校教育、家庭熏陶、媒体宣传、意识形态、宗教信仰等都会对价值观产生一定的影响，因而价值观有历史性、时代性、稳定性、持久性、社会性、阶级性和选择性等特点。人的价值观一旦形成，就会统摄其认知，操控其行为，会在不知不觉中影响人们对是非、美丑、善恶的评判与取舍。正如萨莫瓦和波特（1955）所说："价值观通常是规定性的，告诫人们什么是好的和坏的，什么是正确的和错误的，什么是真实的和虚假的，什么是正面的和反面的，等等。"价值观与世界观和人生观形成三位一体。它们相互影响，互为表征。世界观决定人生观，从而决定价值观。有什么样的世界观，也就有什么样的价值观。当然，某种价值观也体现并影响着某种世界观（王伟光，2017：11）。价值观是最深层的文化现象。

不同民族由于其历史背景、政治文化、宗教信仰等不同，对于包括自然与社会在内的世界有着不同的认知和理解，因而形成了不同的价值体系，或价值观念。梁漱溟先生（1999：62-63）在《东西方文化及其哲学》中曾经指出，中国、西方和印度有不同的文化发展视野和路向。西方文化的视野是向前的，提倡的是征服自然、改造环境；中华文化的视野是调和、持中的，提倡的是中庸之道，过犹不及；印度文化的视野是向后的，提倡的是意欲反身向后。

价值观念的不同主要体现在以下几个方面：

1）人与自然的关系，是天人合一还是天人相分；
2）人际关系，是群体取向还是个人取向；
3）人对"变化"的态度，是求变还是求稳；
4）动与静，是求动还是求静；做人与做事；
5）人之天性观，是"性本善"取向还是"性本恶"取向；
6）时间取向。

在人与自然的关系问题上，不同的文化有着不同的选择，主要表现为：

1）"顺从"，认为人类在大自然面前是无能为力的，人们不是向大自然索取，而是等待大自然的恩赐；
2）"征服"，认为人类是大自然的主人，为了人类自身的利益，必须征服和主导自然力量；
3）"和谐"，视自然为朋友，认为人类应当与自然和谐共存。

汉民族传统文化主张天人合一，认为天命不可抗拒，相信天人感应、天人相类，强调人与自然的和谐统一。董仲舒所说的"天人之际，合而为一"；王阳明所说的"大人者，以天地万物为一体者也"等，也都反映了儒家思想在发展中继续追求的对自然的主观适应、调和以及人对既得物质生活的知足、安分，以使"万物皆得其宜，六畜皆得其长，群生皆得其命"。（孙春英，2015：176）在古代，"天"就是指大自然，而"人"是自然的组成部分，人类是从自然界中演化而来的，人类的肉体生命和精神生命都来源于自然界，认为"天"有意志，人事是天意的体现；天意能支配人事，人事能感动天意，由此两者合为一体。而西方社会主张天人相分，大自然是人征服的对象，人可以主宰大自然，拥有对自然进行统摄支配的绝对权力。人类不仅具有主宰自然的权力，而且具有认识自然的能力。自然在人类面前毫无神圣性可言，自然只是有待人类进行认识和改造的对象。人的能动性是自然变化发展的根据，自然的价值取决于其满足人类需要的程度。人类把征服、统治自然视为自身的使命，把人的主体性理解为征服自然、破坏自然的能动性。总之，人与自然是机械对立的"物我关系"。(王福益,2019:87)。

在人际关系方面,汉民族是群体取向,善于从社会整体的角度思考问题,倡导集体主义价值观,体现了修身齐家治国平天下的理念。中国人提倡"仁、义、礼、智、信"的美德,宽以待人,将心比心,在做事情时,首先考虑别人怎么看,怎么说。汉民族受儒家文化影响,家庭观念很强。千年儒家文化讲的是:"弟子入则孝,出则弟,谨而信,泛爱众,而亲仁。"(学而第一)中华传统文化重视血缘关系、亲朋关系,有着强烈的父子有亲、长幼有序、君臣有义、朋友有信的集体主义意识和血浓于水的家族观念(衡孝军 等,2011:165)。而西方社会是个人取向,个人主义的倾向较为明显。西方人认为"我"是最重要的,要大写;而其他那些代词则不是那么重要。西方主流文化价值观方面都很注重自我,把"我"放在最重要的位置上,因此它有众所周知的 individualism。大写的我,无疑强调了这种以个体为中心的价值观念。所以单从这种非常平凡的大写形象就可以窥视到西方人典型的价值观。西方文化中就一定产生一整套的个人主义理念这种东西。大写就是强调,突出自我。相反,传统中国人在称呼方面有贬己尊人的语用习惯,称呼自己(我)时往往会说在下、鄙人、不才、贱人、奴婢等等。就是处在皇帝的位置上,也称自己是"寡人"或者是"孤",就是把自己置于一种不那么受尊重的位置上,一种克己的心态下,尽量处于自律的心态(辜正坤,2004:165-166)。西方价值观念的突出特点是注重个人的奋斗和个性的张扬,这种价值观在美国得到充分显现,我们经常能够在美式电影大片中直接感受到这种价值观,如《超人》《蜘蛛侠》《复仇者联盟》等电影展示的是超级英雄的力量,他们可以凭借一己之力改变社会乃至社会的面貌。美国学者罗伯特·贝拉曾毫不掩饰地指出,"个人主义是美国国家文化的核心。我们相信个人的尊严,乃至个人的神圣不可侵。"(朱永涛,2002:21)这种价值观体现在国际政治领域,容易导致单边主义和霸权主义。

不同民族对待"变化"的态度是不同的。西方从古希腊时期开始,就努力追求个性解放,"求变""求动"成为人们的精神动力。而中国价值观念中则有较多的"因袭""保守"成分(吴波、朱健平,2011:

78）。中国传统社会长期被"万变不离其宗""祖宗之法不可变"的人生观所笼罩，生存和稳定是社会生活中的头等大事，人们习惯于接受"安居乐业""知足常乐"的观念，视其为根本，对自我的定位也在于此（孙春英，2015：174）。

在人之天性观方面，中国文化的核心主张是"性善论"，即"人之初，性本善"（《三字经》）"人皆可以为尧舜"。正如孟子所说："人性之善也，犹水之就下也。人无有不善，水无有不下。"他强调"以德报德，以直报怨"的道德逻辑，认为只要每个人都能将善的本性挖掘出来，社会就可太平，即"恻隐之心，人皆有之；羞恶之心，人皆有之；恭敬之心，人皆有之；是非之心，人皆有之"。西方人性观深受基督教原罪说的影响，认为"性本恶"，在基督教思想中，"原罪"（Original Sin）是其理论核心。在《圣经》中有些经典的描述："我在罪孽里生的。在我母胎的时候，就有了罪。"人与生俱来的"内在罪性"是一切实际犯罪的根源，既然人有原罪又无法解脱，便需要接受耶稣的救赎。由于人人皆有"趋利避害"之心，因此寻求通过宗教和政治制度来控制人们的行为（孙春英，2015：177）。

不同民族在时间取向方面也是不同的。时间取向与民族的历史背景和宗教文化有关。历史悠久的民族有过去的时间取向，历史短的民族有未来时间取向。在伊斯兰文化中，时间观念上有重视现在的倾向。佛教认为，历史循环式地发展，他们的时间观念有将来的时间取向，而在基督教文化中，时间观念是未来取向的，着眼于未来，因为基督教教导人们相信未来，回归过去如同走向"原罪"，因此未来取向是他们重要的价值观念。

民族文化价值的不同还可以表现在其他方面。Hofstede 将文化价值观分为四个维度：1）个人/集体主义；2）不确定性规避（是喜欢不确定性和灵活性，还是偏向成文的规则提供稳定性）；3）权力距离（倾向于反对社会等级和不平等则权力距离小，反之则表示权力距离大）；4）阴性/阳性主义（社会成员的性别在社会交往和社会角色扮演中的差别程度）（Hofstede，1980）。荷兰、丹麦、澳大利亚、加拿大、英国、美国等欧美发达国家具有"高度个人主义＋喜欢不确定性＋权力距离小"的价值观特点；而智利、墨西哥、哥伦比亚、秘鲁、委内瑞拉等南美国家的文化价值取向则呈现出"高度集体主义＋规避不确定性＋权力距离大"的特点（张昆、陈雅莉，2015：393）。

正如意识形态和语言具有紧密关系一样，价值观与语言同样关系密切。语言充满价值观。语言的使用带有明显的价值取向，渗透了使用者的意识形态（鞠玉梅，2017：33）。词语蕴含价值导向和态度倾向。如2021年2月，缅甸国务资政昂山素季和总统温敏以及若干政府高级官员被军方突然"带走"，之后缅甸军方就宣布权力易主了。关于缅甸局势，美国拜登政府将其定性为"政变"（coup），并威胁对其制裁。美国官方的态度有代表性。联合国、欧盟也纷纷予以谴责，主流媒体基本都用coup这个词。但中国官方一直都很小心谨慎，并未随波逐流。外交部发言人（2021年2月2日）：我们注意到缅甸正在发生的事情（内阁重大改组）（a major cabinet reshuffle）。coup一词政治站队倾向明显，而cabinet reshuffle是对结果的中性描述，体现了中国"不干涉他国内政"的外交准则。拜登政府在声明中把"缅甸"称为Burma，而没有使用较为通用的Myanmar。这样做是有政治考量的。在美国看来，军政府一直以来的所作所为是反民主的，不愿舍弃Burma，传递一种不愿与军政府为伍的政治暗示。俄罗斯对乌克兰采取特别军事行动，西方媒体把这一军事行动定性为侵略，我国媒体视为俄乌冲突，也是有政治考量的。

词语不仅指称概念，而且承载特定文化价值。不同的价值观渗透到语词的内涵和外延，折射和呈现细致全面的民族文化特性。正如意识形态和语言互为表征一样，价值观和语言同样是互为表征的。比如，individualism、liberalism等词语体现了西方社会的"利己"价值观念，语言表述为"Self is our center."（自我是我们的中心）"Every man for himself, and God for us all."（人人为自己，上帝为大家）。而"集体主义"则体现了汉民族的"利他"价值观，语言表述为"大公无私""团结就是力量"。

价值观对翻译有很大的影响，会塑造翻译。例如，以色列学者Toury在将莎士比亚致一位青年男子的十四行诗译成希伯来语时，把收信人改为一位女子。Toury就此解释说，译文是20世纪初翻译的，其部分受众是虔诚的犹太人,在他们的价值观中两位男士的爱情是被禁止的(Toury,1995:118)。这一例子说明,价值观决定着翻译行为,同时其本身也是通过翻译塑造的。在中国,林纾的翻译也是有价值导向的。1907年至1921年,林纾翻译哈葛德(Rider Haggard)的小说多达25部,因为他认为哈氏的小说与儒家伦理有共同的价值取向,能支持自己变革中国的目标。因此,他将哈葛德小说《蒙塔祖玛的女儿》(*Montezuma's Daughter*)的标题改为《英孝子火山报仇录》(*The Story of an English Filial Son's Revenge on the Volcano*),因为林纾将该作品读作儒家思想体现的另一典范,这做实了"为母复仇以行其道,方知效忠并为其祖国复仇"。(Lee,1973:51)林纾深刻意识到英国殖民主义给哈葛德的冒险小说提供了潜台词,但他深信这些殖民压迫的再现可以感动中国,使其效仿并抵抗外来入侵者(Venuti,2019:281)。

外宣翻译中,价值观对翻译的影响主要表现在译者对原语的理解及表达和译文读者对译文的接受两个方面。外宣翻译要取得预想效果,就必然要求有双向的理解,我们称之为"文化理解"。刘宓庆(2016:001-002)认为,"文化理解"是多维的,其中包括:1)语义维度;2)心理(重在情感、情操等感性)维度;3)认知(重在知性)维度;4)审美维度;5)思维逻辑维度。以上五个维度,缺了哪一个都不可能说你理解了一个人,或是你理解了一个文本。文化理解的基本条件是价值观的相通或认同,或曰"心照不宣";文化误解的根源是价值观的疏离或相悖,或曰"格格不入"。不论哪种情况,文化价值观都起着关键作用,对文化的深度理解,也就是对价值观的理解。

原语读者和译语读者出于他们的前理解结构(如意识形态、价值观念、思维习惯、社会习俗等),分别对原语和译语的感悟能力是不同的。文化背景不同的人们对相同的信息内容会产生不同的理解。正如英国著名翻译理论家贝克(Mona Baker)所说:"理解语篇的能力取决于读者或听众的期望和生活经历。不同社会,甚至同一社会里的不同个人或群体都有不一样的经历,对于事物和情景的组合方式及相互联系持有不同的态度。在某个社会中具有意义的某种联系,在另一种社会中可能毫无意义。"(Baker,2000:219)利益会影响人们对语言意义的理解。利益立场的不同,可以使行为者对语言的意义做出不同的解释和理解,从而接受和自身利益相关的意义,排斥不符合自身利益的意义。利益对意义的构成、黏附有重要的影响(卢永欣,2013:84)。

翻译无非是理解和表达的过程。在理解过程中,译者会根据其个人的经验、价值观、文化、信仰、观点和态度等去想象文字和符号的言外之意(何英,2005:45)。同样地,译者在表达过程中也会有价值取向,因为语言使用具有意向性,是包含动机的,浸润着发话者的态度。对意向的传达和阐释构成了交往活动的主旨。发话者的意图成为意义的载体。表达意图使语言具有无限丰富的言外之意。语言不是纯粹的指称结构,不是一种用于描述客观存在的中性工具(鞠玉梅,2017:79)。翻译也是一样的,在翻译中,译者会表现出文化立场,就有明显的价值取向。如《水浒传》的英译。自1933年至2002年,《水浒传》有四个英语全译本:赛珍珠的译本 *All Men Are Brothers*(四海之内皆兄弟)(1933)、杰克逊译本 *Water Margin*(水边)(1963)、沙博理译本 *Outlaws of Marsh*(沼泽地的不法之徒)(1980)和登特-杨译本 *The Marshes of Mount Liang*(梁山泊的故事)(2002)。以书名的英译而论,即见出译者受制于不同的社会历史文化语境而表现出不同的价值取向:赛珍珠幻想式的现实主义价值观、杰克逊逻各斯中心的普遍文化价值观、沙博理感受式的现实主义价值观和登特-杨后殖民主义的文化多元与霸权价值观(龚光明,2012:227)。

价值观取向还会影响翻译的可接受性。民族文化价值取向的不同会在受众评判一个国家的国家形象时产生作用。当一个重视集体主义,较少重视个体差异的国家在塑造自身国家形象时,坚持自身的主体性,塑造出了一个集体主义形象,在重视个体差异的受众那里会产生什么样的效果是可想而知的。而中国提倡集体主义价值观,所以宣传集体主义的文章在西方读者中并不受待见。同样,一个以人情、面子、关系等为关键词的文化所传递出的国家形象,在奉法治为圭臬的受众面前则很难产生共鸣(李彦冰,2014:178)。在跨文化交际中,不同民族的文化价值观表现为相同、相近和对立三种情况。相同的价值观就是普适价值观,是所有社会都推崇的,如民主、自由等;相近的价值观在不同民族文化中可以相互兼容，而对立的价值观则会在不同民族文化中相互抵制。正如译者是按照自己的价值观去理解和表达原文一样，译语读者也会按照自己的价值观去理解和接受译文。这就会出现这样一种情况：当原语文化价值观与译语文化价值观相同或相近时，译语承载的价值观会被译语读者接受；而原语文化价值观与译语文化价值观有冲突时，译语承载的价值观就遭到译语读者的抵制。正如本尼迪克特（1987：8-9）指出的那样："人们既然接受了赖以生活的价值体系，就不可能同时在其生活的另一部分按照相反的价值体系来思考和行动，否则就势必陷于混乱和不便。"从传播学角度看，如果受众的认知结构与译者所传递的信息之间具有一致性，或者说，受众的"既有倾向"与所传递信息相融，这时受众会倾向于对这些信息采取"优先式解读"。如果受众的认知结构与译者传递的信息之间有矛盾，亦即两者之间相排斥，这时受众会产生所谓的逆反心理，对这些信息进行"对抗式解读"。如果受众的认知结构与译者所传递的信息之间既有相同部分，也有矛盾部分，这时受众自身的认知图式对这些信息进行"选择性解读"，以利于自己的决策（李彦冰，2014：214）。如美国人重政治价值，中国人重伦理价值。从翻译接受度看，涉及中国人情、面子和关系的文章一般很难为美国人接受。而美国的个人主义思想也很难为中国人所接受。莫言之所以能获诺贝尔文学奖，部分原因是作者运用酣畅淋漓、放诞无忌的表现手法书写人、人性、人权和人的价值，与西方主流文学中永恒的主题不谋而合，价值取向趋同，从而更能被西方主流价值观所接纳（于秀娟，2016：136）。

由于外宣和内宣的受众是不同的，前者为国外读者，后者为国内读者，国内外读者价值观迥异，内宣的有些价值观如在外宣时加以推广普及，未必为国外读者接受。比如在抗击新冠肺炎期间涌现出很多可歌可泣的事迹。他们有家国情怀，春节放弃与家人团圆的机会，甚至置家里的病人或小孩于不顾，去抗击新冠。这样的事迹恐怕难以引起西方读者的共鸣，认为这样不人道，不值得提倡。因此，在外宣翻译中，对于涉及价值观内容的话语翻译时应该内外有别。我们国内提倡的价值观，如描述某人的英雄事迹时会说"与病魔做斗争""坚持带病工作""轻伤不下火线"或"敢于牺牲"等话语，这样的话语内容有悖于国外读者的人本主义价值观，但汉语单语思维的外宣工作者往往习焉不察，因为他们由于一直生活在中国主流文化的价值体系中，会不假思索地"选择性采用"自己所熟悉的角度和表达方式，并没有思考这样的报道是不是能够起到预期的宣传效果。这些话语如译者按原语照译，有时译语承载的价值观不被译语读者接受。

有关涉及价值观的话语，需要双语思维背景的外宣译者来"深加工"。（许宏，2017：69-70）当涉及价值观的话语直译会被目标语读者误解时，要采取变通译法，避免歧义，同时还要注意原语词语和与之对应的译语词语在内涵方面的差异。比如"坦白从宽，抗拒从严"译为 be lenient to those who confess while severe to those who do not 会让西方受众难以接受，甚至产生误解、反感，因为在他们看来这有悖于"法律面前人人平等"的原则。而如果把这个例子译为"Guilty or not, you are held accountable for yourself"则可以避免出现上述不顾内外差异与历史语境的外宣尴尬局面（朱义华，2013：99）。"把我们的思想和行动统一到科学发展上来。"（Bring our thinking and action in line with the need to pursue development in a scientific way.）如果把"统一"翻译为 unify 就会有很不好的效果，在西方强调个人主义的意识形态下很难被接受，而且也不符合中国的"百花齐放、百家争鸣"的思想（杜争鸣，2017：170）。

由此看来，外宣翻译不仅要注意中外文化价值取向差异，当涉及价值观的话语直译会被目标语读者误解时，要采取变通译法，避免歧义，同时还要注意原语词语和与之对应的译语词语在内涵方面的差异。

5.4　文化习俗

文化习俗，即民俗文化，又称为传统文化，是民间民众的风俗生活文化的统称。文化分为公开的文化和隐蔽的文化。前者是可见并能描述的文化；后者是难以察知的文化，是一种已潜入民族或个人的深层心理结构里的文化，一种"心中"的文化，一种已经与民族或个人行为模式浑然一体的"隐藏的文化"。（Hall，1988：51-64）文化习俗就是隐蔽的文化。在跨文化交际中，为了避免文化冲突，交际者应该"入境而问禁，入国而问俗，入门而问讳。"(《礼记·曲礼》)如果不加注意而触犯了某种禁忌，就会受到惩罚，轻则造成误会，重则导致杀身之祸。麦哲伦在菲律宾群岛上遭到土著人的杀害，就是因为他犯了土著人的禁忌。英国航海家 James Cook 在夏威夷群岛上也是因为触犯了禁忌而丧生。

文化习俗是一个民族在特定文化背景下长期形成、发展和承袭的文化现象。习俗大体可分为几种类型：岁时节令、人生礼仪、社交庆典、原始信仰、禁忌、日常格调、惯例等（宋林飞，1987：153）。习俗"非一人而成，亦非一日而积"，一旦形成，便成为人们行动的"老规矩"，纵使社会发生了变化，也往往会长期地存在下去。习俗一般是不成文的，它的传承主要依靠信仰、习惯势力，又往往与人们的某种社会生产活动或某种心理需要相适应，"历世相沿，群居相染"，有顽强的生命力。作为一种历史悠久的社会规范，习俗渗入人们生活的方方面面，对人们的社会行为具有强大的约束力，某些习俗甚至成为制度和法律的一部分（孙春英，2015：187-190）。比如，在德国，如果有人非法行"纳粹礼"，就会被警方逮捕，这个手势不仅在德国被立法禁止使用，在许多其他国家同样被立法禁止使用。根据德国刑法典规定，纳粹万字符、"希特勒万岁"口号、"胜利万岁"口号、纳粹举手礼、纳粹党歌都属于该法条的管制范畴。在印度、尼泊尔、缅甸等国，黄牛是应当尊敬的"神牛"，不可冲撞。尼泊尔政府甚至将黄牛定为"国兽"，谁若伤害、鞭打它，是要罚款和判刑的。有些文化习俗虽然没有明文规定，但约定俗成，成为日常生活的常规化行动。比如，人们见面时要打招呼，分手时要告别，做错了要道歉，别人为自己做了事要感谢，诸如此类都是常规化行动，它们区别于人们偶尔所做的事情或个别的行为（杜学增，1999：6-7）。

文化风俗具有民族性。不同民族有不同文化风俗，正所谓"百里不同风，千里不同俗。"(《汉书·王吉传》)《礼记》也说："广谷大川异制，民生其间者异俗。"这些说法都强调习俗的地域性特点。文化习俗还是一个民族的文化心理、价值观念和道德伦理的反映和体现。中华民族一向以"礼仪之邦"著称于世。中国人崇尚谦虚，所以对他人的赞美之辞多以否定的言辞加以婉拒，而英美人士对于得体的赞美话一般都是用感谢的话语答复（杜学增，1999：8）。在不同的文化心理下，中西方人对不同事物的理解是不一样的，如关于数字的了解，"1314"在中国人看来是"一生一世"的吉祥数字，而在西方，"13"这一数字是不祥的（张志华，2014：96）。数字"四"在中国及日本、韩国、朝鲜等一些亚洲国家被视为一个不吉祥的数字，究其原因，它的发音与"死"字谐音。在日本，医院没有四层，也没四号房间或病房，探望病人千万不可提四字。在中国，车牌号码、电话号码尾数有四的就不受欢迎。人们尤其要避开十四（谐音"要死"）、五十四（谐音"我死"）、四十四、四百四十四、四千四百四十四等数字。"金利来"名牌（衬衫），英文名称为Goldlion，意为"金狮"，由于"狮"和"死"谐音，犯了广东人和东南亚国家华人的忌讳，因而音意译结合取现在的名字"金利来"。中国人喜欢荷花，它象征着高洁，出淤泥而不染，但在日本荷花却意味着祭奠。中国人忌讳乌龟，日本人却认为乌龟是长寿的象征。汉民族的丧葬往往以白色为主，而西方往往是婚礼以白色为主，丧葬以黑色为主（杨友玉，2018：110）。我国常以黄色作为富贵色彩，而伊斯兰地区把它作为死亡之色，蓝色在埃及则是被用来形容恶魔的色彩。

文化习俗包罗万象。人类学家通过对不同习俗的比较研究，划分了三种不同的文化模式：以美国新墨西哥州的祖尼人（Zuni）为代表的"日神型"（阿波罗型）文化——凡事有节制，善于服从与合作；以加拿大西部的夸库特耳人（Kwakiutl）为代表的"酒神型"（狄俄尼索斯型）文化——行事过分，富有幻想，狂放不羁；以西南太平洋岛民多布人（Dobu）为代表的"妄想狂型"文化——人际关系紧张，性情多疑，对他人猜忌、残忍（本尼迪克，1987）。

翻译是跨文化交际行为。翻译要"入乡随俗"，尽可能避免用词不当引发的误解和冲突。比如，狗在西方人看来是人类的朋友。英语中许多与dog相关的习语都具有褒义色彩，如lucky dog（幸运儿），be top dog（居于高位），"Love me, love my dog."（爱屋及乌）；而在汉语文化中，与狗有关的词语大多含有贬义，如"狗腿子""狗仗人势""狗胆包天"。"狗"在中西文化的引申义表明，汉语中与"狗"有关的习语如直译，则会使目标语读者不理解。如"文革"时期的口号"打倒美国侵略者及其一切走狗"译成 Down with the American imperialism and its running dogs，西方读者不明白为什么要打倒 running dogs（跑步的狗）。其实"走狗"的真正含义是 flunkey 或 servile follower。汉语的"落水狗"和"丧家犬"不加解释地分别译为"a dog in the water"和"a homeless dog"，则不仅不能传达汉语的贬义，反而会引起英国人的同情，分别译为 bad person out of favor 和 outcast，其意义则一目了然。在翻译中，除要避免因文化习俗产生的语义冲突外，还要对原语中有隐含文化习俗信息的词语意义明晰化。例如，在《祝福》中，祥林嫂死了丈夫后，这样描述她衣着："她仍然头上扎着白头绳，乌裙，蓝夹袄，月白背心，……"其中"头上扎着白头绳"是文化习俗，暗示祥林嫂还在为死去的丈夫戴孝。翻译时要把"头上扎着白头绳"隐含的文化信息体现出来："As before, she had a white mourning band round her hair and was wearing a black skirt, blue jacket, and pale green bodice."

文化风俗对对外传播有影响。外宣翻译的内容如果触犯了目标语文化风俗，就会遭到目标语读者的抵制。例如，在 2000 年底申奥前夕，我国某电视传播机构播放了介绍东北某地政府帮助农民"养狗卖肉"致富的节目，引起了国外动物保护者的抗议，他们误认为"养犬扶贫"是中国政府的行为，于是发动了一次大规模的反对北京申奥行动。最后我们只好采取不扩散这个节目，并买断 BBC 的时间来播放中国如何进行动物保护的录像片才将此事了结（沈苏儒，1999：8）。

5.5 思维方式

思维方式是看待事物的方式方法，它对人们的言行起决定性作用。思维方式是在实践基础上形成的思维结构，是由思维诸要素相互作用结合而成的相对定型、相对稳定的思维样式。它是主体把握客体、主体通向客体的桥梁。思维以一定的方式体现出来，表现于某种语言形式之中。思维方式和语言一样，植根于民族文化的土壤中，具有时代性和历史性等特征（李淮春，1987）。

思维方式是文化心理诸特征的集中体现，反过来又对文化心理诸要素产生制约作用。文化、历史背景深刻地影响着人的思维。一个有趣的例子是可口可乐公司的一则漫画广告。按照从左往右的顺序读图，可以看到一个人行走在大漠中，渴了，喝了可乐后，立刻精神抖擞重新上路。这则广告在美国达成了非常好的促销效果，在沙特阿拉伯却遭遇了零销售。后来营销员才意识到：阿拉伯语的书写顺序是从右往左，因此根据阿拉伯人的读图习惯，他们看到的是一个安然无恙的人，喝了可乐反而倒下了。调整图画顺序后，该广告终于起到了预期效果（许宏，2017：59）。美国人曾经按照理性的方式与希腊人谈判援助希腊，但陷入僵局，其中的一个原因是希腊人反感美国人的善言和直率，认为这是工于心计的表现；他们以科学的名义与埃及人讨论农田的未来收成，可那些阿拉伯人把预见未来的人看成是精神不正常的人（霍尔，1991：3-4）。可见，并不存在普遍的理解方式，忽略文化差异，就难懂他人之心（单波，2010：117）。从传播学角度看，同样的传播内容在不同的文化模式中会产生不同的传播效果，如果忽视了受众的差异性和选择性，就有可能产生与传播既定目标相违背的效果。

思维方式与语言密切相关，语言是思维的外在表现，思维是语言生成和发展的深层机制（连淑能，2002：2）。语言和思维相互依存，相互作用，互为表征。有什么样的思维方式就会有什么样的语言表征。根据萨丕尔·沃尔夫的语言相对论，人们透过语言所构造的心理范畴来观察和理解世界，语言的不同导致了文化的不同；而对语言惯常的、规则化的使用就产生了该文化特定的思维模式，语言塑造着思维（Worf & Benjamin，1840）。也就是说，语言中隐含着认知上的"预设"，它是不为人所觉察的心理范畴、背景知识、认知图式等，在一定程度上间接地影响着使用者的思维和行为方式（单波，2010：158-160）。所有较高层次的思维都依赖于语言，语言的结构影响着人们理解世界的方式。根据奥尔波特（G.W. Allport）的观点，语言可以微妙地反映人们的思维结构，特别是在内群体对外群体的时候（Allport，1954）。赫尔德（1998：41-89）在《论语言的起源》一书中指出，语言的构造反映着民族思维特征和认知世界的方式。

思维方式体现于语言的各个层面。如汉语有许多阴阳为序和同义相构的词语，体现了汉语对立统一的思维方式。汉民族习惯形象思维，特别喜欢使用形象的形容词和成语，使文章鲜明、生动。英民族习惯于抽象思维，英语中有一整套表达抽象思维的方式，如英语句中大量使用抽象名词（连淑能，1996）。汉民族体现"天人合一"的哲学思维反映在句子层面就是无主语句比比皆是。而英民族的"主客二分"的思维方式表现在句子层面是多用非人称主语和被动句。语序能反映出语言使用者的民族文化习惯和思维模式的特点。不同的民族，往往因其看待事物的方式、思维模式的不同，而对同一客观事物有着不同的语言表达顺序。汉语句子是按照从后向前的逆线性扩展方式；而英语句子则是从前到后的顺线性扩展方式。汉语描述事件时，遵循时间的先后顺序排列。逻辑论证时，按照由因到果，由假设到推论，由事实到结论这样的次序来排列。英语并没有严格按照事件发生的先后顺序和因果律去进行句子结构组合，而是先把主干句子放在句首，时间的先后顺序和逻辑顺序则通过句子形态（如时态等）和介词短语表现出来。汉语语序遵循逻辑事理，是对现实生活和逻辑事理的临摹。英语语序遵循逻辑规则走，是对逻辑规则的模仿。在篇章模式方面，英语的思维模式是直线型，而汉语的思维模式是螺旋型。直线型的思维模式是开门见山，直接交代论点，再以直接论证的方式对论点展开论证和支持。螺旋型的思维模式是段落开头是背景叙述和大量铺垫，然后以反复和螺旋的形式层层递进以揭示主题（吕和发 等，2016：90）。

翻译不仅是语言形式的转换，而且是思维方式的变换。正如思维方式体现于语言从词语构成到谋篇布局的各个层面一样，翻译的思维方式转换同样体现于语言的各个层面。所谓思维方式转换，就是要用译语的思维方式表达原语的思想内容。这就要打破原语的句法结构和语篇模式。思维方式转换贯穿于翻译话语融通的整个过程。例如：

（1）①面对未来，②要破解发展面临的各种难题，③化解来自各方面的风险和挑战，④更好发挥中国特色社会主义制度优势，⑤推动经济社会持续健康发展，⑥除了深化改革开放，别无他途。

(《习近平谈治国理政》，P86）

① Looking to the future, ⑥ there is no alternative to continuing reform and opening up ② if we are to solve all sorts of difficult problems hindering our development, ③ defuse risks and meet challenges in all aspects, ④ give better play to the advantages of socialism with Chinese characteristics, and ⑤ promote the steady and healthy development of the economy and society.（XI JINGPING: *The Governance of China*, P97）

上述例子中，从语义上分析，②③④⑤可视为条件句，⑥是主句，翻译成英语时，除①保持原位外，⑥作为主句放在前面，②③④⑤句译成条件状语从句，放在句子后面。如果翻译时把条件句放在主句之前，就会头重脚轻，不符合英语的表达习惯。

（2）①统一战线是凝聚各方面力量，②促进政党关系、民族关系、宗教关系、阶层关系、海内外同胞关系的和谐，③夺取中国特色社会主义新胜利的重要法宝。

③ The united front is a powerful instrument for winning new victory for socialism with Chinese characteristics ① by pooling the strength of all quarters and ② harmonizing relations between political parties, ethic groups, religions, social groups and compatriots at home and overseas.

"法宝"在原文中位于句尾，前面有多重限定、修饰性定语，而英文翻译中提前，这是由汉语思维习惯倾向"归纳"而英语思维习惯注重"演绎"的差异所决定的变化：倾向"归纳"则从具体到一般，先说各种具体的限定和修饰，最后说总体；注重"演绎"则先说被修饰的总体，然后同一展开具体项目。这种变化在语言结构上也可以解释为中文的"左端开放"（left branching）和英文的"右端开放"（right branching）的差异（杜争鸣，2017：28-29）。

第六章　外宣翻译的信息过滤

外宣与内宣有很大的差异，主要表现为受众不同和话语体系不同。内宣是面向国内读者的，宣传的内容主要是党的大政方针和思想路线，以及我国在政治、经济、文化、军事、科技等领域所取得的新成就和新发展。内宣有明确的政治导向、舆论导向和价值导向，其目的是凝心聚力、营造氛围，激发国内民众的爱国热情、文化自信心和民族自豪感，建设具有强大凝聚力和引领力的社会主义意识形态，培育和践行社会主义核心价值观。内宣文本无论是内容还是语言表述方式都具有中国特色，而且为内宣读者喜闻乐见。外宣的受众是国外读者，他们不具备国内读者的语言知识和文化知识。外宣的目的是传播中华文化，不断提升国家文化软实力和中华文化影响力，塑造国家形象。在外宣翻译中，翻译的文本内容主要来源于内宣文本。内宣构成外宣的基本框架。但由于内宣和外宣的受众不同，他们会基于前理解，对相同的宣传内容做出不同的反应。国内受众习以为常的内容和语言表达方式，如照搬到外宣中，就未必会为国外受众接受。原因有多种，意识形态、价值观念、思维习惯、文化习俗等因素都有可能会影响国外受众对宣传内容的理解和接受。要使外宣翻译为国外受众接受，就有必要对内宣文本进行信息过滤。译者在信息过滤过程中扮演"把关人"或"守门人"的角色。信息过滤包括真伪信息过滤、词语语义信息过滤和文化信息过滤。

6.1　真伪信息过滤

信息是个包罗万象的概念。有关信息的定义就不下百种。《牛津英语词典》将信息定义为：通过各种方式可以被传递、传播、传达、感受的，以声音、图像、文件所表征，并与某些特定事实、主题或事件相联系的消息、情报、知识都可统称为信息。该定义把信息视同为消息、情报、知识。其实，消息、情报、知识与信息还是有区别的。"消息"是指适当的语言或代码从一个信息源向多个目的地传递的情况。"情报"是人们对于某个特定对象的所见所闻所理解而产生的知识，是一种特定的信息。"知识"是人们对自然现象与规律、社会现象与规律的认识和描述。从一定意义上讲，知识是指一种已被人们所感知与确认的认识。而那些迄今尚未被认识的原始信息，是人们努力探索的对象，在尚未认识它之前依然不能划入知识的领域。这就是说，一方面"信息"（指广义）有的已经过人类大脑的加工成为"知识"，另一方面，形成后的"知识"又可以作为"信息"来传播。这就说明，"信息"的范畴既包括"知识""消息"，又远远大于"知识"和"情报"（罗一平，2006：2）。信息可以表现为消息、情报、知识、编码、数据、信号等各种不同的具体形式，但任何一种具体的信息形式以及这些形式的总和，都不足以说明信息的本质（魏艳红，2016：60）。从传播学角度看，信息可泛指人类社会传播的一切内容。信息有不同的分类。比如，语言信息就可分为理性信息、潜在信息、美学信息和风格信息。按照地位分类，信息可分为客观信息和主观信息；按作用分类，信息可分为有用信息、无用信息和干扰信息。不同的信息有不同的价值。

外宣翻译是以再现原语文本信息为核心的跨文化传播活动，应该确保信息的可信度。所谓信息可信度，是指信息接收者认定的对信息发出者意图的信赖程度（吕和发 等，2016：94）。信息可信度来源于以下几方面：一是信息来源渠道可靠，而非道听途说；其次，数据是真实的，而非捏造；第三，信息具有时效性，经过了时间检验；第四，信息表达是客观描述的，而不是夸大其词。此外，如果信息发出者的信誉好，他发的信息容易被信息接收者接受。反之，信息发出者信誉不佳，信息接收者就不会轻易接受信息。同样地，在特定领域具有权威性的信息发出者发出的信息对于特定信息接收者来说更具说服力。总之，信息可信度表现为信息的客观性、准确性、权威性、可证实性。

第六章 外宣翻译的信息过滤

外宣翻译传递的信息总体上可分为事实信息、文化信息和审美信息。事实信息和文化信息是外宣翻译必须传递的主要信息,而审美信息是次要的,它是通过语言修辞手段表现出来的附加信息。再现审美信息是文学翻译追求的目标,尤其是诗歌和散文。翻译如能体现审美信息,则会为译文增色不少,但审美信息不是外宣翻译的追求目标。

事实信息是客观存在的信息,而不是猜测性信息或判断性信息。新闻报道的事实应该是客观存在的事实。客观性是新闻报道的基本准则。同样地,外宣翻译传递的事实信息也应该是客观的、实事求是的,而不是主观和有意歪曲的事实。外宣翻译如果传递事实信息不准确,就会误导读者,使译文不具可接受性。最典型的例子是从1958年开始的"大跃进",各地浮夸风盛行,虚报夸大宣传粮食产量。1958年8月13日《人民日报》有关于"亩产万斤"的报道。国内报纸、电台竞相发表《广西环江县飞出水稻亩产十三万斤大卫星》特大新闻。其中最著名的是河北徐水县,号称一年收获粮食12亿斤。事实证明,"亩产万斤""水稻亩产十三万斤""收获粮食12亿斤"都是虚假的,这样的报道于国于民都是有害的,如果译成外语,只会贻笑大方。笔者没有考证上述报道是否翻译成外语,是否做过对外宣传,但如果这样的报道翻译成外语,报道内容不被国外读者接受是确信无疑的。如今的新闻报道,虽然不存在像这样报道"亩产万斤"的极端例子,但为了博人眼球,捏造虚假新闻的现象时有发生,尤其是在选题方面报喜不报忧,在言语的表述方面大量使用华丽辞藻乃至夸大其词的现象仍然存在。大量使用修辞,会掩盖事实信息,导致事实信息的可接受性低。

夸大其词的现象最常见于品牌广告。如某品牌的果醋宣称具有抗皱、去斑等功能;其他品牌广告词如"这款护肤品,让你瞬间恢复十年少""喝下我们的保健品,让你体力爆表""喝下我们的果汁,立即提高你的免疫系统""喝下我们的饮料,让你无往而不胜""我们的保健品,让你长命百岁""我们的钱包,让你的钞票永不枯竭"。这些品牌广告都是一戳就破的谎言。如果照直翻译,会误导消费者,不仅达不到广告应有的效果,反而给较真的国外消费者落下口实,起诉产品质量。例如:

原文：白玉汾酒秉承汾酒清香纯正的典型风格，又融入了天然肉桂植物之精华。酒液晶莹剔透、口感绵润，享酒之时又有养胃之功效。

译文：Fenjiu White-jade series retains a style typical of Fenjiu with a clear and delicate liquid and an aroma seasoned with extracts of natural cinnamon. The liquor is crystal clear and smooth.

"享酒之时又有养胃之功效"，不可一概而论，科学依据不足，有人喝了可能有"暖胃"效果，有人喝了可能适得其反。英语国家的人倾向通过数据判断信息的可信度。该句英译时予以删除，以避免不同的法律文化可能带来的困扰（赵柯瑞，2023：46）。

6.2 词语语义信息的过滤

对信息接收者来说，信息可表现为语法信息、语义信息和语用信息三个层次。语法信息是信息的最基本层次，又称句法信息，是认识主体感知或表述的事物运动状态和特征的形式化关系。它只表述客观事物运动状态而不考虑其意义的符号排列和组合。语义信息是指能够消除事物不确定性的有一定意义的信息。语义信息涉及信息本身的含义及其逻辑上的真实性和精确性。语用信息涉及信息内容对信宿的有用性。任何信息的语用特性都与发信者和收信者个人过去的经验、现在的环境、他们的思想状态以及其他个人的因素有关。

任何信息的表达都是以语言为载体的，即使是非言语符号信息也要通过语言来阐释说明。词语是构成语言三大要素之一，是表达信息的最基本单位。词语有不同的意义，因而在不同语境下传递不同的信息。英国著名的语言学家利奇（1999：13-33）从语言交际角度出发，把意义分为七种不同的类型：理性意义、内涵意义、社会意义、情感意义、反映意义、搭配意义和主题意义。除了主题意义外，其他六种意义是词汇层面上的意义。Jakobson（1959：232-239）把意义分为六类：表情意义（expressive meaning）、概念意义（informative meaning）、使唤意义（vocative meaning / imperative meaning）、美学意义（aesthetic meaning）、寒暄意义（phatic meaning）、元语言意义（metalinguistic meaning）。Grice（1969：147–177）从语言系统和使用并重的角度出发，概括了四种意义：固定意义（timeless meaning）、应用固定意义（applied timeless meaning）、情景意义（occasion meaning）、说话者情景意义（utterer's occasion meaning）。

综合上述观点，我们把意义分为语言义和言语义。语言义是指理性意义及其附加义，是固定的意义。言语义是临时意义，依语境和交际情景而定。比如，"好"与"坏"的语言义是很清晰的，褒贬色彩也很鲜明，但其言语义在一定的交际情景和语境中有可能与语言义刚好相反，这跟说话者的语气有关。说某人好，未必是在夸赞他，有可能是在挖苦、讽刺他，这时"好"成为"坏"的代名词。

翻译发轫于理解，理解是语义辨析、语法分析和逻辑判断三者相互交叉的过程。语义辨析自然要区分语言义和言语义。对翻译而言，语言义和言语义都是必须考虑的因素。当语言义与言语义不一致时，翻译时要以言语义为主。

词语的多义性表明，外宣翻译需要对词语传递的语义信息进行过滤。词义植根于文化语境中，与文化密切相关。中外语言对比表明，在两种不同的语言中，相同的词语所表达的意义会表现出对等、部分对等、空缺或冲突。词义对等的词语翻译时绝大多数情况下是可以照搬的，但在外宣翻译中，即使词语的理性意义相同，也要进行语义信息过滤。比如，"我国"在中文中是出现频率很高的词语，理性意义就是指"我们国家"，但如果翻译成 our country，国外读者以为是他们自己的国家，讲的是他们国内的事。通过语义信息过滤，应该把"我国"翻译成 China。

中西方文化背景不同，意识形态和价值观念也存在很大差异，导致语言表达方面也存在差异。很多中国社会中的思想概念在西方英语国家中并不存在对应概念，这就需要译者把握概念内涵，用最贴切的词语翻译。词语翻译需要采用变通方法。所谓变通方法，是指翻译中既不能死抠原文文字，也不能不考虑原文文字的具体表述方式，应尽力在原文和译文的语言文字本身和精神实质尽可能保留的原则下，争取获得二者之间最佳的"平衡"，从而达到最佳效果（杜争鸣，2017：1）。

外宣翻译与其他文体翻译（如文学翻译、科技翻译、法律翻译等）不一样。比如文学翻译可以使用模糊性、多义性词语，甚至词语的模糊性和多义性是文学的魅力所在，而外宣翻译则要尽可能使用单义性、语义明确的词语，使用多义词语会误导国外读者。例如，把"交通部"译成 Ministry of Communications 就会产生歧义，Communication 虽然有"交通"之义，但它还有"通信"的意思，所以 Ministry of Communications 会被外国读者理解为"通信部"。"学术交流中心"如译成 Academical Intercourse Center 就不妥，Intercourse 除"交际、交流"之意外，还有"性交"的意思。"五讲四美三热爱"的"四美"和"三热爱"如分别译成 Four Beauties 和 Three loves，就会被外国读者理解为"四个美人"和"三个情人"，与原意相距甚远。大学里的"保卫处"译成 Department of Defense，会被读者理解为美国的国防部。

外宣翻译除考虑词语的歧义性外，还要考虑词语的文化内涵语义。比如英汉语言中有些字面上对应的词语，其文化语义相去甚远。例如，中文的"个人主义"与英语的 individualism 虽然字面意思对应，但两者的文化价值导向是不同的。在中文语境下，"个人主义"是指一切以个人意志和个人利益为出发点、把个人意志和利益放在第一位的非无产阶级思想，是我们党一直反对的。而 individualism 是西方价值观念的最核心的理念。在西方的价值观念中，个人利益是决定行为的最主要因素，强调个人的自由和个人权利的重要性。所以在西方社会，individualism 并没有贬义。维基百科词典（Wikipedia）对 individualism 的定义是：

  Individualism is the moral stance, political philosophy, ideology, or social outlook that emphasizes the moral worth of the individual.

在过去的党政文献翻译中，"个人主义"一直译为 individualism，现在改译为 self-centered behavior。

外宣翻译语义过滤，还要与时俱进。有些具有明显中国特色的词语翻译时不必照译，而要做灵活处理。列举如下：

"精神文明"很长一段时间都翻译成 spiritual civilization，但有外籍专家指出，spiritual 一词在英文中有"超自然（supernatural）"的隐含意义。换句话说，在外国人眼里，这个词令人想起宗教、God 之类的神秘层面。spiritual civilization 不能准确表达汉语"精神文明"的含义，在外国读者眼里是很奇怪的，《纽约时报》用"fuzzy（模糊不清）"一词形容这个概念。汉语"精神文明"是指人类在改造客观世界和主观世界的过程中所取得的精神成果的总和，是人类智慧、道德的进步状态，与宗教无关，现在改译为 cultural progress、cultural and ideological progress、ethical and cultural progress 或 culture and ideology。

"开放"最初译为 open-door policy，现改译为 open-up policy 或 policy of opening to the outside world。前者指臭名昭著的"门户开放"政策，这是西方列强以强加给中国的种种不平等条约为条件的政策，与我国的开放政策不是一回事。

"'走出去'战略"最初被译成"going out" strategy。这样的翻译并没有把"走出去"的真正含义体现出来。现在改译为 go international 或 go global。

"一带一路倡议"的最初译文"One Belt, One Road Proposal"在不少外国读者听来很别扭。英国《经济学人》有一篇文章中指出，这个译法"sounds ugly in English"。其实，听着别扭倒是小事，保留 One 给人一种"强迫"感，给人造成一种误会，即中国是不是强迫其他国家都到它的碗里去？难道不是条条大路通罗马吗？走别的路不行？现在改译为"Belt and Road Initiative"。官方译本去掉 One 正是弱化这种倾向，还原"一带一路倡议"包容、合作的本性。

"小康社会"最初译为 well-off society，但是这个翻译会让西方读者产生误解，并不符合我们国家的实际国情。因为 well-off 在西方社会语境下是指比较有钱的意思，well-off 的英语解释是 having a lot of money，西方人会误以为我国已经很富了。后来改译为 a moderately prosperous society，这个翻译更能反映我国现在实际的经济社会情况，而且为我国的现状做出了准确的定位（杨友玉，2018：234）。

"唯物主义"一直译成 materialism，英文词典也有相应解释，但现在英文词典对该词的解释发生了变化，*Oxford Illustrated Dictionary* 对该词的定义如下：a tendency to consider material possession and physical comfort to be more important than spiritual values，意思相当于中文的"实利主义、物质主义"，现在"唯物主义"根据情况译为 realism（施燕华，2007）。

多年来"形式主义"一直翻译成 formalism，但 formalism 这个词是指艺术、哲学领域中注重形式而不是内容，其思想根源和哲学基础是唯心主义和形而上学。它的理论和创作实践都置内容于不顾，而把形式强调到一种绝对化的程度。而作为社会现象的"形式主义"是指政府官员或部门不注重调查研究，不了解实际情况，心中没数，崇尚空谈，工作中处于盲目状态，只会做一系列表面功夫，而这些工作仅仅为了得到上级赞许，从而达到升官发财的目的。英语的 formalism 绝对不是一个贬义词，是中性的，不能表达作为一种社会现象的"形式主义"的含义，现在改译为 the practice of formalities for the sake of formalities（意为"走形式走过场"）。习近平在十九大报告中强调的"反对形式主义"就采取这种译法，译为 take tough action against the practice of formalities for formalities' sake（陈明明，2017）。

"反对自由主义"，这个概念一开始翻译《毛泽东选集》的时候就用 oppose liberalism，很多人都知道 liberalism 是什么意思，它不是一个很高深的概念，而是西方文化的基础，是指一种进步的统治方式，反对实施精神、政治、宗教信仰、道德观念、价值观念的束缚或限制，我们不一定赞成，也没必要在党的报告去反对，我们反对的"自由主义"是指无组织、无纪律，不愿受包括法律、道德上的束缚（王武兴，2003：180）。所以十九大报告"坚决防止和反对个人主义、分散主义、自由主义"译为"we must guard against and oppose self-centered behavior, decentralism, behavior in disregard of the rules."（陈明明，2017）。

6.3　文化信息过滤

曹顺庆（2005：275）从比较文学的角度这样定义文化过滤："文化过滤就是跨文化文学交流、对话中，由于接受主体不同的文化传统、社

第六章 外宣翻译的信息过滤

会历史背景、审美习惯等原因而造成接受者有意无意地对交流信息选择、变形、伪装、渗透、创新等作用，从而造成源交流信息在内容、形式发生变异。"曹顺庆的文化过滤定义强调接受者基于自己的前理解对文化信息进行过滤，过滤的结果是对外来文化的接受和包容或排斥和否定。

外宣翻译中，文化过滤有两层含义：一是指译者对文本信息的价值判断和文化选择；二是指文本接受者（译语读者）对译语文本信息的价值过滤，表现为接受符合自己价值观和文化习俗的文本信息，排斥有悖自己价值观的文本信息。本文涉及的文化过滤主要是指译者对文本信息的文化过滤。在具体翻译实践中，译者要从宏观和微观两个层面进行文化过滤。宏观层面的文化过滤是指从文化角度（包括意识形态、价值观念、宗教信仰等）对文本信息进行甄别和过滤，什么材料可译，什么材料不宜译，译者应该把关。外宣翻译中，译者不是简单的传声筒，应该对文本信息进行甄别，区分内宣文本和外宣文本，起到信息把关人的作用，对报道信息进行过滤，从而正面报道国家形象，抵制歪曲、丑化国家形象的言论。同时要了解国外受众的信息需求，确保文本内容在价值观念、宗教信仰和文化习俗等方面不会触犯国外群体。

中华传统文化源远流长，博大精深，但并非所有的传统文化都是优秀文化，有些传统文化未必都是好的，里面有很多的糟粕；还有很多东西，随着社会的发展，也已经不再适应现代生活。所以译者应该对拟译的文化内容进行价值判断和文化过滤。有些文本是不宜外译的，里面有很多糟粕，甚至颠覆人生的"三观"。一些列举阴谋诡计和权谋之术的书，就不宜外译，因为它们没有"展现可信、可爱、可敬的中国形象"，不利于国家形象的建构。有些文本是对内宣传的，政治色彩浓厚，也不宜外译。

判断文本是否有对外传播价值，有四个标准：一是能正面宣传国家形象，展示我国在政治、经济、科技、文化、军事等各领域取得的最新成果；二是符合并能促进人类的共同价值；三是对当代有正面的积极意义，能传播正能量；四是能促进现代社会的生机和活力。在外译文本选择方面，政府部门做了正确的引导。中宣部陆续发布国家外宣出版项目，致力于把中华文化精髓、中国文学精品、当代中国价值观和中国发展道路通过对外出版宣传推向世界，讲述中国故事，传播中国声音，提升我国的国际影响力。自 1995 年中国政府启动"大中华文库"重大翻译工程以来，"中国图书对外推广计划""经典中国国际出版工程""中国文化著作翻译出版工程""中国当代文学百部精品译介工程""百部国剧英译工程""丝路书香工程"等一批由国家层面大力推动的对外出版翻译工程陆续实施。国家社科基金"中华学术外译项目"2010 年正式启动，主要资助我国哲学社会科学学术研究优秀成果的翻译与国外的出版发行，推动中外学术交流与对话，提高中国文化特别是创新理论的国际影响力和学术话语权。

微观层面的文化过滤是译者基于自己的文化立场和对译语读者的文化预设对原语文化进行改造。"文化翻译需要做的是，既不要使不同文化丧失其特色，又要考虑文化的同约性，这就需要通过各种改造的手段，消除壁垒，化解冲突，打通疆界，不断挑战和改变文化的不可译性，促成文化的改造和更新。"（孙艺风，2016：56）文化改造是多种多样的，有形式方面的，也有内容方面的。形式方面自不待言，从原语转换成另外一种语言，本身就是语言形式的改变。而文化内容的改造包括文化词语的增删、有意误译、归化与异化等等。根据刘宓庆《文化翻译论纲》（1999：269-278）一书，文化信息表现的五种手段是图象、模仿、替代、阐释和淡化，其中三个手段是对文化信息的变通处理。这就是说，原语的文化信息如果能在译入语中找到对等的表达方法或能为译入语读者所接受，其信息就能被移植到译入语中，如果不能，原语的文化信息可能要被部分或全部过滤掉。具体翻译策略见第八章的"文化翻译"。

第七章　国家形象外译融通策略

2013年，习近平总书记在全国宣传思想工作会议上强调指出："要精心做好对外宣传工作，创新对外宣传方式，着力打造融通中外的新概念新范畴新表述，讲好中国故事，传播好中国声音。"（习近平，2014：156）这一重要思想对对外话语体系建设和对外传播国家形象具有重要的战略指导意义。

外宣翻译既要保持中国话语特色，又要注意中外话语融通。保持中国话语特色，是中国特有的文化使然，注意中外话语融通，是出于跨文化交际的考虑。没有话语融通，对外传播就不能达到预期效果。所谓话语融通，就其内涵而言，是指理念相通、话语相汇；从翻译层面来讲，是指以目标语读者为取向，为迎合目标语读者的阅读心理和思维习惯而采取的翻译变通策略。理念融通是不同意识形态国家跨文化交流的基础，其实现手段是话语融通。理念是用语言表达的，语言是思想的载体，只有表达思想的语言通俗易懂，为受众理解和接受，才能达到对外传播的目的。翻译话语融通的目的是用目标语读者喜闻乐见的语言表达形式传播中国特色话语，讲好中国故事，增进国际理解，扩大中国影响力，增强文化软实力。

外宣翻译要取得预期效果，必须考虑两个问题：言外因素和言内因素。言外因素很复杂，包括国家制度、价值观念、意识形态、宗教信仰、人情风俗等。每一个言外因素都决定着翻译受众的阅读取舍，也影响到他们对译作内容的反应。言外因素不是译者所能左右的。言外因素的解决必须从顶层设计开始。比如在对外宣传中尽可能少一些意识形态的因素，把内宣和外宣区别对待，多宣传些与国外理念相通的思想，反映中国与世界各国的话语共同点、利益交汇点。这是从外宣思想内容方面解决言外因素的途径。此外,外宣译者也必须有受众意识,关注到翻译行为以外的种种因素,包括翻译与文化的跨国、跨民族、跨语言的传播方式、途径、接受心态等因素之间的关系等问题(谢天振,2011),从根本上增进不同文化实体之间的相互理解和认知,要知己知彼,研究不同国家的文化,了解不同国家受众的思维习惯和对中国信息的需求,了解他们的价值取向、宗教信仰、风俗习惯,因地制宜、有的放矢,做外宣材料的"过滤器",做到"译有所为"。言内因素是指语言的文本因素,涉及语言表达和语篇布局等内容。外宣翻译有两个根本性的问题:一是"说什么",即向国外、境外的目标受众传播哪些内容。这既需要战略的眼光和宣传的策略,又需要宣传者对某事件是否具备"传播价值"有明确的判断。二是"怎么说",即在"说"的过程中怎样组织语言,以便做到"说得好",从而实现预期宣传目的。即使是在相同文化背景下,要表达同一个意思,话语方式的不同也会导致不同的接受效果,跨文化传播同样如此(许宏,2017:8)。"怎么说"涉及翻译融通问题。同样一部作品,由于译者采用的翻译策略不同,译作在国外的接受程度有时判若鸿沟。本章围绕"怎么说"探讨翻译融通策略。

翻译策略的使用与翻译语境密切相关。言内因素和言外因素构成了翻译语境。翻译语境包括原语语境和译语语境。原语的表达语境和译语的接受语境是不同的。这种差异主要表现在语言表达方式和文化背景方面。原语语境是为原语读者设置的,同样地,译语语境要为译语读者设置。外宣翻译中,译者既要分析原语的表达语境,也要分析译语的接受语境。译者起着一个协调者的作用,协调原语和目标语读者之间的关系。原文文本提供给译者的信息,更多是考虑源语读者的兴趣、期望、知识水平、环境等。译者首先是原文的研读者和接受者,然后根据原文信息,结合译文读者的需求、期望、认知水平、文化背景做出协调或平衡。译者要努力寻求维持中外文化平衡的支撑点,做到既可充分再现原文语篇的文化信息,又能照顾到译文的可读性,顾及译文读者的接受能力和感受。不同文化背景的读者对语篇中的信息的理解和接受受到知识结构、文化差异等因素的制约而不尽相同。译者是目的语语篇信息的调节者,要根据目的语读者的阅读经验和期待视野对语篇的信息进行适当的调节

（张美芳，2005：146）。他通过协调使各要素之间保持平衡以实现信息从原作者到译文读者的有效传递。

翻译策略是翻译理论研究的重要组成部分。翻译策略是个宏观的概念，包含许多翻译技巧。许多学者对翻译策略作二分法，如豪斯（1977）的"显型翻译"（overt translation）和"隐型翻译"（covert translation）；图里（1980，1995）的"适当性"（adequacy）和"可接受性"（acceptability）；纽马克（1988）的"语义翻译"（semantic translation）和交际翻译（communicative translation）；韦努蒂（1995）的异化翻译（foreignizing translation）和归化翻译（domesticating translation）；古特（1991）的"直接翻译"（direct translation）和"间接翻译"（indirect translation）。这些翻译策略名称提法不同，与传统的"直译"和"意译"既有共同之处，也有不同的地方。本书会涉及上述译家提出的某些翻译策略，但不作深入讨论。本章主要从文化、修辞和语篇角度讨论翻译融通策略。本章内容只是概述，具体翻译融通策略在第八章"文化翻译"和第九章"《习近平谈治国理政》翻译"中会有更深入的探讨。

7.1 文化语义补偿

语言是文化不可缺少的组成部分，又是文化的折射。语言的各个层面都有文化的烙印。翻译与文化是密不可分的，翻译的过程是文化移植和文化交融的过程。每个民族都有其特色文化，也有表达特色文化的语言。其中文化词语是特色文化在语言中的具体表现。大多数文化词语对原语读者是耳熟能详的，而对于不了解中国文化的外国读者构成了阅读障碍。

翻译融通首先要消除语言和文化差异给目标语读者带来的阅读障碍。翻译不是简单的字比句次的语言文字转换，而是深层次的思维方式的转换和文化移位。语言是民族精神的外在表现。不同语言不仅有不同的文字构成方式和语言表达方式，而且还存在着语言使用者的思维差异和语言所表现出来的文化差异。如何处理语言思维和文化差异，译者有两种选择：一是以源语为取向，保留源语的语言特征，追求异国情调或陌生化效应，这是韦努蒂提出的异化翻译；二是以译语为取向，用地道的译语表达源语的思想内容，这是归化翻译。在翻译实践中，这两种选择都是可行的，各有千秋。无论是源语取向还是译语取向，只要源语取向不过分偏离目标语言，都可以收到预期的翻译效果。一般而言，在处理文化特色词语时，以源语取向为主。在外宣翻译中，就要考虑语言差异和文化差异带来的阅读障碍。翻译时如果一味保留这些差异，以源语取向为翻译的出发点，大量堆砌中国文化特色的术语名词而不做任何解释，置译文的可读性和可理解性于不顾，就不可能取得好的传播效果。

外宣翻译的对象是外国读者，其意识形态、价值观念、思维方式、人情风俗等都与我们存在很大差异，他们有不同类型的文化态度和感性认识，也有不同的文化图式，所以对同一文化符号的理解是不同的。比如，中文的"龙"和英语的"dragon"各自有不同的文化象征意义。在中国传统文化中，"龙"是权势、高贵、尊荣的象征，又是幸运与成功的标志，而"dragon"则是邪恶的象征。外国读者中，除少数学习过汉语并研究中国文化者外，大都对中国文化知之甚少，或一知半解。中国特色文化概念对他们而言是陌生的，至于文化概念所蕴含的丰富思想内容他们更是体会不到。对外传播中经常出现中国特色的政治名词、习惯用语、行业术语甚至宣传标语与政治口号等，这些表达大多是特定历史背景下特定行业领域的产物，只有熟悉中国国情的受众才可以领会与理解，如"211高校""双百方针"等。在调查中发现，外国人对于"新中国"有千奇百怪的解释，如"邓小平的中国""21世纪以来的中国"，却很少有人知道是1949年以来的中华人民共和国。对于"历史新时期"，他们更多地认为是2000年以来的时期，而不会理解为改革开放所开辟的新时代。对于"三中全会"，他们更是一头雾水，毫无概念。如果外国读者不懂这些基本历史节点，我们的传播效果会大打折扣（卢彩虹，2016：192）。

在翻译中，独特的文化词语形成文化缺省。所谓文化缺省，是指交际双方共有的相关文化背景知识的省略（王大来，2014：10）。文化缺省是语言经济性的表现，它省去了读者图式中显而易见的信息，但它具有可理解性，不会给读者带来阅读障碍。原语读者可以凭借其原语文化图式弥补文化缺省语义。但在跨文化交际中，文化缺省导致目标语读者阅读障碍，因为他们没有原语作者所具有的相关文化背景知识。如果译文晦涩难懂，译语读者是不会感兴趣的。换位思考，我们读国外翻译过来的文章，如果通篇都是术语或行话，或用不地道的中文表达，我们也会失去阅读兴趣。因此，外宣翻译如要保留中国话语特色，在处理中国特色文化词语时应该采用翻译补偿策略。要通过协商来突破交际的壁垒，充分考虑到文化的可接受度，从而做出相应的调整和改造（孙艺风，2016：204）。为了扫除目标语读者的阅读障碍，翻译时有必要对文化缺省进行语义补偿，使独特的文化词语所隐含的信息明示化，构建有助于目标语读者阅读和理解的译语语境。比如中国读者耳熟能详的某些名称（如文人、地名或作品）翻译成使目标语读者产生丰富联想的对等或相似的目标词语，则会收到很好的交际效果，这时任何解释都是多余的。例如，"金鸡奖"简单翻译成"Prize of Golden Roster"，目的语读者未必能完全理解其中的内涵，如果再加上一句解释的话"中国的奥斯卡"——China's Oscar，则意思表达得完全清楚了（王守宏，2012：92）。再如，《梁山伯与祝英台》比喻成西方的《罗密欧与朱丽叶》（Chinese version of *Romeo and Juliette*），汤显祖比作东方的莎士比亚，苏州比作威尼斯，梁山好汉比作英国的罗宾汉（Robinhood），桃花源译为 Shangri-La 或 Arcadia，等等。

语义补偿的多少视原语文化词语的含义而定。例如，雷锋是"好人好事"的代名词。"雷锋精神"是我们民族精神的最好写照，但外国读者未必知道"雷锋"是个什么样的人，为什么中国一再宣传雷锋精神，增加背景知识就一目了然了。*China Daily* 在不同的文章中对雷锋做过大同小异的解释，如：

（1）Lei Feng, a cultural icon in the country who was ready to help the needy

（2）Lei Feng, a high praise because Lei Feng was the role model for several generations of Chinese people

（3）Lei Feng, a soldier who was known for helping others and has long been held up as a virtuous example for people to emulate

如果原语文化词语内涵丰富，而且蕴含着某种中国传统文化理念和价值观念，就应该对该词语做全面的解释，包括其起源和内涵等，使目标语读者了解博大精深的中国文化。对蕴含文化理念和价值观念的文化词语的解释也是对外宣传的组成部分。比如，在《习近平谈治国理政》中，译者基于对目标语读者的文化预设，对于中国特有文化概念和价值理念做了充分的解释，包括文内解释和文外加注，为目标语读者有效解读中国的执政理念和优秀文化扫除了阅读障碍。

文化补偿策略还包括对缩略语隐含的信息明晰化。汉语喜欢使用缩略语。缩略语具有地域性、专业性、时代性等特点。所谓地域性，是指同一缩略语在不同地方所指不同，如"南大"在江西南昌指南昌大学，在天津指南开大学，在南京指南京大学。专业性是指专业领域的缩略语与普通词汇不同。时代性是指此时的缩略语与彼时的缩略所指对象不同。如"四害"二十世纪五十年代指牛鬼蛇神，六十年代指老鼠、蟑螂、苍蝇、蚊子。有些缩略语反复使用，成为大众化词语，而有些只是上下文中使用，不具普遍性。缩略语体现了语言使用经济性的特点，具有百科性质，有丰富的文化内涵，如果不了解时代背景，就是中文读者也未必理解其含义。如"五位一体""四个全面""八项规定""一个中心，两个基本点"等。数字化缩略语还有信息量大的特点。如"四个全面"是指全面建成小康社会、全面深化改革、全面依法治国、全面从严治党。有时一句话就使用了若干个数字缩略语，用浓缩的语言表达丰富的信息量。如《教育部等六部门关于加强新时代高校教师队伍建设改革的指导意见》（教师〔2020〕10号）指出：

> 加强思想政治引领。引导广大教师坚持"四个相统一"，争做"四有"好老师，当好"四个引路人"，增强"四个意识"、坚定"四个自信"、做到"两个维护"。

短短一句话，有六个数字缩略语，隐含的信息量极大。

对于缩略语，如照译成缩略语而不加解释，以译者昏昏，岂能使读者昭昭？所以对于缩略语的翻译，要么信息还原，要么文外加注。比如：

> 扎实开展"两学一做"学习教育，认真落实党中央八项规定精神，坚决纠正"四风"，严格执行国务院"约法三章"。（2017年政府工作报告）
>
> We carried out in earnest activities to enable Party members to gain a good understanding of the Party Constitution, Party regulations, and General Secretary Xi Jinping's major policy addresses and to meet Party standards. We worked scrupulously to ensure compliance with the Party Central Committee's eight-point decision on improving Party and government conduct, took firm action to address formalism, bureaucratism, hedonism, and extravagance, and rigorously enforced the State Council's three-point decision on curbing government spending. We punished a number of corrupt officials in accordance with law, and the fight against corruption has built up irresistible momentum. (2017 Report on the Work of the Government)

上述例子出现了四个缩略语："两学一做"、八项规定、"四风"和"约法三章"。这些缩略语信息量都很大。中文读者如果不学习时事政治，都未必能讲得清楚它们的准确含义。在翻译中"两学一做"和"四风"的信息还原了，八项规定和"约法三章"以意译的形式把内容高度概括。其中，"八项规定"内容很多，放在篇章内全部还原的话需要一大段文字解释，妨碍篇章的连贯性，如要解释也只能单独注释。

7.2 趋同修辞

修辞不仅指修辞格，还指如何运用语言材料。"修辞"一词最先源于《易经》的《乾·文言》："子曰：君子进德修业。忠信，所以进德也，修辞立其诚，所以居业也。"自此，后来的学者就把修辞定义为孔子提出的"修辞立其诚"。东汉许慎在《说文解字》中有："修，饰也；辞，颂也。"《辞海》（1999）中"修辞"词条的定义是："依据题旨情境，运用各种语文材料、各种表现手法，恰当地表现写说者所要表达的内容的言语活动，也指这种修辞活动中的规律，即人们在交际中提高语言表达效果的规律。"古希腊哲学家、修辞学家亚里士多德认为，演说要打动听众，需要三个因素：一是内容；二是文辞；三是演说技巧（从莱庭、徐鲁亚，2007：21）。其中，文辞和演说技巧属于修辞范畴。哈里克（2001：13-14）认为，修辞资源包括四方面内容，即说理论证（话语内容）、诉求策略、建构方式和美学辞格手段。文本自身的内容、形式、风格、魅力，包括足以引发读者产生共鸣的感染力、艺术性、哲理性，这些都是修辞资源。修辞是人类的一种有意识、有目的的言语交际行为，是在一定的言语场景中通过对语言的选择运用，去诱导和影响听（读）者，以取得理想的交际效果的一种社会行为。修辞的目的是使受众不仅与修辞者达成观点上的同一，还进一步采取相应的行动（鞠玉梅，2017：72）。因此修辞作者必须把自己与听众"同一"起来，必须与听众"同体"或"同质"起来。修辞活动的本质和标志是认同。认同的方法大致有三种：同情同一（identification）；对立同一（identification by antithesis），即从分裂中谋求同一；误差同一（identification by inaccuracy），即无意识的同一（从莱庭、徐鲁亚，2007：75）。

　　作为跨语言、跨文化的交际活动，翻译可以看作是解读原作修辞文本和重构译语修辞文本的过程（龚光明，2012：4）。由于修辞也具有民族性、社会性和历史性（龚光明，2012：14），重构译语修辞文本要考虑以下三个因素：原语和译语的修辞语言差异、原语语境和译语语境差异以及原语读者和译语读者在接受修辞心理方面的差异。这三个差异决定译者在重构译语修辞文本的过程中是采取趋同修辞策略还是趋异修辞策略。所谓趋同修辞策略，就是按照译语的修辞结构重构译文。所谓趋异修辞策略，就是保留原语的修辞结构。无论是趋同还是趋异，都要以适应译语读者为前提。翻译修辞策略是适应译文读者的产物。译者在执取修辞策略时,其心理世界中的修辞认知是取向性的,首先经过辞格的隐喻投射,然后通过语义投射形成对世界的概念化或范畴化的认识,而话语的最终固化还得受译语文化规范和可接受性规约(龚光明,2012:103)。从修辞接受心理来看,趋同修辞以译语为导向,使用了译语读者熟悉的语言表达,因而译文容易为读者理解和接受。而趋异修辞以原语为导向,使用了译语读者不熟悉的异化语言表达,让读者有耳目一新之感,但如果不对译语做语境化处理,就有可能增加译语读者理解困难。

在翻译实践中,采取趋同修辞策略有三种表达手段:一是再现原语的积极修辞,如比喻译成比喻,重复译成重复,双关译成双关;二是把原语的积极修辞转换成译语的消极修辞;三是把原语的消极修辞转换成译语的积极修辞。依据翻译等值论和忠实标准,从修辞角度看,第一种方法是最理想的翻译,因为它达到了原语的修辞效果,保留了语言的形象性和表现力。第二种方法把形象生动的语言表述转换成平铺直叙的语言表述,失去了原语表现力,削弱了原语的修辞效果。第三种方法增加了原语没有的修辞效果,使译文生动形象,赋予了译文新的表现力。三种趋同修辞策略表明,相同的思想内容,有多种不同的语言方式表达。修辞操作的原理是语言的偏离。修辞的本质就是对各种不同程度的偏离(含零度偏离)的同义选择。这些不同程度的词义偏离便是可供选择的同义手段。所以修辞手段主要就是同义选择手段(从莱庭、徐鲁亚,2007:434)。由于相同的意义可以有不同的表达方式,因此,修辞活动也就成为同义手段的选择活动。同义手段分语言的同义手段和言语的同义手段。前者指客观存在于全民族所共同的语言系统中的同义手段,主要指同义词和同义句式。而言语的同义手段,广义的是指在交际活动中能够表达相同含义的一切表达形式,当然包括语言的同义手段在内。狭义的言语同义手段则是把语言的同义手段排除之后的东西,指的是在语言系统中本来并不同义的表达形式,在交际活动中,由于上下文和情景的配合和帮助,临时地、有条件地表达了相同的意思的表达形式(王希杰,2011:46)。在政治话语中,同义手段的使用是非常普遍的。有的用了形象的比喻,有的是直白无华。由于政治话语有亲民化的倾向,大量使用积极修辞手段增加话语的表现力,多一些人文色彩,少一些生硬说教，既准确鲜明，又亲切自然。翻译时有的保留原语的积极修辞手段，有的则转化成消极修辞。具体而言，如果原语的积极修辞具有跨文化的共性，能为译语读者理解和接受，则保留；如果原语的积极修辞具有鲜明的汉民族色彩，为汉语独有的表达方式，不能被理解和接受，则做淡化处理。

　　翻译就是译意。撇开修辞效果，就意义而言，翻译就是实现同义转化。采取何种修辞策略，要充分考虑中外语言差异及目标语读者的阅读修辞心理。修辞心理就是利用语言文字的结构特点（如形、音、义）为实现传情达意而进行遣词造句的有意识的思维活动。不同民族有不同的修辞心理，如中国人讲话喜欢委婉、含蓄，西方人喜欢直白、开门见山。同样的修辞，在不同的物理语境、文化语境中，会产生不同的含义。修辞，无论对译者还是对读者来说，都是一个心理过程。译者的话语建构与读者的话语理解都表现为复杂的心理运动过程。译者在接受修辞文本过程中，根据自我的审美口味、兴趣爱好、气质个性，对译作产生相应的理解与联想，再根据读者的需求进行编码。译语读者根据自我的心理感悟进行解码。读者的接受心理由易感知心理，逐步发展到喜感知心理，最终进入到欲感知心理。易感知心理是指译作读者能够读懂、体会、理解并接受文本内容，因此，语言要生动形象、深入浅出，使读者产生阅读的欲望。喜感知心理是指译作读者能够产生浓厚兴趣和迫不及待的心理渴望。这要求文本形式生动活泼，内容丰富多彩，让读者喜闻乐见。欲感知心理是指译作读者产生阅读欲望，从文本修辞中获得知识、教益、感悟（衡孝军 等，2011：163）。

　　构建融通中外话语体系关键是要从了解西方的话语交流模式入手去探索中西话语交流融合的话语创新模式（袁卓喜，2020：24）。一种语言中已被普遍接受的建构方式，转换成另一种语言后，与原文的行文组篇形式必然有所不同，容易使受众在理解上产生距离感，由此在心理上产生陌生感。采用受众熟悉的建构方式则有助于获得受众的情感认同，取得理想的修辞效果（陈静，2020：78）。话语融通，从翻译修辞的角度，表现在译文符合目标语表达习惯、修辞习惯与偏好。

　　重构译语修辞文本，要遵守修辞文本建构的两大原则：恰切性原则和有效性原则。所谓恰切性原则,是指话语在切合语境的前提下,达到语言形式与语言信息的完美结合。所谓有效性原则,是指话语达到预想的修辞效果,能够引起读者的共鸣和认同(吴礼权,2002:13)。具体而言,语篇修辞的原则包括:

A. 易于解码的原则:说出的话应当有利于听者在有效的时间内迅速解码。

B. 清晰原则:语义单位和音位应当保持直接、清晰的关系,避免歧义。

C. 经济原则:力求简练,减少解码编码时间。

D. 审美原则:话语要有表现力和美感(从莱庭、徐鲁亚,2007:347)。

Chesterman(1997)认为,翻译的成功取决于相关因素间的趋同度。所谓"翻译的成功"指的是翻译的效度(validity),可用公式表示为:

$$TrV = \frac{趋同}{趋异}$$

(TrV 指翻译效度)

趋同(convergence)和趋异(divergence)是反比关系,趋同度大则趋异度小,翻译的效度就高;反之,趋同度低,则趋异度大,翻译的效度就低(赵彦春,2001:433)。在条件许可的情况下译语应尽可能向原语趋同,译者能否使译文与原文具有较大的趋同度是保证原语功能再现的关键,是翻译效度的体现。从关联理论的视角来看,为了实现翻译的效度,译者不仅要传达出原文的信息意图,最重要的是传达出原文的交际意图,使译语的目标受众与原语的目标受众在理解原语的意图时付出努力和获得最大关联等方面趋同,那么,译文的效度就高;否则,译文效度就低(朱燕,2007:101)。

汉英语言修辞手段存在很大差异。中文习以为常的表达方式在英语中有可能被视为偏离规范。同样地,中外读者的阅读修辞心理、对文本的期待视野和审美反应也不一样。比如,中文讲究对仗工整、声韵和谐,重视凝练概括、含蓄浓缩,喜欢设象喻理、引经据典,还注重平衡美,所以汉语文章多辞藻华丽，广泛使用四字词组及排比和对偶。因为这样的表达方式是中文读者喜闻乐见的，符合他们的阅读修辞心理。西方话语推崇表面上看似平白无华、质朴自然，实则精心构筑的修辞文本，倾向于使用质朴自然的语言文字。在西方受众看来，夸大其辞而又辞藻华丽的语言令人感到虚情假意、华而不实（王大来，2014：136）。对辞藻华丽的文章，如果一字不落地译成外语，是吃力不讨好的。正如孙艺风（2016：204）所说："中译外，不能一厢情愿，自己摇头晃脑地认定妙不可言的东西，在翻译中生硬照搬，目标语读者未必买账。"因此，外宣译者需要对辞藻华丽的外宣文本进行"降调"处理，即尽可能采取平白无华、质朴自然的语言进行描述。正如纽马克指出的那样："译者在处理原文的形式成分上享有很大的自由。通过用雅致的句式替代拙劣的句式，删除冗余或重复词语，用简明表达取代陈词滥调和哗众取宠的时髦词，澄清重点并让句子更加紧凑，译者尝试使原文的语义内容得到完整的重现。"（Newmark，2001b：127-128）例如：

> 杭州的春天，淡妆浓抹，无不相宜；夏日荷香阵阵，沁人心脾；秋天桂枝飘香，菊花斗艳；冬日琼装玉琢，俏丽媚人。西湖以变幻多姿的风韵，令人心旷神怡。
>
> Sunny or rainy, Hangzhou looks its best in spring. In summer, lotus flowers bloom. Their fragrance brings joy to one's soul and refreshes the mind. Autumn brings with it the sweet scent of osmanthus flowers along with chrysanthemums in full bloom. In winter, the wintry snow scenes can be likened to an exquisite jade carving. West Lake's beauty is ever changing but never fails to entice and entrance.（郭建中译）（杨平，2003：168-169）

汉语行文中经常使用强烈的副词与形容词作修饰语，以加重语气。比如"隆重开幕""圆满结束"等，似乎没有这些强化语不足以表达其力度。《中式英语之鉴》的作者、美籍专家 Joan Pinkham（2000：36）将其称为 unnecessary intensifiers（多余的强化语）。倘若一味照直译出，要么不合逻辑，要么多此一举，拖泥带水。英译时应照顾英文的表达习惯，宜将强化语略去不译。"圆满结束"不可译成 conclude with complete success，可直接译为 end。其他的诸如"认真贯彻""积极发展""切实落实"等，其副词都可以省译。

7.3 语义近似

翻译融通，就微观层面而言，就是要用词义相近的目标词语表达源语词语。在翻译理论中，"对等"是使用最频繁的一个词语，本书用"近似"取代"对等"。这是因为中外语言的差异，词义完全等值是不可能的，总会有些细微的差异（如文体、情感等），甚至有些词语的内涵和外延都存在很大差异。如"知识分子"和 intellectual，在外延方面就不可能等值，中文的"知识分子"比 intellectual 的外延要宽。翻译融通就是要注意词语的差异，尤其是词语的感情色彩，不要用贬义的目标词语表达褒义的源语词语。要与时俱进，敢于自我革命和自我否定，淘汰一些过时的、会造成文化障碍的旧的表达方式。如"农民"，最早译成 peasant，peasant 主要指发展中国家及旧时小农经济的自耕农。有时也用作贬义指粗鲁的未受过教育的人。因此，不可用于指欧、美、日本等发达国家的农民。现在"农民"一词都用 farmer。"干部"，以前翻译成 cadre。但是这个译文比较奇怪，对西方人来讲是一个很负面的概念，讲的是斯大林时期的党员干部，所以在十八大文件的英译稿中改用一个中性的 official 来表达（陈明明，2014：9–10）。关于意识形态这个词，标准的译法是 ideology，但是 ideology 在当代英语中的含义多为负面的、消极的，通常表示一种偏狭的信念，因而在美国往往用"价值观"（values）、"信念"（creed）、"精神"（spirit）、"气质"（ethos）、"理想"（ideal）、"信仰"（faith）等词来取代"意识形态"（ideology）这个词（何英，2005：104），现在改用 theory 这个词。再如，"实用主义"常被译为 pragmatism。在句子"我们的改革开放不搞实用主义"中"实用主义"是贬义词，指"有用的就是真理"，而英语的 pragmatism

则是褒义词，与汉语的"实事求是"意义相近，其可解释为 a method or tendency in philosophy which determines the meaning and truth of all concepts and tests their validity by their practical results，汉语的"实用主义"相当于英语的 expediency，其意义为 the doing or consideration of what is of selfish use or advantage rather than what is right or just，因此，"我们的改革开放不搞实用主义"拟译为"We do not base our policies on expediency in China's reform and opening up."（张健，2013：73-74）。

语义近似策略，就是寻找中外语言的公约数，在翻译词语时尽量套用或借用英语中相应表达，使它们读起来地道自然，在语言上贴近译文受众，增加认同感。翻译本质上是以最小的语义信息损耗去获得最大的语义信息等值。同时，翻译是一种选择过程，它不仅涉及语言形式的选择，也涉及社会、文化、心理等方面的选择（龚光明，2012：192）。如"农家菜"如译为 farmer's dishes，就没有体现"农家菜"的真正含义，如改译为 farmhouse cooking，就更符合译语的文化规范（衡孝军等，2011：73）。"保税区"应该译为 free-trade zone 或 bonded zone，这在国际上是惯例的。"经济适用房"《新华新词语词典》的译文为 economically comfortable housing，而 China Daily 以及 Guangming Daily 等主流媒体则采用 comfortable housing，其实，这两种译文都有问题，什么叫 economically comfortable？这个表达的意思让人捉摸不透，国外的对应词是 economical housing。在具体翻译传媒新词语时，也应该使用对应词。如"人口老龄化"（greying）、"扫黄运动"（campaign against porns）、"扫黑行动"（vice sweeps）、"黑客"（hacker）等（张健，2013：160）。

有些具有明显中国特色词语翻译时不必照译，而要做灵活处理。例如，"同志"一词是我们党内成员的称呼，经常出现在党政文献中，但在文献中很少翻译成 comrade，而是译成其他词语。例如：

（1）要求全党<u>同志</u>必须有优良作风
All Party <u>members</u> must follow the fine tradition of the Party
（2）我代表新一届中央领导机构成员感谢全党<u>同志</u>的信任。
I wish to express our thanks to all other <u>members</u> of the Party for

their trust in us.

（3）各级宣传部门领导同志要加强学习、加强实践，真正成为让人信服的行家里手。

Therefore, those <u>leaders</u> should intensify their study and practice in order to become real experts.

（4）从事外交工作的同志要加强责任感、使命感、紧迫感

<u>Those</u> charged with this responsibility must have a sense of mission and urgency.

（5）相关部门负责同志、部分省市领导同志参加

<u>Persons</u> in charge of related departments and <u>leaders</u> of some provinces and municipalities

（6）经常听有的同志说自己想学习

I often hear <u>officials</u> say that they would love to study more.

语言的公约数，在语用层面，就是语用等效。所谓语用等效，是指翻译时不拘泥于原文的形式，只求保存原文的内容，用译文中最贴近的自然对等语将内容表达出来，以求等效。比如，在火车、商店、轮船、工厂等地常见的标语，如"旅客止步"或"闲人莫入"常被译成"Passengers stop here"或"Strangers are forbidden"。但这些翻译在外国人听起来就像是一道命令一样。在英语中与之对应的标语是"Employees/Staff only"。

7.4 语篇重构

传统翻译理论强调对原文的忠实，忠实的原则就是要用目标语言还原源语信息，对原文的内容不能做任何增删。在忠实原则的指导下，译者成为传声筒，翻译时犹如"戴着脚镣跳舞"，不能发挥主体性作用，而翻译融通则是摆脱原语的束缚在译文中做必要的调整和增删等，使译文适应目标语读者的阅读心理和思维习惯。从某种意义上讲，翻译融通

就是翻译的创造性叛逆策略。翻译融通不是不讲忠实原则，翻译融通的忠实只是就内容而言，而不是形式而言，源语的核心思想在翻译中是不能做任何改变的。用日本学者大冢幸男的话说，对原作"既不是断然拒绝，也不是照抄照搬"（大冢幸男，1985：105）。

  图里（2001：13）指出："任何一种翻译行为都是面向目标语及目标语文化体系的行为，希望译文在目标语文化中能够起到的作用、拥有的地位，这两点会决定译者采取什么样的文字操作。"掌握某文化语境的一套规范，是译者进行翻译的前提，而各种翻译操作是否合适，正是由这套规范决定的（Toury，2001：53）。翻译研究所称的"规范"涉及面广，切斯特曼把规范分为专业规范和期望规范。前者支配着"翻译过程中普遍接受的翻译方法和策略。后者是指目标语读者对于译文应当具有什么样的、译文与本族语相比较或相对照应当具有什么特点有所期待（Chesterman，1993：8-10）。规范落实到文本组织方面，则和叙事研究所称的"体裁与常规"相同。不同的文化有不同的规范。无疑，如果跨文化叙事的框架、文本、情感语境或者经验格式塔与第二种文化的框架、文本、情感语境或经验格式塔相耦合的话，跨文化叙事就有可能实现。第一种文化的情感机制或许不能通过翻译而进入第二种文化中，但是它的符号系统却可以表征情景使第二种文化的接受者通过移情来体会情感。所以，跨文化叙事不仅能够理解他者，而且还能使我们更好地理解我们自己，使理解发生变化（Sell，2007：2-15）。如果译文在语言表述和所传达的思维模式等方面都能符合目标语文化的规范，这样的译文更容易被接受。因此，为使译文符合目标语文化规范，译者的工作并不只是把词、句、章转换成外语，而是要在一定程度上摆脱原文的文本建构方式，遵照目标语同类文本的体裁常规，主动运用好各种叙事技巧，积极建构目标语的叙事文本（许宏，2017：57）。

  语篇重构策略，是指从平行文本角度出发，以翻译功能理论、文本类型理论和变译理论为指导，针对不同的外宣翻译文本，采用全译、重构和改写等翻译策略，以符合译语语篇的思维方式和行文习惯，从而使译文具有"文本内连贯"（intratextual coherence），即译文能为译文读者所接受和理解（张健，2013：24）。以下面的广告翻译为例。

（1）那一年，我和妹妹去乡下姥姥家，我们在田野上奔跑，在小河里钓鱼，在收割过的麦田里拾麦穗，空气里尽是迷人的清香！

现在，很难找到那种感觉了。田野变成了厂房，小河也不见了……咦！这是怎么了？味道真特别，让我想起了乡下那麦田里迷人的清香！

嘉士利，为你珍藏童真的滋味……（嘉士利饼干）

Jiashili Crisp biscuits collect your innocent flavor and remind you of the charming and delicate fragrance of the wheat field in the countryside. In that year my younger sister and I went to my grandmother's home. We ran in the field, fished by the small river and picked up ears of wheat in the reaped field. The air is full of fascinating and faint scent!

Now it's difficult to find that feeling. The fields have been turned into factories. The small river is out of sight. What's happened? The special flavor has come back. Jiashili Crisp biscuit have the flavor.（宋琼，2003：63-64）

上面的广告翻译根据英汉语篇思维模式做了调整。汉语的语篇思维具有螺旋型的，跳动、迂回、环绕的特征，英语的语篇思维模式是直线型的，开门见山、直截了当。该广告翻译体现了英语的语篇思维模式，符合译入语语篇的规范及译语读者的认知习惯。

对于汉英翻译而言，由于原语和目标语言在语法、词义、修辞、逻辑和文化等方面存在诸多差异，翻译做不到简单的字比句次的语言转换，而是要"忘其形，得其意"（许渊冲，1996：58），"对形式做出必要的变化，以目标语特有的结构形式来复制信息"。（Nida & Taber，1982）奈达（2004：167）认为，译文要从语法及词汇等方面做一些调整，以适应接受语的文化语境及语言语境，进而使译文读者更好地接受及理解译文。一般而言，语法调整较为容易，因为很多语法变化都受制于接受语中的必要结构。至于词汇结构方面的调整要复杂得多，如果词汇在两种语言中有着一样的能指符号及所指对象，就不会有什么问题，如果存在很大差异，就需要调整。此外，形式结构上的相应调整也会使译文读者最大限度地接受及理解译文，从而获得不错的感受（奈达，2004：170-171）。当然调整的幅度有大有小。如果翻译时只是摄取原文的核心内容，对原文进行大幅度的改写和重组，这样的翻译就属于"变译"。

语篇结构是在特定的文化中组句成篇的方式（袁晓宁，2008：102）。不同体裁有不同的语篇结构。相同的体裁在不同文化中也会有不同的语篇结构。在翻译中，源语语篇的形式可能是源语规约的特征，但往往与目标语的规范不相一致，若仅传译形式，这会不可避免地掩盖源语语篇的"讯息"或"意思"（Hatim & Mason，2005：11）。比如，汉语中一些文章的逻辑结构颇具八股文色彩，起承转合，都很讲究。这种汉语单语思维者所撰写的外宣文本，文本的话语方式及内部推进机制都出自汉语的思维背景，中国读者能够接受，国外读者未必熟悉、甚至未必能够理解（许宏，2017：61）。对于这样的文本叙事，翻译时要调整原语的叙事方式，要"化腐朽为神奇"，把"中文味"实足的稿子译成外国读者喜闻乐见的具有"外文味"的稿子。

中文外宣语篇的一个突出特征是其情景依赖性。这主要通过两个方面体现出来：一是语篇的外指项目比较多，主要表现为对情景信息没有交代，参与者的某些非语言行为没有通过语言表述出来，等等。二是缩略语多，缩略语的含义由文化语境决定，同一缩略语在不同文化背景下的所指意义不同。语篇的指代项目分为外指和内指两种。外指的所指对象在语篇外，内指所指对象在语篇内。对于外指项目，翻译过程中需要以外指或预设的口气进行编码。如果认为读者可能由于缺乏对现场情景的了解和对文化背景的理解而不能理解原文，就要采用加注释、改译、编译等"变译"策略，从而帮助译文读者将语篇与语境结合起来（衡孝军 等，2011：104）。语篇翻译策略主要是重构或改写。哈蒂姆（Hatim）（1994：1644）在《语篇与译者》中就翻译过程中调整和修正语篇的问题进行了阐述，他认为："语篇结构的用途是要适应特定的修辞意图，因此，在实现翻译对等的过程中，译者首先要通过对语篇结构做相应的修正，来再现这种意图。"纽马克（2002）认为重构属于交际翻译，是一种最自由的翻译形式，其重点是根据目的语的语言、文化和语用方式传递信息，而不是尽量忠实地复制原文的文字。译者在交际翻译中有较大的自由度去解释原文、调整文体、排除歧义。就形式与内容的关系而言，美国著名翻译理论家尤金·奈达认为每种语言都有其各自特点，优秀的译者不会把一种语言的结构强加于另一种，而是愿意对形式做出必要的变化，以目的语特有的结构形式来复制信息（Nida & Taber，1982：3）。奈达认为，结构调整幅度的大小，视原语和译语的语言和文化差异而定。按照目的论的观点，翻译策略常因翻译目的和功能的不同或文化差异而做调整。调整是为了使译文接受者的交际情景相连贯，使译文可接受并具有意义（刘宓庆，2003：330）。例如：

> 该市地界巴山楚水，湖光山色秀丽，名胜古迹、自然风光融为一体，遍布其间，是理想的旅游胜地。
>
> The city, bordering Sichuan and Hubei provinces, is a good place for tourism with its panoramic views dotted with beautiful mountains, lakes and historical sites.

上例共有五个意群，是汉语中常见的平行铺排结构。其中，"该市……是理想的旅游胜地"为全句语义重心，可定为译文的主干，"地界"表位置地点状语，其他表伴随状态（杨友玉，2018：164）。

7.5 文本类型与翻译策略

文本类型是经过长期使用而规约化、模式化的语言产品，每一种文本类型都表达特定语用者的语用意图或特定文本的主要功能（张新红，2001：194）。翻译理论家根据主题、话题或文本功能对文本进行分类。例如，赖斯根据布勒的语言功能理论分出三种语篇类型："重内容语篇""重形式语篇""重感染语篇"；并且将语言文本分为以下四类：表达功能文本（expressive）、信息功能文本（informative）、感召功能文本（operative）、视听性文本（operative）（Reiss，1971/2000：24-38）。她认为，如果原文作者表达一种包含艺术形式的内容，译文就要以类似的手段表达这个内容，首要目的是艺术形式与原文一致。如果原文的目的是要接受者做出反应，译文语篇的处理就要迁就目标语的形式规范和文体惯例，首要目的是要达到预期的效果（Reiss 1989：109–110）。切斯特曼（Chesterman）对赖斯的文本类型的重点和翻译方法进行了分类整理，见表7-1（祝朝伟，李萍，2002：7）。

表7-1 赖斯的文本类型的重点和翻译方法

文本类型	表达功能文本	信息功能文本	感召功能文本
语言功能	表达感情（表达文本作者的态度）	提供信息（陈述事实或事物）	感召读者（使文本接受者产生行动）
语言特点	美学的	逻辑的	对话的
文本重心	文本形式	文本内容	对话的
译本（应该）	传达美学形式	传递文本内容	产生预期的效果
翻译方法	译者采用原文作者的风格，忠实传达	文字通顺易懂，力求清晰明白	可做调整，达到等效

赖斯（1989：109）的文本分类法应用到翻译上，就可以说，根据语篇目的和性质，信息语篇要求"直接、完整地传递源语语篇的概念内容"；表情语篇传达"源语语篇内容概念的艺术形式"；感染语篇再造"语篇形式以直接达到预期的（接受者）反应"，其重点分别为"内容""形式""效果"（司显柱，2007：123）。

纽马克（2001：39–49）将文本分为呼唤型文本、信息型文本和表达型文本，不同文本有不同的语言功能和文体特征及翻译策略。如表7-2所示。

表7-2 赖斯的文本类型的重点和翻译方法

文本类型	呼唤型文本	信息型文本	表达型文本
语言功能	以读者群为中心，号召读者按照作者的意思去行动、思考，感受或者做出反应，往往使读者群迅速理解感受的语言	提供信息，强调事实，通常使用不带个人特色的标准语言	核心功能在于说话或者作者运用这些话语表达其思想情感，不去考虑读者的需要

续表

文本类型	呼唤型文本	信息型文本	表达型文本
语言特点	对话性质	合乎逻辑	富有美感
文本特征	典型的外宣文本主要包括各种公共宣传品，如公示语宣传手册、政治口号、公益或商业广告等	典型的外宣文本主要包括新闻报道、报纸杂志文章以及各类报告	典型的外宣文本包括政府文件、政治演说等
文本焦点	侧重呼唤	侧重内容	侧重形式
翻译原则	遵循"读者第一"的原则，适用交际翻译，把读者及其反应作为核心，注重可读性，要求做到通俗易懂	遵循"事实第一"的原则，适用交际翻译，其语言往往是中性的，没有明显的个人特征或地域色彩，力求通顺易解	遵循"作者第一"的原则，适用语义翻译，最大限度地传递原文的语义信息和美学信息
翻译目的	唤起读者反应	传递相关内容	传递美学形式

（译文引自张健，2013：34-35）。

不同的文本类型应该采用不同的翻译策略。仅以旅游文本和法律文本为例讨论翻译策略。

旅游资料是一种宣传资料。根据功能翻译理论框架中的文本划分，旅游材料属于集表达、信息和呼唤功能于一体的典型的复合型文本（曾丹，2006：39）。其主导功能是诱导性（呼唤性）的，即通过景点介绍引发读者的旅游兴趣。汉语的旅游宣传资料喜欢引经据典，堆砌辞藻，用一些华丽的词语对景点做过分的渲染。英语用词简朴，注重客观描述。从汉英文化角度出发，这些华丽词语大都不必译出，因为它们对材料内容的宣传并没有实际意义。例如：

（1）每逢新年伊始，<u>瑞气旋升</u>，大相国寺都要举行元宵灯会。<u>鼓响灯炽</u>，<u>火树银花</u>，古老的寺院在灿烂的灯火辉映下，充盈着国泰民安的<u>祥和之光</u>。文娱活动，<u>异彩纷呈</u>；人流涌动，<u>摩踵接肩</u>；<u>红男绿女</u>，<u>扶老携少</u>，或欣赏<u>巧夺天工</u>的灯饰，或参加丰富多彩的游艺活动，尽情享受着节日的欢欣。每逢金秋十月，寺满黄花，<u>城满芬芳</u>，随着开封市菊花花会的开幕，一年一度的水陆法会，又在对世界和平、人民安乐的真诚的祈祷声中拉开序幕。<u>梵音雄浑，祈祝五谷丰登、百业兴旺、国家强盛、万世太平；霜钟扣击，声震八方，法轮常转，佛日增辉，千年古刹，再获新生</u>。

At the beginning of the lunar New Year, the annual Lantern Festival is held here. With the shining lanterns, fireworks, and sweet sound of songs and drums, the beautiful Temple foresees the peace and prosperity of the country and the happiness of people. Whenever there are cultural activities, people of all ages rush out to this ancient Temple where they can enjoy themselves through either appreciating beautiful lanterns or participating in various traditional performances. In October, the Temple is fragrant with chrysanthemums. After the opening of the Kaifeng chrysanthemum exhibition, the annual prayer ceremony opens with praying for the peace of the world and the health of the people. The resounding recitation prays for a good harvest, prosperity and peace for the country; the resounding bell ring blesses the prosperity of Buddhism and this ancient Temple.（郑海霞，2017：200）

上面是河南开封大相国寺的部分简介。汉语巧用四字格词语，对仗工整，抑扬顿挫；译文避虚就实，用词简朴。

法律文本和旅游文本是两种截然不同的文本。法律文本属于庄严文体，重点在于陈述事实与细节，阐明法律概念和法律关系，所以用词规范庄重，行文准确严谨。这种文体特征表现在词语方面是用十分文气、正式的词语，表现在句法方面是追求句子表达的严密性、客观性和准确性，长句多，句子结构完整。所以法律翻译也要追求准确性和严谨性，不能随意删减词语和句子。例如：

（2）《中华人民共和国进出口商品检验实施条例》已经于2005

年8月10日国务院第101次常务会议通过,现予公布,自2005年12月1日起施行。

Regulations on Implementation of the Law of the People's Republic of China on Import and Export Commodity Inspection adopted at the 101st Executive Meeting of the State Council on August 10, 2005 are hereby promulgated and shall be effective as of December 1, 2005.

例句(2)的 hereby、promulgated、shall、effective、as of 等词语使用都很严谨、规范。

翻译法律文本时,理解原文不能只局限于表面文字,应该从逻辑和法律的角度去分析句子的内在联系和深层意义。所以译者翻译法律文件时只有语言知识是不够的,还应具备逻辑知识和法律知识。这是因为有些句子的内在联系只能从逻辑的角度判断。例如:

(3)因执行本合同所发生的或与本合同有关的一切争议,由中国仲裁机构进行调解或仲裁,也可由双方协议在其他仲裁机构仲裁。

All disputes arising from the execution of or in connection with the contract shall be settled through mediation or arbitration by another arbitration agency agreed upon by the both parties.

此句中的"由……也可由……"看似并列关系,实际上是选择关系,因为两者不相容。

第八章　国家形象视域下的文化翻译

　　国家形象从某种程度上说是由话语建构的。话语体系是由相对固定的概念、范畴、表述、理论、逻辑等构成，是思想和文化的语言载体。中国对外话语体系包含了许多特有的中国文化概念和语言表述。这些文化概念和语言表述在翻译时没有先例可援，只能翻译创新。翻译自创的概念要能体现原语概念的内涵和外延，同时还要符合译语词语构成规则（杜占元，2022）。

　　文化与翻译密不可分。正如卡萨格兰德（Casagrande）所说："翻译不是翻译语言，而是翻译文化。"（转引自 Branchadell，2005：6）"文化翻译"这一术语是以 Evans-Pritchard 为首的英国人类学家原创（Burke，2007）。"文化翻译"包含两层含义：一是理解与协调，二是操控。"文化翻译"包含语境解构与语境重构双重过程，首先占有异域文化，然后归化之（Burke，2007）。孙艺风（2016：1）认为，凡是具有文化接触和协调性质的翻译行为，都可以在宽泛的意义上，称为文化翻译。其中的核心是各个方面及层面的协商及融合，并充分尊重文化差异。黄忠廉（2009：73）认为，文化翻译有广义和狭义之分，广义的文化翻译指对原作所承载的一切文化信息的翻译，狭义的文化翻译指对原作中特有的文化要素的翻译。文化翻译有三个层次：宏观的文化选择、中观的文化变译和微观的文化全译。宏观的文化选择就是文化过滤，即从文化角度（包括意识形态、价值观念、宗教信仰等）对文本信息进行甄别和过滤，什么材料可译，什么材料不宜译，译者应该把关。文化选择表明，外宣翻译既要内外有别，而且还要外外有别，精准施策，有的放矢。宏观的文化选择本章不做讨论，因为前文中已有所涉及。下面着重讨论微观的文化全译和中观的文化变译。

第八章 国家形象视域下的文化翻译

8.1 文化全译策略

文化全译属于微观层面的翻译策略。文化全译就是力求保全原作的文化，除了原作中的一切信息外，尤其要注重对原作中的文化特色要素进行转换，主要是文化意义的转移保留，更换的是文化形象（黄忠廉，2009：76）。文化专有项翻译是文化全译的重点。文化专有项是指一国语言中独有的文化词语。文化词语，顾名思义，就是指含有文化信息的词语。文化词语分为文化词和文化含义词两种类型。文化词（cultural words）是指在某一特定文化中具有的事物和概念，而另一文化中没有，如中国的武术、象棋，英国人的壁球（squash）、落袋球戏（snooker）等。而文化含义词所指的事物或概念在两种文化中都有，只有某种程度的对等。比如，汉语的"岁寒三友"松、竹、梅，有凌霜傲骨、坚贞不屈的引申义，而在英语中只有指称概念，没有联想义。

词语的文化信息既指有形的物质文化，也指无形的精神文化。有些词语原来没有任何文化信息，但随着社会发展，被赋予了文化信息。比如，江西宜春的宣传广告曾经是"有个叫春的城市"，该广告语引人发笑，因为"叫春"会产生歧义，使人想起动物的发情。再如，"做鸡"和"做鸭"可能会作别样的理解，20 世纪 80 年代江西共青城生产"鸭鸭"牌羽绒服的广告语是："中国的鸭鸭，世界的朋友"。如果与"鸭"的联想义联系起来，这条广告看来也不得体。有些词语随着社会发展被赋予原来没有的联想义，如"同志"在一定语境下成为"同性恋"的代名词；"小姐"成为失足女性的别称；"老板"代指单位的一把手。

关于文化专有项翻译，艾克西拉（1996：61-64）提出了 11 种翻译策略：（1）重复；（2）转换拼写法；（3）语言翻译；（4）文外解释；（5）文内解释；（6）使用同义词；（7）有限世界化；（8）绝对世界化；（9）同化；（10）删除；（11）自创。这 11 种翻译策略中，有些是全译策略，有些是变译策略。

文化词语翻译首要考虑的因素是译语读者的文化图式。文化图式

（Culture Schemata）是指人脑中关于"文化"的"知识结构块"，是人脑通过先前的经验已经存在的一种关于"文化"的知识组织模式，可以调用来感知和理解人类社会中的各种文化现象。在跨文化交际中，文化图式会表现出重合、冲突、缺省和错位。文化图式重合是指不同文化认知图式的一一对应关系。文化图式冲突是指交际双方有各自不同的图式认知结构，从而在跨文化交际过程中造成误解甚至冲突。文化图式缺省指说话人认知语境相关的文化图式在受话人的认知语境中根本不存在或不完整。文化图式错位指在某方面母语文化图式与目标语的文化图式不符，也就是说，同样的意义在不同文化中以不一样的形式体现出来。如中英文对颜色的表达就存在错位现象（李炯英 等，2012：37-42）。不同的文化图式要采取不同的翻译策略。例如，对于文化图式重合，可以采取直译，文化图式冲突采取意译（或淡化），文化图式缺省采取省译或文化语义补偿策略，文化图式错位则采取套译的方法。

文化词语的全译策略有音译、直译、移植、文化转移、套译和意译等。

8.1.1 音译

音译（transliteration），也称转写，是根据读音来翻译的一种方法。汉语特有的词语在英语中没有对应词时音译。

音译和零译一样，是翻译的两种极端形式，和其他翻译方法（如直译、意译等）相比，总显得有点异类，都没有用通俗的译语词语表达出来，给人以译犹未译的感觉，使译文充满陌生化。所以音译词或零译词从出现到接受有个渐进的过程。

音译虽然是不得已而为之的权宜之计，但也有合理积极的一面。音译词大量存在于翻译文本中，许多音译词已经成为译语语言的组成部分。音译架设了从不可译到可译的桥梁（辛红娟、宋子燕，2012：221）。如果从语言对比、文化传播、语言变异、跨文化交际和语言经济性的角度去分析，音译有其存在的理论依据。

首先，音译词弥补了词汇空缺。一般而言，音译的词语大都是源语特有而目标语中没有对应表达的词语，包括人名、地名、文化词语和新产生的术语等。

其次，音译词有利于文化传播。音译把另一个语言系统词汇通过模仿发音的方式引入目标语词汇，保留异域文化特色（赵琦、卢澄，2013：121）。音译是最能体现文化词汇特色的表现手段。

第三，音译是语言变异手段。"语言变异是语言运用上的变化和差异，其表现形式就是各种语言变体。"（祝畹瑾，1992：7）语言的发展历史表明，语言不是一成不变的，变异是语言的一个基本特性，没有变异便不会有语言的发展。正如萨丕尔（2002：127）所言："语言在不断发展变化，同时也存在变异。"维索尔伦（1999）的语言顺应理论告诉我们，语言具有变异性（variability）、协商性（negotiability）和顺应性（adaptability）。正是因为有语言的这些特性，人们在使用语言的过程中会基于言内外因素做出语言选择。语言选择是有理据性的。音译词就是语言变异在词汇中的体现。有些源语词语在目标语中有对应词，但为了追求表达的新异，采用音译。如"和谐社会"有意译词harmonious society，但在国外报刊中采用音译 hexieshehui，类似音译词有 hepingjueqi（"和平崛起"，peaceful rise），shuangying（双赢，win-win），hukou（户口，household registrations）等。

第四，音译体现了言语趋同策略（convergence）。交际者的语言策略是由语言动机而决定的，趋同策略的使用是因为一方为得到对方赞赏或好感，而调节自己的言语行为，使其与对方的语言行为接近或相似，以此缩小彼此间的距离。比如：中国人和意大利人进行交流时，双方都会抱怨对方的英语不好，意思说不明白，如果双方夹杂使用自己的语言，这自然会导致交际的困难，甚至关系不畅。如果一方夹杂使用哪怕是蹩脚不流畅的对方语言与其交谈，对方往往会表现出更友善和更愿接受。这个例子说明：在跨文化交际中，语言和形式的调节是交际中人际关系管理的有效途径（Gallois, C. et al, 1995）。

第五，音译符合语言经济原则。语言经济原则，又称省力原则（Principle of Least Effort），是指以最小的认知代价换取最大的交际收益。美国学者齐夫（George Zipf）（1949：117）首次明确提出这一原则。齐夫认为，人们交际时总是倾向于选择既能满足言者完整表达又能满足听者完全理解所需的最少的语符，这就是语言的经济性原则。音译词符合语言经济原则，达到了以最少词汇量表达概念名称的效果。比如汉语的"阴阳"蕴含着丰富的文化含义。传统观念认为，阴阳代表一切事物的最基本对立关系。它是万物运动变化的本源，是各种事物孕育、发展、成熟、衰退直至消亡的原动力，是人类认识事物的基本法则。国外没有"阴阳"概念，自然没有对应词语，音译成为不二选择。如果要对其解释，要用上许多文字：the two opposing principles in nature, the former feminine and negative while the latter masculine and positive（《新世纪汉英大词典》，外语教学与研究出版社，2003，P1936）。实际上这种解释还不足以表达"阴阳"的全部含义。"阴阳"的音译词 yin and yang 已被国外读者接受，如美国《基督教箴言报》2016年10月24日发表了由 Laurent Belsie 写的题为"From US to Europe, the face of employment is changing"的文章，文中的小题就用了 The yin and yang, 接着第一段就说"At this point, alt-labor is creating both positive and negative effects."。有这样的文字表述，相信读者一定能理解 yin and yang 的意思。

音译词对目标语读者会产生陌生感。如果不懂汉语文化，目标语读者碰到音译词时会不理解，产生阅读障碍。为使音译词具有可理解性，往往会提供相应的语境，对音译词采用补偿策略。最常见的表达手段有：

（1）音译+直译或意译（直译或意译+音译）

一般为先音译，再直译或意译。如"吃相思"译为"Chixiangsi, or Eat Lovesickness"（吃相思，俗称"为客"，侗语叫"越嘿"，时间多在正月、二月或秋后，是侗族地区村寨之间为拓宽社交、加深友谊而举行的一种规模较大的民间交往活动）。"普通话"译为"Putonghua, or Mandarin"，"户口"译为"hukou (household registrations)"，"牌楼"译为"Pailou (decorated archway)"。

也有先直译或意译，后音译的例子。如："人情社会"译为"relationship society, or 'renqingshehui'"，"小康社会"译为 moderately prosperous society or in Chinese "xiaokang"，"生肖""the Chinese zodiac, or shengxiao"，等等。

（2）音译+类词

也就是混合语，即中文的人名、地名或其他名称的音译词加上表示类别的英语固有词语所构成的短语，可以灵活表达与某一汉语借词或音译词相关的各种中国文化特色概念。例如：

地名音译+类词可以表示某地的剧种、某地的人、某地的菜、某地的方言等，如京剧（Beijing opera），沪剧（Shanghai opera），昆曲（*kunqu* opera），地戏（*Dixi* opera）（地戏，俗称"跳神"，是流行于贵州省安顺市的地方戏），闽南人（Minnan people），鲁菜（Shandong cuisine），陕西菜（Shaanxi cuisine），闽南话（Minnan dialect），温州方言（Wenzhou dialect），等等。

朝代名音译+类词可以表示某个朝代，如 Qing Dynasty（清朝）、Ming Dynasty（明朝）等。

人名+类词可以表示某人的风格、思想等，如 Deng Xiaoping theory（邓小平理论），Mao Zedong thought（毛泽东思想），Liyuan style（指彭丽媛的风范，即指她的美丽、优雅、高贵、魅力等），Xi-style diplomacy（指习近平式的外交风格，即善用中国智慧、亲和风趣、结识新朋友、不忘老朋友、勇于承担大国关系应有的责任之道）。

其他汉词音译+类词可以表示类词的特有文化概念，如汉服（Han-style costume or Hanfu），功夫片（kung-fu movies），辛亥革命（Xinhai Revolution），少林寺（Shaolin Temple），拼音系统（Pinyin system），唐装（tangzhuang clothing）。

（3）音译+解释性词语

先音译，再对音译词进行解释。例如：

彩礼：Caili, or the betrothal gift a man usually gives to the bride's family

官二代和富二代：the "guan er dai" and "fu er dai"—the "second generation", children of privileged government officials and the super-rich

两会：Lianghui, or two sessions（两会，中华人民共和国全国人

民代表大会和中国人民政治协商会议的统称）

七夕节：*Qixi*, the Chinese Valentine's Day

昆曲：*Kunqu* opera, one of the oldest forms of Chinese opera

近年来，随着中国文化影响力的增强，中国词语频频成为英语中的新词语，汉词音译已成为不可争议的事实。如《华尔街日报》在报道中国大妈收购黄金引起世界黄金价格变动时，不用"中国中年妇女"，而用了"dama"。尔后，dama 一度因为可能被收入英国牛津词典，而一时成为热门话题。此外，"Tuhao（土豪）"同样被英语世界中权威的牛津词典收录。其实，这种因新闻事件而输出的文化还有很多，比如 shuanggui（双规）等。

8.1.2 直译

直译法是指在不违背英语文化传统的前提下，在英译文中完全保留汉语词语的指称意义，求得内容和形式相符的方法。通过直译，有许多表达中国特有事物的词语已进入英语，并成为标准英语的一部分。有历史文化特色的中国英语词语或短语，如：Four Books（四书），Five Classics（五经），eight-legged essay（八股文），等等。有改革开放时代特色的词语或短语，如：one China policy（一个中国政策），two civilizations（两个文明），thought of Three Represents（"三个代表思想"），special economic zone（经济特区），Project Hope（希望工程），等等。直译是一种能最大限度地保留原文本形式及内容的翻译策略。

8.1.3 直译加注

直译是在译文中保留原语民族文化色彩的最佳方法，但在一些情况下，单纯的直译却无法传达原语所包含的重要文化信息。对于这种情况，采用直译法之后，再补充其文化信息，会收到画龙点睛的效果。例如：

（1）林边有一个洞，叫白龙洞。传说白蛇传的白娘子曾经在这里修炼。

Near the forest is the White Dragon Cave which is said to be the very place where <u>Lady White, the legendary heroine of The Story of the White Snake, cultivated herself according to Buddhist doctrine</u>.

白娘子是中国民间故事白蛇传中的人物,如果只是直译不加补充说明,英语读者未必知道是怎么回事,补充更多信息非常必要。

(2)她在戏中扮演包公。
She played the male role of <u>Judge Bao</u> in the opera.
Note: <u>Judge Bao was the just and impartial judge in Chinese history</u>.

"包公"是具有修辞意义的人名,在中国是家喻户晓的人物,但其刚正不阿、执法如山的形象多数英语读者不熟悉。通过加注,原文的历史文化信息在译语中得到了介绍和顺利传达。

(3)就算你的是"阳春白雪"吧,这暂时既然是少数人享用的东西,群众还是在那里唱"下里巴人"。(《毛泽东选集》)
Your work may be as good as <u>The Spring Snow</u> but if for the time being it caters only to the few and the masses are singing for <u>the song of the Rustic Poor</u>.

英译本中有如下一条注释:

"Song of the Rustic Poor" were songs of Kingdom of Chu in the 3rd century B. C. The music of the first was on a higher level than that of the second.

(4)三个臭皮匠,抵个诸葛亮。
Three cobblers with their wits combined equal Zhuge Liang, the

master mind.

"诸葛亮"作为我国历史著名人物,在汉语读者心目中是智慧的象征。但英语读者并不知道我们的历史文化,因而在翻译时应该解释一下,例4中就用"with their wits combined"和"the master mind"来进行补充说明。通过增益成分,读者就能较好地理解句子含义。

8.1.4 移植

移植指把原语中的文化(形象)元素移入译语中,使其在译语中生根(黄忠廉,2009:76),包括原形照搬和保留原语文化形象。

原形照搬,也叫零译,就是将原语词语原封原样地用在译语中,如汉语中的许多字母词就是从英语中照搬过来的,如VIP、DVD、CD等。

8.1.5 套译

套译就是套用目标语中相应的词语。翻译本质上是以最小的语义信息损耗去获得最大的语义信息等值。同时,翻译是一种选择过程,它不仅涉及语言形式的选择,也涉及社会、文化、心理等方面的选择(龚光明,2012:192)。

有些社会现象不只中国有,国外也有。比如,中国的啃老族,是指一些终日无所事事的族群。这样的人在国外被称为neet,最早使用于英国。neet的全称是"not currently engaged in employment, education or training"。在美国称为归巢族(boomerang kids),在香港则称之为双失青年(失学兼失业的青年)。所以中国的啃老族可以相应地翻译成neet或boomerang kids。

套译也是文化转移的一种方式。所谓文化转移,是指用目标语文化词语取代源语文化词语。任何一种民族语言都有着丰富的比喻用语,它们源于民族文化并折射民族文化。比如,我们中国有"力大如牛""俯首甘为孺子牛"等说法,现在提倡"五牛精神",主要原因是中国古代以牛耕为主,所以牛代表着勤劳忠厚。而英国古代以马耕为主,所以汉语中说的"力大如牛"英语里则是"as strong as a horse","像牛一样勤劳",翻译成英语应该是"work like a horse"。汉语用"饭碗"喻指职业,英美人不吃米饭而吃面包,所以这个比喻便译成 a bread and butter job,"鱼米之乡"喻指富庶的地方,英语则说 land flowing milk and honey,即"遍地都流着牛奶和蜜糖"才称得上富庶。

汉语中的许多习语都有英语相似的表达,完全可以套译。例如:

门可罗雀 get the cold shoulder

班门弄斧 teach fish to swim

胆小如鼠 as timid as a hare

苦如黄连 as bitter as wormwood

狐假虎威 ass in the lion's skin

瓮中之鳖 a rat in a hole

胸有成竹 to have a card up one's sleeve

物以类聚 Birds of a feather flock together

冷若冰霜 as cold as marble

猫哭老鼠假慈悲 to shed crocodile tears

狗改不了吃屎 The leopard can not change his spots

爱屋及乌 Love me, love my dog

像热锅上的蚂蚁 like a hen on a hot girdle

8.1.6 意译

意译法是指译者在受到译语社会文化差异的局限时,不得不舍弃原文的字面意义,求译文与原文的内容相符和主要语言功能相似的方法。很多此类词语的翻译,如果采用直译的方式,其意义对于不熟悉原语文化的读者来说是很难理解和接受的。如果采用加注法,有时加注的内容会很多,这样就会使译文显得累赘、啰唆,影响译文的可读性。因此,翻译时通过释义的方式,将原文的意思表达清楚,这样既不影响意义的传递,也不影响译文的可读性,实不失为一种比较可取的方法。释义法非常适用于翻译那些蕴含丰富文化内涵的词语,比如中西方各自文化中的成语、典故、习语等。例如:

（1）靠旁门左道、歪门邪道搞企业是不可能成功的，不仅败坏了社会风气，做这种事心里也不踏实。(《习近平谈治国理政》第二卷，P265）

No company can succeed through improper and unscrupulous practices. These practices not only undermine social ethics, but also undermines the good conscience of those involved.（XI JINGPING: *The Governance of China*, P289）

（2）伙伴意味着一个好汉三个帮，一起做好事、做大事。(《习近平谈治国理政》第二卷，P454）

Partnership means pitching in together on common goals and major initiatives.（XI JINGPING: *The Governance of China*, P494）

（3）有的对上吹吹拍拍、曲意逢迎，对下吆五喝六、横眉竖目，门难进、脸难看、事难办，甚至不给钱不办事，收了钱乱办事。(《习近平谈治国理政》，P369）

Some curry favor with their superiors, and rudely order their subordinates around. People in need of their services find them difficult to access, hard to talk to and impossible to get them to act. They even demand bribes before doing things that are part of their duties, and abuse their power;（XI JINGPING: *The Governance of China*, P406）

（4）有的怕得罪人，怕丢选票，搞无原则的一团和气，信奉多栽花、少栽刺的庸俗哲学，各人自扫门前雪、不管他人瓦上霜，事不关己高高挂起，满足于做得过且过的太平官;(《习近平谈治国理政》，P415）

Some officials keep on good terms with everybody at the expense of principles, for they are afraid of offending people and losing votes, holding a belief in the vulgar philosophy of "more flowers and fewer thorns." They mind nothing but their own business and will do nothing unless their personal interests are affected, being satisfied with muddling along and accomplishing nothing at all.（XI JINGPING: *The Governance of China*, P465）

意译可以直达其意。比如，在笔者居住的小区，就有一条公示语："你又不是二郎神，遛狗为何不牵绳！"从语用角度看，这条公示语是告诫人们，遛狗时必须牵绳，以免狗到处乱跑，影响行人。但这条公示语蕴含着文化信息，《西游记》里的二郎神身边有一条狗，叫哮天犬，是神兽，跟随二郎神，辅助他狩猎冲锋，斩妖除魔。这条公示语只能意译："When you walk your dog, lead it with a rope."。

8.2 文化变译

8.2.1 文化变译的定义

文化翻译既包括某种程度的文化传真，也包括文化改造，二者看似背道而驰，但并非南辕北辙。首先，适度的文化改造本身便是"文化传真"的必不可少的先决条件。其次，具有一定可靠性和可检验性的"文化传真"同时也更具文化改造的功效（就接受的本土文化而言）（孙艺风，2016：56-57）。

变译是译者根据特定条件下特定读者的特殊需求采用增、减、编、述、缩、并、改等变通手段摄取原作有关内容的翻译活动（黄忠廉，2000：5）。文化变译是指在文化选择的总原则下对原语文化产品进行适应译语文化需求的改造性或变通式翻译（黄忠廉，2009：74）。变译是话语融通策略，而话语融通是译文可接受的必要条件。变译的依据就是语言的行文习惯和交际价值。当原文的行文习惯与目标语言的行文习惯相去甚远，原文照译不符合目标语读者的期待视野或修辞心理，甚至与读者的价值观念有冲突时，变译就成为翻译的不二法则。变译是在一定程度上摆脱原文的文本建构方式，是遵照目标语同类文本的体裁常规，重建目标语文本的翻译策略。就语篇而言，变译的主要形式是改写，包括句法结构重组、语篇调整和内容增删。文化变译是从文化角度考虑对原语文本进行改写，包括微观层面文化词语语义补偿或省略，宏观层面语篇的删节或重组。

8.2.2 文化变译的价值蕴含

文化变译主要是从译文可接受性考虑的。译文可接受性是翻译的最终目的，可分为语言可接受性和文化可接受性。语言可接受性相对简单，只要译文从构词组句到谋篇布局符合译语规范和习惯表达，译文可视为具有可接受性。文化可接受性相对复杂，因为涉及目标语读者的文化心理、意识形态、价值观念、审美情趣、文化期待视野等因素。文化变译就是受到译语文化框架的强烈制约而采取的文化融通策略，旨在通过文化变通手段增加文化翻译的可理解性和可接受性，消除阅读障碍和文化误解。文化变译的价值主要表现在以下几方面：

首先，文化变译是文化适应的重要手段。翻译是语境重构过程，也是文化适应过程。语境重构是手段，文化适应是目的。所谓文化适应，是指：1）准确的文化意义（或含义）把握；2）良好的读者接受；3）适境的审美判断（刘宓庆，1999：73）。作为文化的一种表征，文化符号是由其文化内涵所决定的，不同的语言文化、风俗礼仪以及价值信仰，不仅造成了人们在思维方式和行为规范上的不同，形成了不同类型的文化态度和感性认识，而且还会造成跨文化沟通上的误解。事实上，符号表达的是概念及意义，而不是符号本身，而符号表达的概念及意义要被正确理解离不开一定的历史、文化和社会背景。莫兰（Moran）指出，理解文化可从三个框架入手：文化体验、文化知识、体验式学习循环。文化知识包括四个要素的互动：

> 理解内容：文化信息（knowing about—cultural information）；
> 理解方法：文化实践（knowing how—cultural practice）；
> 理解原因：文化观念（knowing why—cultural perspectives）；
> 自我意识：文化自知（knowing oneself—self awareness）（Moran，2003：6）。

不同的受众对于同一文化符号的解读并非完全一致。一般来讲，只有具有相同文化背景的受众在解读同一符号时才会更具有共鸣和认同感

（蒙象飞，2016：16）。也就是说，说同一种语言的人们之所以能够相对容易地进行沟通，是因为他们的语言表征了大致相同的概念图，所以，从这个角度来看，"文化"可以定义为"共享的意义或共享的概念图"（单波，2010：145）。为了达到和提高跨文化交际效果，翻译必须注重对文化意义的把握与阐释，把关注的重心从语言的转换转向文化的交流上，结合相关的历史文化语境，进行文本的再生产（孙艺风，2016：57）。这里所指的文化意义是宽泛的，不仅指词语隐含的文化信息，而且还包括语言反映的意识形态、价值观念、文化心理和修辞规律等。文化意义体现在语言的各个层面，包括词语层面、句法层面和语篇层面。其中，词语的文化意义是在特定的意识形态和文化语境下产生的，也只能结合文化背景去理解，而句法层面和语篇层面的文化意义则与某一语言的诗学观念密切相关，而诗学观念在一定程度上是由语言文字的特点决定的（孙艺风，2016：54）。比如，汉语结构整齐、音韵和谐的排比句和对偶句与汉字的单音节特点密切相关，其他拼音语言文字很难做到这一点。不同民族有不同文字特点、语言结构、思维方式等，与之相应的是各自有不同的审美情趣、文化心理和修辞接受。因此，对于同一语言文化符号，各自有不同的理解，对文化特质不会产生移情共鸣。语言与文化的异质性构成了文化变译的客观条件。为了文化适应，译者要考虑其预期的译语读者的文化接受心理、期待视野、知识水平和认知环境等因素，冲破文化壁垒，对原语文化和译语文化的差异进行协调，寻找能为译语读者理解和接受的文化翻译。

其次，文化变译是文化语义补偿机制。"语言交际的基础是交际双方共有的认知环境"，说话人的目的或意图能被听话人识别，是由于他们对认知环境具有共识。也就是说，"交际是否成功，就看交际双方对彼此的认知环境是否能显映和互相显映，或曰'互明'"（何兆熊，2000：181）。有效的交际不仅要有共有的交际环境，而且还要有共有知识。"共有知识"包括以下四个方面：1）对经验的共有的阐释；2）对意义选择及组织的共有原则；3）对省略部分进行重建和补充的共有原则；4）对所用词语和语言形式［是如何］指涉过去经验的共有认识（引自朱纯深，2008：221）。翻译活动中原文和译文读者对"共有知识"占有的差异为文本的隐含因素提供了存在的基础，造成了"文本空白点"和"文化空白点"（朱纯深、张峻峰，2011：72）。

由于原语与译文读者对同一语言表达的认知环境很可能不一样，哪怕是对同一事物，也会产生不同的理解，因而难以达成认知环境中的共识。因此翻译时若不充分考虑译文读者的认知环境，是很难取得译文的读者效应，有效实现翻译目的的，特别是对一些带有鲜明社会文化色彩、译语中又找不到对应表达的翻译（贾文波，2005：74）。文化变译通过对文化词语给予语义补偿或提供文化背景知识，为目标语读者释疑解惑，扫除阅读障碍。文化比较表明，文化有通约的一面，也有不通约的一面。通约的一面表现为文化的共性，不通约的一面表现为文化的个性。文化不通约性既表现在微观层面的特色文化词语方面，也表现在宏观层面的价值观念、意识形态和文化理念等方面。文化词语的不通约性表现为原语表达独特事物或概念的词语在目标语中没有对应词，形成词汇空缺，而价值观念等是各个民族历史文化背景下形成的固有的观念或理念，其不可通约性在跨文化交际中有时会产生文化冲突和文化抵制。这种由观念带来的文化冲突和文化抵制译者是无能为力的，他不可能为了消除文化冲突而改变原文的思想和理念，他只能求同存异。但对于文化词语，译者可大有作为。文化词语在同一语言使用环境中读者不觉得有什么特别之处，因为他们与作者有共同的文化背景知识，这种共性知识虽然被作者省去，但读者仍能理解。但在跨文化交际中，文化不通约性给目标语读者带来阅读障碍。由于翻译从原语文化转换到译语文化形成文化语境差，产生了这样的结果：原语习以为常的表达习惯如照译就不为译语读者接受，原语读者理解和接受的文化词语如不变通就不为译语读者理解，因为译语读者缺乏原语作者的文化背景知识。从翻译实践看，强行把原语文化置入译语文化是行不通的，是一种赤裸裸的入侵行为，必然会遭到译语读者的抵制。从某种意义上说，原作的不完全性（incompleteness）给翻译提供了改写、改变、改造的空间（孙艺风，2016：55-56）。译者解决文化语境差的唯一手段是文化变通。变通分宏观、中观和微观三个层面。宏观变通涉及文化选择，表现在翻译策略上就是以译语为导向还是以原语为导向。中观是文化变译，采取的翻译策略就是译语导向策略,通过翻译补偿等手段使文化词语语义显性化,增加文化可接受性。微观变通就是文化形象的替换或丧失。文化变通的结果是对原语文化不了解或知之不多的普通读者能理解译文。

第三,文化变译是适应目标语体裁规约的手段。翻译策略的使用与文本类型密切相关。文本类型是一个很笼统的概念,它包含了言语和非言因素,各种情景线索和"暗含"的预设信息。在某一特定的情景文本成分中言语与非言语的比率被认为是文化专属性。这意味着某一特定文化的成员喜欢将文化的某一部分用言语表达(如说"谢谢"),而另一种文化可能喜欢使用手势(如把双手合拢)或者没有任何行为表示(而不会被误解为没有礼貌)(Nord,2005:32-33)。一种源语语篇的形式可能是源语规约的特征,可与目标语的规范不相一致,其结果是,若仅传译形式,这会不可避免地掩盖源语语篇的"讯息"或"意思"。(Hatim & Mason,2005:11)在现代的有些理论家(如奈达)看来,首要的标准是话语的类型与读者的反应。因此,在某些情况下,忠实于源语语篇的风格可能是没有必要的,或者甚至是适得其反的,这是因为各种不同话语类型的风格可接受性的标准因语言而殊异。譬如说,在西班牙语里完全适合的风格,在英语里最终可能会变成颇为难以接受的"绚丽矫饰的散文",而我们认为是庄严而又传情的英语散文,到了西班牙语那里却常常看起来毫无色彩,显得既淡而无味又单调沉闷。许多西班牙的文学艺术家乐于自己语言充满华丽辞藻的典雅,而大多的英语作家却偏爱奔放的现实主义,刻画精细而又动感十足(Nida,1964:169)。

由于文化差异,不同语言的读者由于长期受各自特定语言文化的熏陶,养成了一种固有的审美心理和欣赏习惯,这种心理和习惯自然而然地制约着他们对语言刺激的注意和使用语言的方式,形成了各自不同的写作风格和美学标准,即一种"体裁规约"(genre convention)(贾文波,2005:106)。诺德(2005:69)指出:"体裁规约是交际活动标准化的结果。当某种文本在某些场合重复使用,其功能或多或少相同,这种文本就获得了常规形式,这些形式有时甚至会上升到社会规范。因此语篇体裁常规和规范在文本创作(作者若想实现交际意图就必须遵循常规)和文本接受(接受者必须从文本的常规形式推断出作者的意图)两方面发挥着重要作用。"体裁常规大都属于特定的文化，所以不同语言在体裁常规的表现方面存在一定的差异。为了使译文能为目标语读者接受，译者必须把原文的常规特征和翻译目的要求的体裁进行比较，根据翻译的目的和类型来决定是复制原文还是对原文进行调整。有些翻译任务要求译者必须原封不动地复制原文的常规，而有些则要求译者按照译语文化标准进行调整（Nord，2005：74）。调整的结果是，译者不可能提供和源语文本同质等量的信息，他所给的是另一种不同形式的信息（Nord，2005：45）。可见，文本的"体裁规约"在翻译中的作用。

8.2.3 文化变译的具体策略
8.2.3.1 省译

省译是常见的翻译技巧，教科书上介绍的省译是省其形不省其意，主要是从语言结构、语义和修辞上考虑的。但文化变译中的省译既省形又省意。省译从三方面考虑：一是通用体裁规范；二是交际价值；三是文化独特性。

8.2.3.1.1 从通用体裁规范角度考虑省译

通用体裁规范是相对固定的文本形式，由文体特点决定的。英汉文本各自在"通用体裁规范"上存在着差异，如汉语擅长情感抒发，人文色彩浓郁，语言辞藻华丽，"移情"功能突出；而英语则讲究逻辑理性，文字质朴无华，重在文本信息的准确传递。英汉文本的"通用体裁规范"的差异影响了读者对文本的接受。如汉语读者认为是妙趣横生的语言表述，而英语读者觉得索然寡味、平淡无奇。这是因为汉英语读者有各自不同的期待视野和接受修辞心理。翻译时按汉语的行文方式突出汉语的"移情"（appellative）功能，往往导致英语读者不知所云甚至反感，其效果只会适得其反（贾文波，2005：7-9）。

译者的工作并不只是把词、句、章转换成外语，而是要在一定程度上摆脱原文的文本建构方式，遵照目标语同类文本的体裁常规，主动运用好各种叙事技巧，积极建构目标语的叙事文本。译者是生成外宣叙事文本的"接力者"。"叙事者"是对外宣译者角色更为精当的界定。从叙事学的角度看，译者的操作取决于对目标语"体裁和常规"的遵从。身为叙事者的译者有必要根据目标读者所熟悉的各种体裁和常规对文本进行相应改动（许宏，2017：57）。例如：

犬随新风辞旧岁，天蓬正气报新春。
金鹏冲天秀苍穹，蓄势远航谱辉章。
金鹏航空飞行部向全体员工致以新春问候；
恭祝：幸福安康，阖家欢乐，诸事大吉！

金鹏航空飞行部
2019年2月2日

The dog retired with the new wind, and the pig was reported to the new year;

Suparna rushes to the sky and shows off the sky.

Suparna Airlines Fight Department sends greetings to all employees in the new year;

Wish you will be more healthy, enjoy happy family and everything goes well!

Flight Department, Suparna Airlines
February 2, 2019

上述例子是新春问候语，具有典型的汉语语言风格，即喜欢引经据典，以诗句语言表达迎来送往的心情。但如果译文回译，就是：狗随着新风而退休，猪向新年报告。金鹏冲向天空，炫耀（显示）天空。这样的译文在外国读者看来显得很滑稽。其实，诗中蕴含着丰富的文化信息，就是中国特有的生肖年份。"犬随新风辞旧岁，天蓬正气报新春。"意思就是狗年已过，猪年就要到来了。其中的"天蓬"原指《西游记》里的猪八戒，因为国外读者没有狗年和猪年的说法，不懂中国文化，所以不会理解上面的译文。德国的莱斯（K. Reiss）、费米尔（H. J. Vermeer）、诺德（Christiane Nord）等学者提出的翻译功能理论认为，翻译方法和翻译策略必须由译文预期目的或功能决定。译者在整个翻译过程中的参照系不应是"对等"翻译理论所注重的原文及其功能，而应是译文在译语文化中所预期达到的一种或几种交际功能。译者在翻译时应根据译文预期要达到的目的或功能，使用符合译语文化观念和习用语言机构模式的表达方式，使译文语言对译语接受者发挥良好的影响力。Reiss 认为，在"原语文本情景"（source text situation）与"译语文本情景"（target text situation）有差别的情况下，译者应根据翻译要求，优先考虑译文读者的需要。例如，在"信息"与"移情"功能难以两全的情况下，"译语文本信息功能要优先于移情功能"（In the target text, the information… will have priority over the appellative promotive function.—Nord，2001：63），以使译文信息准确，并符合读者的期待。诺德（2001）指出，"按照译语文化的准则来调整或'改译'原文，是每个专业翻译者日常工作的一部分。"根据体裁差异，翻译时把诗词删去，改译为："Wish you and your family good health, happy life and good luck in everything."。

8.2.3.1.2　从交际价值考虑省译次要信息

从交际价值看，有些信息对原语读者来说可能有意义，而对目标语读者却不然。省译无关紧要的信息，如下面的《习近平谈治国理政》的注释翻译：

（1）见李白《行路难三首（其一）》。李白（701—762），<u>祖籍陇西成纪（今甘肃静宁西南），生于绵州昌隆（今四川江油南），一说生于碎叶（唐属安西都护府，今吉尔吉斯斯坦北部托克马克附近）</u>。唐代诗人。（《习近平谈治国理政》P37）

Li Bai: The Hard Road: Three Poems. Li Bai (701—762) was a Tang Dynasty poet.（P39）

上述有关李白的出生地，有待考证。在有关人物介绍中，出生地是次要信息，目标语读者无须了解，他们最关心的是李白是个什么样的人。

（2）见《礼记·大学》。《大学》是中国儒家经典之一，着重论述个人道德修养与社会治乱的关系。<u>原是《礼记》的一篇，宋代把</u>

它从《礼记》中独立出来，同《中庸》《论语》《孟子》合称为"四书"。(《习近平谈治国理政》，P55)

The Great Learning (*Da Xue*) is one of the "Four Classics of Confucianism," the other three being *The Analects of Confucius*, *The Mencius* and *The Doctrine of the Mean*.（P60）

8.2.3.1.3 从文化独特性省译文化词语

文化独特性表现词语的空缺。空缺词语在翻译时要创造新词，包括音译、零译等。有些独特文化词语除体现文化信息外，没有更多的交际价值。在追求实质性意义的政治话语翻译中，如果没有巧合的类似表达方式，只要表达了原语的意思，就可以省略形象词语，否则需要添加解释而造成文本冗长。例如：

（1）今年是甲午年。120年前的甲午，中华民族国力屡弱，导致台湾被外族侵占。(《习近平谈治国理政》，P238)

A hundred and twenty years ago China was a weak country, and the Japanese aggressors took advantage of this to occupy Taiwan.（P262）

例1的天干地支纪年法也是中国特有的，翻译时应该还原对应的年代。

（2）这一伟大胜利，开辟了中华民族伟大复兴的光明前景，开启了古老中国凤凰涅槃、浴火重生的新征程。(《习近平谈治国理政》第二卷，P445)

This great triumph represented the rebirth of China, opened up bright prospects for the great renewal of the Chinese nation, and set our ancient country on a new journey.（P484）

（3）做焦裕禄式的好书记(《习近平谈治国理政》第二卷，P139)

Be a Good County Party Secretary（P151）

"焦裕禄"是"好县委书记"的代名词。"焦裕禄式的好书记"如照译成"Jiao Yulu-like Good County Party Secretary"，就要对"焦裕禄"进行注解，所以省译。

（4）只有理想信念坚定，用坚定理想信念炼就了<u>"金刚不坏之身"</u>，干部才能在大是大非面前旗帜鲜明。(《习近平谈治国理政》第一卷，P413)

Only those who are firm in their ideals and convictions will adopt an unequivocal approach towards major issues of principle. (P463)

"金刚不坏之身"是佛教术语。金刚，即金刚石，是一种极为坚固的矿物，佛经上或用来比喻佛的法身。《涅槃经》卷三："云何得长寿，金刚不坏身。"现引申为无坚不摧、万毒不侵、金刚不坏、至刚无敌的意思。原文的意思是理想信念不动摇。"金刚不坏之身"与"理想信念坚定"意义重复。

（5）要坚持从国情出发，从实际出发，既要把握形成的历史传承，又要把握走过的发展道路、积累的政治经验、形成的政治原则，还要把握现实要求、着眼解决现实问题，不能割断历史，<u>不能想象突然就搬来一座政治制度上的"飞来峰"</u>。(《习近平谈治国理政》第二卷，P285-286)

We must keep to the long-established track of historical heritage, cherishing the path of past development, accumulated political experience, and established political principles rather than breaking with history. (P311)

飞来峰面朝灵隐寺的山坡上，遍布五代以来的佛教石窟造像，多达三百四十余尊，为我国江南少见的古代石窟艺术瑰宝，堪与重庆大足石刻媲美。相传有一天，灵隐寺的济公和尚突然心血来潮，算知有一座山峰就要从远处飞来，那时，灵隐寺前是个村庄，济公怕飞来的山峰压死人，就奔进村里劝大家赶快离开。村里人因平时看惯济公疯疯癫癫，爱捉弄人，以为这次又是寻大家的开心，因此谁也没有听他的话。眼看山峰就要飞来，济公急了，就冲进一户娶新娘的人家，背起正在拜堂的新娘子就跑。村人见和尚抢新娘，就都呼喊着追了出来。人们正追着，忽听风声呼呼，天昏地暗，"轰隆隆"一声，一座山峰飞降灵隐寺前，压没了整个村庄。这时，人们才明白济公抢新娘是为了拯救大家，于是就把这座山峰称为"飞来峰"。

8.2.3.2 文化词语的淡化处理

汉语中有些文化词语，在一定语境中能激发汉语读者的心理认知图式，与话语产生相关联想而获得最佳语境效果，但翻译时如果原语照搬，很难达到原语中的表达效果，因为译语读者缺乏原语的社会文化背景知识，不会像原语读者那样具有文化联想，因此，从突出表达文本的交际意图和译文在译语环境中的交际功能角度出发，对某些文化词语做淡化处理，明示其语义信息，增加译文的可读性。例如，汉语中有些人名地名符号化了，其引申义远远高于指称义。如：

老师是桃花沟的<u>李白、齐白石、钱钟书</u>；老师是桃花沟的<u>杨振宁、钱学森、华罗庚</u>；老师是桃花沟的陶行知、马卡连科……

In the eyes of the villages, he (the teacher) was no less than <u>a great man of letters, a great artist, a great scientist as well as a great educator</u>.

8.2.3.3 文化词语的翻译补偿

文化翻译不可缺少的一环是弥补文化缺省。外宣翻译要取得预期效果，必须对文化词语采取文内解释、文外加注等翻译补偿策略，帮助译语读者"释疑解惑"。文内解释就是增加背景知识。例如：

（1）这种交往应该为君子之交，要亲商、安商、富商，但不能

搞成封建官僚和"红顶商人"之间的那种关系，……（《习近平谈治国理政》第二卷，P264）

They should build a gentlemen's relationship. Officials should develop an affinity with entrepreneurs, create a stable business climate for them, and help them prosper. Their relations, however, should not be like those between feudal bureaucrat and <u>entrepreneurs holding official posts</u>.（P288）

（2）为什么说要以<u>整风精神</u>来抓？（《习近平谈治国理政》，P377）

Why do we need to follow the spirit of the Rectification Movement <u>and engage in criticism and self-criticism</u>?（P415）

例 2 的译文 follow the spirit of the Rectification Movement 和 engage in criticism and self-criticism 可以视为是同义关系，读者可能对前者不理解，但有后者的解释就明白了。

文外加注就是在文后专门设立注释，解释文化概念。

8.2.3.4 改写

对外宣传的翻译，如果不考虑言外因素，如意识形态、人情风俗、读者的审美情趣等，而一味地原文照译，不做任何改动，逐字、逐句、逐段地翻译，往往收不到预想的效果。有些原文照译的译文甚至引起了国外读者的反感，出现有损他国形象或有伤民族感情的词语。如中国国航一则旅行安全提示被批种族歧视，在伦敦引发愤怒反应，原文和译文如下：

原文：安全：到伦敦旅行很安全，但有些印巴聚集区和黑人聚集区相对较乱。夜晚最好不要单独出行，女士应该尽量结伴而行。

译文：London is generally a safe place to travel, however precautions are needed when entering the areas mainly populated by Indians, Pakistanis and black people. We advise tourists not to go out alone at night, and females always to be accompanied by another person when travelling.

该译文是逐字、逐句的翻译，没有考虑文化背景和读者接受，在伦敦引起轩然大波，有两名议员写信给中国驻英大使，要求道歉并删除。伦敦当地报纸《标准晚报》(*Evening Standard*) 称中国国航的安全提示是"种族主义风暴"(racist storm)。《标准晚报》引述英国议会议员罗瑟娜·阿林–汗 (Rosena Allin-Khan) 的话说，安全提示"令人愤怒"，而且"冒犯所有伦敦人"，而不仅仅是那些少数族裔群体。

中国国航将该则旅行安全提示改译如下：

Friendly tips: London is generally a safe place. However, we kindly advise tourists not to go out alone at night, and females always to be accompanied by another person when travelling. Respect the local customs. Do not enter the relevant communities if you do not know their religious customs.

改译后的译文既做到安全提示，也提醒了游客遵守当地风俗习惯。

8.2.3.5 有意文化误译

误译，即错误翻译，是与翻译的忠实原则格格不入的。误译有无意误译和有意误译之分。无意误译主要是由于译者翻译时的疏忽大意、外语功底不深和对源语国文化缺乏了解造成的。最常见的误译是对号入座，而译文在目标语中却另有他意，如把"音乐性"译成 music sex，把港口、车站、机场的"出口"译成 export 等。也有不了解原语文化知识产生误译的，如把 Chiang Kai-shek（蒋介石）译成"常凯申"，Mencius（孟子）译成"门修斯"，把"街道妇女"译成 street woman。有意误译，也叫策略性误译或创造性误译，是指"为了迎合本民族的文化心态大幅度地改变原文的语言表达方式：文学形象、文学意境等等；或为了强行引入异族文化模式，置本族的审美趣味的接受可能性于不顾，从而故意用不等值的语言手段进行翻译"(谢天振,2003:120)。有意误译是创造性叛逆。法国著名文论家埃斯卡皮(1987:135)于 1987 年提出"创造性叛逆",并说:"翻译总是一种创造性的叛逆。"

有意误译,从微观层面看,就是不用目标语中现成的对应词语而用其他词语。比如,政治意识形态首先对词语的选择有操控作用。在词语选择方面,译者应该有政治敏感度。对于有损国家形象或违反政策的话语应该回避或改译。如在一次记者招待会上,谈到内地和台湾和谈时,中国的政府高官说到第三国举行,而口译员施燕华没有照译,而是把"第三国"译为第三地,从而避免了常识性的政治错误。因为台湾是我国的领土,和谈属于内政。如果到第三国谈判,无疑是承认台湾是个主权国家。再如,1983 年 6 月 26 日邓小平与美国新泽西州西东大学教授杨力宇谈话时指出:"祖国统一后,台湾特别行政区可以有自己的独立性,可以实行同大陆不同的制度。"(《建设》,P18)这里"独立性"当然不能译成"independence"。所谓独立性,就是指谈话后面列举的各项权力:司法独立,终审权不须到北京;台湾可以有自己的军队,大陆不派人驻台,不仅军队不去,行政人员也不去;台湾的党、政、军等系统,都由台湾自己来管;等等。这句话的英译文是:"After unification with the motherland, the Taiwan special administrative region will assume a unique character and may practice a social system different from that of the mainland."(Fundamental Issues,P19–20)。"独立性"译成"unique character"也是可以的。我们的对台政策确实是独特的,史无前例的。不过,"独立性"也可以考虑译成"will have a distinctive character of its own",文字上可能更顺当些,也不损原意(程镇球,2003:19–20)。

当原语文化图式与译语文化图式有冲突时,也采取有意文化误译。文化图式冲突是指源语作者认知语境中的相关文化图式与目的语读者的认知文化图式各不相同,甚至是有矛盾、相冲突。在这种情况下,译者考虑到目的语读者的接受能力,为了消除文化冲击,使译文得到目的语读者的接纳和认可,故意地改变了源语文本中语言文化的表现形式。例如,在翻译中国名著《红楼梦》时,英国翻译家霍克斯(Hawks)为了避免"红"给西方读者带来的文化歧义,没有采取直译,而是采用了回避策略,将之翻译成"The Story of the Stone"。因为在英美读者的认知图式中,"red"代表了战争、流血、暴力、危险、毁灭等含义,具有贬义色彩。而在中国读者的认知图式里,"红色"却代表欢乐、喜庆和吉祥,具有褒义色彩。由此可见,英语语言里的"red"与汉语里的"红色"虽然语言图式一样,但是它们的文化图式是有差异的,甚至可以说是相冲突的。因此,霍克斯没有将《红楼梦》直译为"Dream of the Red Chamber",而是有意采取了回避策略。此外,除了回避以外,霍克斯在很多情况下都选择了用"green"(绿色)来替代原著里的"红",因为在英美人士的认知图式里,"green"和汉语中的"红色"具有类似的含义。比如,霍克斯将贾宝玉所居住的怡红院译成了"Court of Green Delight"(怡绿院),贾宝玉的别号"怡红公子"译成了"Green Boy"(怡绿公子)。由此,贾宝玉这个人物身上的"红色"特征在西方人眼中彻底变成了"绿"。

从宏观层面看,有意误译就是对原文进行增删、改写等。翻译的各项活动实际上是由译语文化里的各个系统所决定,翻译文本的选择取决于译语文化的特定需要,翻译方式和翻译策略也取决于译语文化里的某些规范(Even-zohar,1990:11)。由于受到译语文化框架的强烈制约,译者总是倾向于按自身的需求和价值标准对原作中传递的文化信息进行选择性解读和接受,对之进行删节、改造和重构(吴军超:2006:62)。这种创造性的"误译"是建立在他本人的文化意识基础之上的。因此,译者在解读作品时,需要调动自己的情感、意志、审美等文学能力,与文本对话,调整自己的"期待视野",与作品达致"视界融合",从而使原作的血脉在译本中得到继承,让异域文本在新的文化中获得再生(周晓寒,2009:131)。译者为了迎合读者的期待视野,往往对原作进行加工改造,甚至是曲解或杜撰,以使他的译作能够在译语文化语境中得到认同或发挥特定的作用。例如,傅东华在《飘》的译序中称:对于原文中"一些冗长的描写和心理分析,觉得他跟情节发展没有多大关系,而且要使读者厌倦的,那我就老实不客气地将它删节了"。对此,王东风(1998:18)解释说,这种心理分析和冗长的描写不符合译文读者的审美期待。译者要考虑译文读者的反应,而删除它就可以避免照本宣科式的翻译所带来的负面审美反应。

实际上，有意误译是译者权衡利弊的结果，是明智之举。

8.3 异化翻译可接受性分析

异化翻译和归化翻译是两种翻译策略。1813年，德国古典语言学家、翻译理论家Schleiermarcher（1977：74）在《翻译的方法》中提出，翻译的途径"只有两种：一种是尽可能让作者安居不动，而引导读者去接近作者；另一种是尽可能让读者安居不动，而引导作者去接近读者"。1995年，美国翻译理论家Venuti（1995：20）在其 The Translator's Invisibility 一书中，将第一种方法称作"异化法"（foreignizing method），将第二种方法称作"归化法"（domesticating method）。异化翻译保留原文中某些异国情调，打破了目标语惯例。归化翻译采用明白、晓畅的语言，使译语读者对外来文本的陌生感降到最低限度。异化和归化各有千秋。就传递文化信息而言，前者更可取；就可读性而言，后者更可取。任何文本翻译都不会只使用其中一种策略，而是交替运用这两种策略。

异化翻译主张译文应以源语为归宿，保留了词语的文化形象，但如果译文通篇都是外来词语，会使读者产生陌生感，译文可读性要差些，而且译文语言势必对目标语言的规范造成重大冲击，破坏其运行机制（曾剑平、潘清华，2013：87）。异化翻译应该有个"度"，过度异化会变成伪异化，影响译文可接受性。为了传递文化信息，我们提倡异化翻译，反对伪异化。

翻译实践告诉我们，异化翻译的词语有四种情况：

（1）原语独有而目标语空缺的词语，如汉语的"阴阳""衙门""二胡"等；

（2）原语词语与目标语词语指称义（或字面义）相同但联想义（或文化语义）有冲突，如汉语的"龙"和英语的"dragon"；

（3）原语词语与目标语词语在语义上只是部分对应，但文化语义或

情感意义不对应,如汉语的"关系"和英语的 relation(relationship);

(4)原语词语与目标语词语语义完全对应,但为标新立异而采取异化手法,如英语的 kill two birds with one stone 和汉语的"一石双鸟"(一箭双雕)。

常见的异化翻译手段是音译、直译和音译/直译加注。除第一种情况只能采用异化翻译(音译)外,其他三种情况都可采取归化翻译策略。下面从词语翻译的归化和异化对比的角度,以译文的可理解性为原则,就上述四种情况来探讨异化翻译的可接受性。

第一种情况采用异化翻译(音译)无可厚非,但有时音译也会产生歧义,引起读者误解。例如,用于称呼的"老"和"小",如果音译,就会产生歧义,如"老王"和"小王"分别译成"Lao Wang"和"Xiao Wang",译文读者会以为 Lao 和 Xiao 是姓,Wang 是名,毕竟汉语百家姓中有姓"老"的和姓"肖"(萧)的。"老王"和"小王"分别译成"Lao Wang"和"Xiao Wang"在汉译英的作品中比比皆是。如,"老王"译为"Lao Wang"(《新世纪汉英大词典》,外语教学与研究出版社,2003,P952),"小王"译为"Xiao Wang"(P1788)。《汉英双语现代汉语词典》(外语教学与研究出版社,2002,P1156)在"老"字词条下第 16 个意义解释中,"老王"分别译为"Lao Wang"和"Old Wang"。其实,"老王"译为 Old Wang 就不会有歧义。在英语中也有 old Johnson 和 young Johnson 的说法。再如,"芳草"牌(牙膏)译为"Fang Cao",而 Fang 在英语中有"犬牙、毒牙"之意,因此,这样的音译不可能引起读者(消费者)美好的联想。再如,中国的一种化妆品,在国内名为"娜姿",很有女人味,但到了国外按照汉语拼音叫"Nazi",殊不知,它在英文中是纳粹之意。因此,这样的音译就应该避免(曾剑平、潘清华,2013:87)。

第二种情况采用归化翻译还是异化翻译应视情况而定。异化翻译固然可以保留原语的文化形象,但译文读者未必能理解原语的文化语义,而是按译语的文化语义去理解,这样就会产生译者意图与语义交际意图的冲突,归化翻译成为必然选择。如"望子成龙"译为 to hope that one's son will become a dragon,就有可能招致译文读者的误解。把"倾国倾城"

译为 overthrow cities and ruin states,"东施效颦"译为 Dong Shi imitates Xi Shi,译文读者除理解字面义外,无论如何也理解不了源语词语所具有的引申义(曾剑平、潘清华,2013:93)。至于把"五讲四美三热爱"中的"四美三热爱"译为 four beauties and three loves,更是笑话。

在经贸翻译实践中,品牌商标的翻译如果不注意原语词语与目标语词语的不同象征意义,其后果是不堪设想的。与目标语的民族文化发生冲突的事例不胜枚举。这种"冲突"源于同一词语在两种不同语言中具有不同的文化含义。如"白翎"牌钢笔,"白翎"译为 white feather,结果钢笔在英语国家备受冷落,无人问津。究其原因是 white feather 这个译名不符合英美文化。英语有句成语叫 to show the white feather,意思是"临阵脱逃、软弱胆怯"。在英语国家,如要侮辱人就送他一根白色羽毛(张珍珍,1998:613)。因此,品牌商标作为专有名称,意译会产生语义冲突的情况下,还是音译为好。比如,"金龙"牌客车和"金龙"油,音译为 Jinlong 比 Golden Dragon 好,因为 Dragon 在英语中会引发不好的联想。

第三种情况是原语词语有文化语义,而与之对应的译语词语没有,或原语词语没有文化语义,而译语词语有,或者原语词语和译语词语指称意义相同,但情感意义不同,从而造成词义的不完全对应。这种情况下更多是语义创新,即赋予目标语词语新的语义。如"集体主义"和 collectivism,前者有褒义,后者有贬义,虽然情感意义不同,但又没有别的词语可替代,如果译文读者了解原语文化,也许能像原语读者那样理解译语。最典型的例子是汉语词语"关系"音译 Guanxi,是因为英语的 relation(relationship)不能表达汉语的文化语义。

第四种情况是原语词语与目标语词语语义完全对应。按理说,这种情况下翻译时应该对号入座,不必颇费周折去创造新词语。毋庸置疑,创造新词语可以丰富目标语言,但有时照原语直译,置译语的可理解性和可接受性于不顾,反而不能达到理想的翻译效果。如把"七嘴八舌"译为 seven mouths and eight tongues,译语读者只能理解其字面意义。

可见,无论是译语文化取向的归化翻译,还是源语文化取向的异化翻译,都应该把握一个"度"。异化时不妨碍译文的通顺易懂,归化时不改变原文的文化身份。

第九章 《习近平谈治国理政》的翻译策略

　　《习近平谈治国理政》的翻译是集体智慧的结晶,译者都是国内富有翻译经验的专家学者。为了满足译语读者修辞心理和思维习惯,使读者有效解读中国的执政理念和优秀文化,该书的翻译采用了许多翻译融通策略,既忠实于原文,又满足了读者阅读修辞心理,为时政翻译树立了标杆,是一部学习外宣翻译策略的好的教科书。正因为如此,《习近平谈治国理政》的翻译也成为政治话语翻译研究的热门话题。已经立项的国家级课题有好几项,省部级(包括教育部人文社科课题)和其他级别课题不计其数。研究论文也不少,笔者在中国知网以"《习近平谈治国理政》的翻译"为主题词,到2024年3月7日为止,搜索到491篇发表的论文,其中硕博士论文180篇。分析总结《习近平谈治国理政》的翻译融通策略,不仅有理论价值,而且有现实意义,为外宣翻译提供有益的参考和借鉴。本章从语义层面、文化层面、修辞层面和语篇层面详尽分析《习近平谈治国理政》的翻译融通策略。

9.1　语义翻译策略

　　语义翻译是 Newmark 提出的两种翻译策略之一,是指"译者只在目标语句法和语义的限制内,试图再现作者的准确语境意义"(Newmark,1981/1988:22)。语义翻译尽可能在目标语规范允许的范围内复制原文形式,把原文的词句看作是神圣不可侵犯的。本节所指的语义翻译策略与纽马克的语义翻译略有不同,是指从语义层理解并表达词句的一种翻译策略,只追求语义表达,不重视原文形式。

9.1.1 把握词语内涵,同词异译

遣词是翻译的基本功。一词虽小,却能体现译者对原文整体的、宏观的理解与把握。遣词的原则就是准确、贴切、精当。遣词是否准确、贴切,是否具有可理解性,直接影响译文的可接受性。遣词不能仅仅依靠语言词典对号入座,因为词典一般所注释的是词语的基本含义和解释,即相对固定性的含义。任何一部词典都不可能囊括词语的全部含义,词语会随着社会文化和科学技术的发展不断有新的含义出现,而词典编撰具有滞后性。而且词典难以顾及词语在各种不同语境中词语跨语域、跨文化、跨意识形态差异的各种微妙变化。如果遣词在词和结构形式上一味追求词性、词序和词义的机械对应,即将源语的概念结构强加于目的语的概念结构,其结果是语法结构绝对正确,而概念结构在形式和意义上不相匹配。这样的译文从源语的思维模式来看,无懈可击,但以目的语为母语的人一看就凭借概念能力(即语感或语言直觉)做出判断,认为译文在概念衔接和概念连贯上均有缺陷,缺乏语义相容性。如"深化改革/合作"译为 deepen reform/cooperation 就缺乏语义相容性。在英语概念结构中,deepen 与 reform 或 cooperation 的搭配使用是不能成立的,只能说 deepen a river 或 deepen one's understanding 等,而不能说 deepen reform/cooperation,这个心理空位(mental space)应让 commitment to 来填补,即 deepen our commitment to reform/cooperation(陆国强,2017,前言)。

一词多义是语言的普遍现象,而词语的多义是在不同的语境中体现出来的。因此遣词要结合语境灵活处理,达到既保留原语的精神实质又追求译语表达的准确性和可理解性。

中西方文化背景不同,意识形态和价值观念也存在很大差异,导致语言表达方面也存在差异。很多中国社会中的思想概念在西方英语国家中并不存在对应概念,这就需要译者把握概念内涵,用最贴切的词语翻译。词语翻译需要采用变通方法。所谓变通方法,是指翻译中既不能死

第九章 《习近平谈治国理政》的翻译策略

扣原文文字,也不能不考虑原文文字的具体表述方式,应尽力在原文和译文的语言文字本身和精神实质尽可能保留的原则下,争取获得二者之间最佳的"平衡",从而达到最佳效果(杜争鸣,2017:1)。

在《习近平谈治国理政》的翻译中,同样的词语在不同的上下文中有不同的译法,表现出翻译的灵活性。比如"科学"一词在不同的词语组合中有不同的含义。根据《现代汉语词典》(中国社会科学院语言研究所词典编辑室,1978年),"科学"被解释为:1)反映自然、社会、思维等的客观规律的分科的知识体系。2)特指自然科学。3)合乎科学的(如精神、方法等)、合理的。在英语中,"科学"的对应词是 science 或 scientific,大多数情况下把"科学"译为 science 或 scientific 是对的,如"爱国、进步、民主、科学"译为"patriotism, progress, democracy and science","科学文化素质"译为 scientific and cultural levels,"科学社会主义"译为 scientific socialism。但在时政文献中,"科学"一词的含义在上下文中有特殊含义。例如,我们提倡的"科学发展"是指可持续性发展,应译为 sustainable development 才对,如译为 scientific development,则会使读者联想到与科学研究有关的事。此外,"科学"还有其他译法,如:

(1)继续推动科学发展、促进社会和谐。(P14)[①]

pursue balanced, proper and coordinated development, promote social harmony and improve our people's lives.(P15)

(2)提高党科学执政、民主执政、依法执政水平。(P92)

and enhancing the Party's capacity to govern in an effective and democratic way, and in accordance with the law.(P103)

(3)全面推进科学立法(P144)

We should take a well-designed approach to legislation.(P156)

(4)从实际出发,及时制定一些新的制度,构建系统完备、科学规范、运行有效的制度体系,(P10)

[①] 本章的页码标注,除非另有标注,均出自2014年出版的《习近平谈治国理政》,译文对应英文版页码。

147

We must proceed from reality, formulate new systems in a timely fashion, and put in place a well-developed, systematically and rationally regulated, and effective framework of systems...（P10-11）

（5）为此，党的十八大提出了新形势下全面提高党的建设科学化水平的总要求和各项任务。（P14）

For this purpose, the 18th National Congress set forth the overall requirements for systematic Party building in the new circumstances, and spelled out the specific tasks involved.（P15）

汉语"精神"一词在中国时政话语中还可指涉心智、道德、理论知识、修养和文化积累等，根据具体的语境与搭配有不同的英文表述形式，翻译变化度大，如表9-1所示。

表9-1 "精神"的翻译

中文	译文
精神文明	cultural and ethical progress
精神力量	inner force/inner strength, intellectual support/moral strength
民族精神和时代精神	the national spirit and the spirit of the times
强大精神力量	powerful motivation /strong intellectual support
精神命脉	cultural lifeline
党的十八大精神	the guidelines of the Eighteenth National Party Congress
五四精神	spirit of the May 4th Movement
精神追求	moral pursuit/spiritual aspiration
精神上的"钙"	moral "marrow"
精神纽带	inner bond
精神寄托	spiritual solace
精神基因	common heritage
精神风貌	mental outlook

续表

中文	译文
精神世界	cultural life
精神家园	spiritual land
坚如磐石的精神和信仰力量	strong will power and faith
精神境界	moral outlook

除上述表格列举的翻译外,"精神"还有变通译法,有时在同一句话就有不同的表述,如:

(1)坚守共产党人精神家园

be intellectually firm as Communists

(2)不断丰富人民精神世界、增强人民精神力量

enrich the people's cultural life, ignite their inspiration

(3)信念坚定,是邓小平同志一生最鲜明的政治品格,也永远是中国共产党人应该挺起的精神脊梁。(2017年出版的《习近平谈治国理政》第二卷,以下简称第二卷,P3)

His entire political career was marked by a firm faith in communism, which is an everlasting source of integrity for all Chinese Communist. (P3)

(4)指导思想是一个政党的精神旗帜。(第二卷,P33)

The guiding philosophy is the spiritual beacon of a party. (P33)

(5)反映人民伟大实践和精神风貌,唱响了主旋律,传播了正能量,(第二卷,P331)

and reported the activities and attitudes of the public, spreading mainstream values and positive energy. (P359)

"精神"一词还可以省译,通过具体表述体现,如:

创新精神 creativity

合作共赢精神 mutually beneficial cooperation

宝贵精神品格 precious character

弘扬科学精神 foster respect for science

发挥人民主人翁精神 give full play to the role of the people as the masters of the country

秉持开放精神 keep an open mind

弘扬社会主义法治精神 carry forward the socialist rule of law

"群众"一词有三层含义：一指人民大众或居民的大多数，与"人民"一词同义，二指没有加入共产党、共青团组织的人，与党员区别开来，三指不担任领导职务的人。"群众"一词过去一直翻译成 masses。其实，在中国党政时政文献中，"群众""人民"或"人民群众"都是指同一概念，都是指 (the) people。在《习近平谈治国理政》中"群众"一词除"群众路线"保留原译 mass line 外，分别译为 the people、the public、the general public、the individual 等。如表9-2所示。

表9-2 "群众"的翻译

中文	译文
脱离群众	stray from the people
群众工作	public work
人民群众的公平意识	public awareness of equality
各族干部群众	officials and the general public of all ethnic groups
密切党群、干群关系	Maintaining close ties between the Party and the people and between officials and individuals
群众体育和竞技体育	recreational and competitive sports（"群众"与职业性或专业性相对）
群众公认的干部	officials who enjoy popular support
基层群众自治制度	the system of community-level self-governance（"群众"一词省译）

续表

中文	译文
人民群众对环境问题高度关注。	The public are greatly concerned about the environment.
宗教界人士和信教群众	religious figures and believers（"群众"被具体化词语替代）
职工群众	workers（"群众"一词省译）
夯实群众基础	secure solid popular support
深入基层、深入群众	stay close to the grassroots and the populace
人民是历史的创造者，群众是真正的英雄。人民群众是我们力量的源泉。（P5）	The people are the creators of history. They are the real heroes and the source of our strength.（P5）（"人民"和"群众"同义）

上述例子的词语是时政文献中的高频词，译者并没有照搬词典，而是结合语境做多样化处理。

9.1.2 带后缀词语的变通翻译

虽然汉语缺乏词形变化，但随着社会的发展和受外来语的影响，汉语词法本身也在发生变化，出现了诸如"性""化"等后缀。虽然这些后缀译自外语，但被汉语借用后组词能力很强。有些带后缀的汉语词语可以找到外语的对应词，如"现代化"与英语的 modernization 对应，"必要性"与 necessity 对应，但在许多情况下找不到英语对应词，只能根据语境对词语做变通处理。例如：

（1）大力发展循环经济，促进生产、流通、消费过程的减量化、再利用、资源化。（P209）

We will vigorously develop a circular economy to reduce waste and resource consumption, re-use resources, and recycle waste in the process of production, distribution and consumption.（P231）

（2）基本法是根据宪法制定的基本法律，规定了在香港特别行政区实行的制度和政策，是"一国两制"方针的法律化、制度化。

（第二卷，P436）

Enacted in accordance with the Constitution, the Basic Law provides for the system and policies that should be practiced in the HKSAR, <u>codifies and institutionalizes</u> "one country, two systems", and provides legal safeguards for its practice in Hong Kong.（P474）

（3）实际工作中，在有的领域中马克思主义<u>被边缘化、空泛化、标签化</u>，在一些学科中"失语"、教材中"失踪"、论坛上"失声"。（第二卷，P329）

In practice Marxism is <u>marginalized, trivialized and stereotyped</u> in certain realms; it has disappeared from the textbooks in some fields of study and is no longer heard in academic discussion and debates.（P357）

（4）同时，面对新的时代特点和实践要求，马克思主义也面临着进一步<u>中国化、时代化、大众化</u>的问题。（第二卷，P33）

At the same time, facing the new characteristics of our era and the demands of new realities, Marxism also needs to <u>be integrated with the realities of China, keep abreast with the times, and respond to the need of the Chinese people</u>.（P33）

再如后缀"性"也有很大的能产性，其翻译也要做灵活处理，如表9-3所示。

表9-3 带后缀"性"的词语的翻译

中文	译文
前瞻<u>性</u>战略<u>性</u>产业	<u>future-oriented</u> strategic industries
公益<u>性</u>企业	<u>public-service-oriented</u> enterprises
有针对<u>性</u>的改革举措	<u>targeted</u> reform measures
加强各项改革的关联<u>性</u>、系统<u>性</u>、可行<u>性</u>研究	study more intensively <u>the connectedness, consistency and feasibility</u> of our reform measures

续表

中文	译文
党性	Party spirit / commitment to the Party / Party awareness
根本性、全局性、稳定性和长期性	fundamental, comprehensive, stable and permanent
提高法律的针对性、及时性、系统性	make laws <u>more targeted, timely and systematic</u>
更加注重改革的<u>系统性、整体性、协同性</u>	make sure that reform is <u>systematic, integrated and coordinated</u>
保护生态环境、治理环境污染的紧迫性和艰巨性	<u>pressing and difficult task</u> to protect the environment and control pollution
发挥群众性、高知性、统战性的特点和优势	give full play to its advantages as <u>a people's organization and united front with prominent intellectuals as its members</u>
增强经济合作的<u>前瞻性和协调性</u>	strengthen <u>foresight and coordination</u> in economic cooperation
（宪法）具有<u>根本性、全局性、稳定性、长期性</u>	it is <u>fundamental and consistent, and is of overall and long-term importance</u>
科学技术是<u>世界性的、时代性</u>的，（P123）	Science and technology are <u>global and time-sensitive</u>,（P135）
保证<u>基础性、系统性、前沿性</u>技术研究和技术研发持续推进，（P123）	continue to push ahead with <u>basic, systematic and cutting-edge</u> research and development,（P136）
引导峰会形成一系列具有<u>开创性、引领性、机制性</u>的成果（第二卷，P449）	and guided the summit to produce a series of <u>pioneering, pace setting and institutional</u> outcomes.（P488）
党的先进性	the Party's <u>progressive nature / pioneering role / progressive nature</u>

9.1.3 词语的虚实转换

所谓虚实转换，是指把具体概念概括化，或抽象概念具体化。翻译旨在传达原语的信息，包括语义信息、文化信息和风格信息，其中传达语义信息是翻译的基本要义。从语义角度出发，汉语中有许多表示具体概念的词语往往有泛指意义或引申意义。有些对义聚合体词语，其语义特点是"系统大于单位之和"。例如，"红男绿女"，从字面上看，只指穿着红衣服的男子和绿衣服的女人，实际上则指一切身着盛装的人们；另一方面也不限于语义重点所指的青年男女，还包括老人、小孩儿，范围扩大了许多。翻译时用表示泛指意义的概括词语或表示引申意义的词语表达。比如，"大江南北、长城内外"是指全国各地，译为 all over the country 或 across the country。再如：

（1）老百姓的<u>衣食住行</u>，社会的日常运行，国家机器的正常运转，执政党的建设管理，都有大量工作要做。（P409）

There is a tremendous amount of work to do in meeting the people's <u>daily needs</u>, ensuring the smooth running of society and the normal functioning of the state apparatus, and building and managing the governing party.（P457）（实述虚化）

（2）我们要认识到，<u>山水林田湖</u>是一个生命共同体，……对<u>山水林田湖</u>进行统一保护、统一修复是十分必要的。（P85-86）

We need to realize that our <u>mountains, waters, forests, farmlands and lakes</u> form a living community. …and carry out unified protection and restoration programs for its <u>natural resources</u>.（P96）

"山水林田湖"各有所指，但在后文再出现时用 natural resources 替代，这样既可以使语言简洁，又避免词语重复。

（3）邓小平同志曾经说："当好一个县委书记并不容易，要有全面的领导经验，对<u>东西南北中</u>、党政军民学各方面的工作都能抓起来。"（第二卷，P140-141）

Deng Xiaoping once said: "To be a good secretary of a county Party committee isn't easy: you must have broad experience as a leader and be able to administer the work <u>all over the country and in all fields</u>, including Party, government, mass organizations and military, cultural and educational affairs."（P153）（实述虚化）

（4）许多老一辈革命家都有很深厚的文学素养，在<u>诗词歌赋</u>方面有很高的造诣。（P406）

Many revolutionaries of the older generation had a profound literary background and were well versed in <u>poetry</u>.（P453）

（5）传递尊老爱幼、<u>男女平等</u>、<u>夫妻</u>和睦、勤俭持家、邻里团结的观念。（第二卷，P355）

We should also disseminate traditional Chinese ethics by spreading the concepts of respecting the elderly and loving the young, <u>gender equality</u>, <u>marital</u> harmony, frugality, and neighborhood solidary,（P384）（虚述实化）

（6）坚定的理想信念是<u>政法队伍</u>的政治灵魂。（P149）

It is essential for <u>our judicial, procuratorial and public security officers</u> to have firm ideals and convictions.（P166）（虚述实化）

9.1.4 缩略语信息还原

缩略语可以简化语言表述，符合语言经济简约的原则。缩略语具有时代性强、地域性强、专业性强、信息量大、简明便捷等特点。缩略语具有百科性质，浓缩了丰富的文化信息。在政治文献中，数字缩略语最为常见，有两种构成方式：一是由数字加相同词素构成，如"四化"是由农业现代化、工业现代化、国防现代化和科学技术现代化组成，其相同词素是"化"字。"两不愁、三保障"是指不愁吃、不愁穿，义务教育、基本医疗和住房安全有保障。二是由数字加纲领性的词组成，而这个纲领性的词不是并列事项中共有的，而是点出并列事项的实质或指出这些事项属于哪些方面，如"四风"指形式主义、官僚主义、享乐主义、奢靡之风。它们的共同点是都是党内的不正之风，是违背党的性质和宗旨的，是当前群众深恶痛绝、反映最强烈的问题，也是损害党群干群关系的重要根源。缩略语翻译要通过文内信息还原或文外加注使语义明晰。

例如：

（1）党的十八大强调，建设中国特色社会主义，总依据是社会主义初级阶段，总布局是<u>五位一体</u>，总任务是实现社会主义现代化和中华民族伟大复兴。（P10）

It was emphasized at the 18th National Congress that the basic foundation for building socialism with Chinese characteristics is that China is in the primary stage of socialism, that its overall plan is to seek <u>economic, political, cultural, social, and ecological progress</u>, and that its main objective is to achieve socialist modernization and rejuvenation of the Chinese nation.（P11）

"五位一体"是十八大报告的"新提法"之一，是指经济建设、政治建设、文化建设、社会建设、生态文明建设。

（2）……加强思想政治教育，严明党的纪律，坚持不懈纠正"<u>四风</u>"，保持惩治腐败高压态势，努力取得人民群众比较满意的进展和成效。（P393）

We must also redouble our efforts in political and intellectual education, reinforce stricter Party discipline, continue to remove <u>formalism, bureaucratism, hedonism and extravagance</u>, be severe in cracking down on corruption, and respond to the demands of the people.（P436）

9.1.5 语义明晰化

汉语表达辞约义丰。汉语的句子组织大多是虚实相间的。所谓"虚"，即只要能够意会，语词的安排就可以"人详我略"。汉语句子结构与实相间之"虚"，几乎涵盖了所有句子成分和词组成分。而英语是形合语言，追求句子结构完整，该有的句子成分一个都不能少，所以汉语译成英语时要把那些汉语"虚"的成分一一补上，把原语隐含的信息明晰化，让读者以最少的努力获取明晰的信息。例如：

（1）如果很多有大大小小权力的人都在<u>吃拿卡要</u>，为个人利益人为制造障碍，或者搞利益输送、暗箱操作，怎么会对经济发展有利呢？（第二卷，P265）

Is it not inevitable that the economy should suffer if people in positions of authority <u>ask for bribes</u>, seek personal gain by deliberately erecting obstacles, or engage in embezzle of public funds and under-the-counter dealings?（P290）

"吃拿卡要"是指党员干部在服务群众过程中，利用职务便利向群众索取好处的形象体现。所谓"吃"，主要是接受被服务群众的宴请；所谓"拿"，一般是凭借管理权，不管群众愿意与否，强拿硬占群众的物品；所谓"要"，通常是主动地采取提要求、暗示等方式向群众要钱要物；而"卡"，则是有意刁难群众，给来办事的群众制造障碍，目的多是为了"吃、拿、要"。这些行为实质是党员干部不能正确对待手中的权力，是公共权力异化为管理者"私权"的表现，把服务群众的义务当作管理群众的特权，甚至借机以权谋私，其后果是严重损害党和政府的形象，损害党群干群关系。翻译没有按字面直译，而是译出其引申义 ask for bribes，语义明晰。

（2）一些贫困群众"<u>等、靠、要</u>"思想严重。（第二卷，P90）

The poor do nothing, but <u>wait, relying on and asking for poverty relief</u>.（P96）

"等、靠、要"的对象是脱贫，所以加上 poverty relief，语义才清晰。

（3）推动管党治党不断从"<u>宽松软</u>"走向"<u>严实硬</u>"。（第二卷，P182）

These measures should transform <u>lax and slack Party governance into strict and firm governance</u>.（P199）

例 3 中文的"宽松软"和"严实硬"是状语，修饰"管党治党"，译成英语为定语，同样作修饰语，在短语"管党治党"中，"管党"和"治党"是同义语。

（4）各方面一定要抓住机遇，开拓思路，在"<u>统</u>"字上下功夫，在"<u>融</u>"字上做文章，在"<u>新</u>"字上求突破，在"<u>深</u>"字上见实效，把军民融合搞得更好些、更快一些。（第二卷，P312）

All departments concerned should seize the opportunity, broaden their vision and accelerate high-quality integration. These are some of the key points: <u>unified leadership, further integration, innovative ideas, and in-depth cooperation</u>.（P448）

例 4 的"统""融""新""深"语义模糊，译文通过增译使语义清晰。

（5）更加活跃有序地组织<u>专题协商、对口协商、界别协商、提案办理协商</u>，增加协商密度，提高协商成效。（P82）

carry out orderly <u>consultations on particular issues with those working on these issues, with representatives from all sectors of society, and with the relevant government departments on the handling of proposals</u>, and increase the frequency of consultations to improve their effectiveness.（P91）

协商就是不同利益团体间围绕共同目标开展的民主议事活动。专题协商就是目标明确、一事一议的协商；对口协商就是与相同或相近的行业或部门进行的协商；界别协商就是跨行业、跨团体的协商；提案办理协商就是处理提案过程中加强交流，形成共识。这些都是不同的协商层次，在协商民主建设中占有重要地位。例 5 的画线部分的翻译是解释性的翻译，意义明确。

（6）要完善立法规划，突出立法重点，坚持<u>立改废</u>并举，（P144）

We will improve legislation plans, concentrate on priorities, attach equal importance to <u>making new laws and revising and repealing existing ones,</u>（P160）

在"立改废"后面加宾语。

9.1.6 专有名词复原

（1）要继承和发扬<u>毛主席、邓主席、江主席、胡主席</u>培育的光荣传统和优良作风，奋力推进国防和军队现代化。（P216）

These traditions have been developed under the leadership of <u>Mao Zedong, Deng Xiaoping, Jiang Zemin and Hu Jintao</u>, and we will continue to apply them as we strive to modernize our national defense and armed forces.（P239）

毛主席、邓主席、江主席、胡主席分别指毛泽东、邓小平、江泽民和胡锦涛，原文带了头衔，但不了解中国领导人的译语读者很难对号入座，译文直接还原其名，这样专有名称所指就一目了然。当然，无论是原文还是译文，都有文外注解，给上述专有名词提供更多信息。

（2）世界上不会有第二个<u>哈佛、牛津、斯坦福、麻省理工、剑桥</u>，但会有第一个<u>北大、清华、浙大、复旦、南大</u>等中国著名学府。我们要认真吸收世界上先进的办学治学经验，更要遵循教育规律，扎根中国大地办大学。（P174）

In this world there is only one <u>Harvard University, University of Oxford, Stanford University, Massachusetts Institute of Technology and University of Cambridge</u>; likewise, there is only one <u>Peking University, Tsinghua University, Zhejiang University, Fudan University and Nanjing University</u> in China. We should draw on the world's best experience in running institutions of higher learning, follow the rules of education, and establish more excellent colleges and universities on Chinese soil.（P195）

上面画线部分都是大学名称的缩略语，译文还原了大学名称。"南大"会产生歧义，除南京大学外，缩写为"南大"的学校还有南开大学、南昌大学等。

9.1.7 同义词句省译

言语的同义手段，指交际活动中，在特定上下文和交际情景中，能够指称同一事物，或表达相同思想内容的语言材料。它可以是语言系统中的同义手段，也可能是语言系统中并不同义的语言材料（王希杰，2004：181）。同义重复可以丰富语言表述，增加文采，避免单调。同义手段包括同义词和同义句。同义词包括等义词、近义词、偶发性同义词、比喻同义词等。所谓偶发性同义词，是指表达者可以通过联想、聚合、升降、反用、异称、排比、借用等途径或方式化汉语语言系统中原本具有异义、上下位甚至反义关系的词语为偶发性同义词语；它具有情境性/依附性、流变性和临时性/偶发性等特点（章新传，2009：45）。同义句是用不同的句子表达相同的意义，如用疑问句表达陈述句意义，陈述句表达祈使句意义等。

9.1.7.1 省译同义词

在《习近平谈治国理政》中，使用了丰富的同义手段，不仅有同义词，还有同义句，形成互文见义的修辞手法。所谓互文见义，是指为了避免行文的单调平板，或适应文体表达的某些要求，把一个意思比较复杂的语句有意识地分成两个或三个形式相同（或大致相同）、用词交错有致的语句，使这两个（或三个）语句的意义内容彼此隐含，彼此渗透，相互呼应，相互补充。互文见义使语义表达更加严密化和充足化。互文见义既体现在同义相构的词语（如道理、声音等）中，又体现在同义句（如同义对偶句）中。同义重复使语言表述多样化，增添了文采，强化了语义。

英语也有同义相构的词语，如 fair and square（公平合理），conceited and arrogant（骄傲自大），safe and sound（安然无恙），really and truly（千真万确），null and void（无效），terms and conditions（条款），provisions and stipulations（规定），cease and desist（中止），等等。但英语同义相构的词语远不如汉语多。由于英汉语言表达习惯的差异，汉语连续重复的同义词句在英语中会被视为信息冗余，因此在翻译中应该避免。美国学者平卡姆所著的 *The Translator's Guide to Chinglish*（《中式英语之鉴》）一书指出：（1）删略复合型词组的语义重复性文字；（2）若一名词或短语本身蕴含有其修饰性文字的语义内容，删略该修饰性文字；（3）当某下义词与上义词并列使用时，酌情删略其中之一（Pinkham，2000：26-113）。

同义形式可大可小，大至语篇，小至语素。同义词是指意义相同的一组词语，可以分为等义词和近义词两种。语言中完全等义的词语不多，更多的是近义词，即意思相近，但不完全相同的词语。有些词语或句子单独使用，并不构成同义，但在一定的语境约束下临时地、有条件地表达了相同的意思，形成同义，尤其是比喻性词语的引申义。如"高举改革开放旗帜"和"坚持改革开放"是同义语，"吹响改革开放的号角""向改革开放进军""揭开改革开放序幕"和"踏上改革开放的征程"与"开始改革开放"是同义语，只不过前者用了拟人的修辞手段，形象生动，后者平铺直叙，直白无华。同样的意思用不同词句表达，使语言生动活泼，增强文采，强化文章的表现力，中外语言皆然。

从语义角度看，汉语同义词，少用一个或几个，意思依然完整，多一个或几个，也不嫌累赘，甚至是读者喜闻乐见的形式。但如果一字不落译成英语，就不符合英语读者的修辞心理。一般说来，除非有意强调或出于修辞的需要，英语总的倾向是尽量避免重复（连淑能，2010：173）。R. Quirk 等人（1973：677）指出，"Repetition of lexical items is normally avoided, but 'elegant variation' can become as disconcerting as repetition when the variation is obtrusive. Hence we more usually resort to the syntactic device of substitution by pro-forms, such as pronouns."

翻译就是译意。同义词句重复，其语义不是一加一等于二，或一加二等于三的关系,而是等于一的关系。从语义和修辞角度省译语义重复词句,充分考虑了英汉语言的行文差异,符合译语表达,可以满足译文读者的修辞心理。

在《习近平谈治国理政》中,同义重复有同义词重复、比喻性词语重复(偶发性同义词)、缩略语义重复和解释性重复。如果两个或两个以上同义词连续出现,只译其一。下面表格列举了部分同义词语省译的例子。

表9-4 同义词语省译

中文词语	英文翻译
行家里手	experts
爱土爱乡	love for the homeland
建言献策	advice
眼界和视野	horizon
夙愿和期盼	aspirations
纸老虎、稻草人	a façade
切入点和着力点	focus on priorities
方向和着力点	the direction of our effort
大局观念和全局意识	holistic view
出发点和落脚点	ultimate goal
共同心愿,人心所向	the will of our peoples
高朋满座、群英荟萃	distinguished representatives
万众一心、众志成城	make concerted efforts / unite as one like a fortress
夙夜在公,勤勉工作	work diligently
有建树、有成就	accomplish something
将心比心,推己及人	putting ourselves in their place
并肩战斗、风雨同舟	stood together in the fight
身体力行	practicing what they teach

第九章 《习近平谈治国理政》的翻译策略

续表

中文词语	英文翻译
肩并着肩、手挽着手	stood side by side
避免头痛医头、脚痛医脚	and avoid a fragmented and palliative approach that only treats the symptoms
心连心、同呼吸、共命运	share their weal and woe
懂政治、懂业务、又红又专	be politically and professionally competent
高屋建瓴，提纲挈领，言简意赅	succinctly and pointedly defined
格外关注、格外关爱、格外关心	the solicitude and concern
甘当人梯，甘当铺路石	serve as human ladders
亦步亦趋，依样画葫芦	copy others mechanically
斗转星移，岁月如梭。	Time flies.
聚焦点、着力点、落脚点	the goal
识大体、顾大局	acting in the overall interests of the country
搞家长制、"一言堂"	make purely arbitrary decision
找准靶子，有的放矢	identifying our targets
照猫画虎、生搬硬套	awkwardly imitate
听党话、跟党走	follow the Party's leadership
勇于负责、敢于担当	assume their responsibilities
以民为本、以人为本	putting the people first
锲而不舍、驰而不息（的奋斗）	work long and hard without letup
兼容并蓄、海纳百川（的民族）	open-minded
胸怀大局、把握大势、着眼大事	bear the big picture in mind and keep in line with the trends
因势而谋、应势而动、顺势而为	carry them out in accordance with the situation
多管齐下、综合施策	adopt a multi-pronged and holistic approach
一帆风顺、顺顺当当	without ever encountering any impediment

续表

中文词语	英文翻译
不能搞特殊、有例外	make no exceptions in this regard
洞若观火、清澈明了	see-crystal-clear
囫囵吞枣、断章取义	without trying to understand them properly
无法挽回、无法弥补	beyond remedy
("四风"问题)具有顽固性反复性	(The Four malfeasances) die hard / are difficult to eradicate
时不我待、快马加鞭	waste no time
(两岸)共享其利、同受其惠	brings benefits (to both sides)
(祝大家)马年吉祥、一马当先、马到成功	(I wish you all) a happy New Year and every success!
蜻蜓点水,浅尝辄止,不求甚解	content themselves with the most superficial understanding
(加强)线上互动、线下沟通	strengthen online and offline interaction
亚洲稳定是世界和平之幸,亚洲振兴是世界发展之福。	and Asia's stability and revival are a blessing to the peace and development of the rest of the world
都离不开筚路蓝缕、手胼足胝的艰苦奋斗	but need hard work
必然要求、应有之义	something that must be done / a prerequisite for
统筹兼顾、综合平衡	take all factors into consideration
一步一个脚印、稳扎稳打向前走	advancing step by step
大处着眼、登高望远	keep the overall situation in mind
推诿扯皮、敷衍塞责	tackle their responsibilities in a perfunctory manner
一劳永逸、一成不变	remain unchanged once acquired
(让亚欧两大洲人员、企业、资金、技术)活起来、火起来	energize (the people, businesses, capital and technologies of Asia and Europe)
有人说要"爱惜羽毛",也就是所谓"声誉",(P414)	Some say that officials need to "cherish their reputation."(P464)

续表

中文词语	英文翻译
想一帆风顺推进我们的事业，想顺顺当当实现我们的奋斗目标，那是不可能的。（P402）	There is simply no possibility that we can advance our cause and achieve our goals <u>without ever encountering any impediment</u>.（P449）
求实、务实、踏实（的实干家）（第二卷，P6）	pragmatic (doer)

9.1.7.2 省译同义句子

如果两个或两个以上句子意义相同，同样只译其一。例如：

（1）随着互联网快速发展，包括新媒体从业人员和网络"意见领袖"在内的网络人士大量涌现。在这两个群体中，<u>有些经营网络、是"搭台"的，有些网上发声、是"唱戏"的</u>，往往能左右互联网的议题，能量不可小觑。（第二卷，P325）

The rapid development of the internet has seen the emergence of two groups of people—new media professionals and social media "opinion leaders". Of the two, <u>the former run online media, and the latter voice their opinions</u>. Both groups are powerful enough to influence online discussions.（P354）

例1的"经营网络"和"是搭台的"是临时同义，"网上发声"和"是'唱戏'的"也是临时同义。

（2）要切实加强组织管理，引导党员、干部正确对待组织的问题，<u>言行一致、表里如一</u>，讲真话，讲实话，讲心里话，接受党组织教育和监督。（P396）

We must reinforce organizational management of Party members, and guide all Party members and officials in developing a correct attitude towards the Party organization, <u>matching our deeds to our</u>

165

words, speaking the truth, and embracing the Party organization's education and oversight.（P440）

例 2 的"言行一致"和"表里如一"是同义词,"讲真话,讲实话,讲心里话"同样是同义。

（3）各级领导干部要带头转变作风,身体力行,以上率下,形成"头雁效应"。（第三卷,P499）

Officials at all levels should take the lead and play an exemplary role.

（4）要实事求是,有一说一、有二说二,既报喜又报忧,……（第三卷,P500）

They must seek truth from facts and speak that truth, whether it is good news or not.（P579）

（5）如果党中央没有权威,党的理论和路线方针政策可以随意不执行,大家各自为政、各行其是,想干什么就干什么,想不干什么就不干什么,党就会变成一盘散沙,就会成为自行其是的"私人俱乐部",党的领导就会成为一句空话。（第二卷,P21）

If the CPC Central Committee had no authority, the Party's theories, guidelines and policies could not have been implemented, and different departments would have acted in disunity. The Party would have become fragmented and become a "private club", turning the Party's leadership into empty voices.（P21）

9.1.7.3 省译缩略语

汉语习惯于先具体后用缩略语概括的表达方式,因为缩略语与前文同义,所以省译,只译具体词。例如:

（1）深刻领会中国特色社会主义是由道路、理论体系、制度三位一体构成的。（P8）

We must thoroughly understand that socialism with Chinese characteristics consists of a path, theory and system.（P9）

"三位一体"就是指道路、理论体系、制度。其中的"三位"指三个方面，"一体"在这个缩略语中本身没有什么意思，只是汉语习惯四字表达而加进去的。

（2）现行财税体制是在1994年分税制改革的基础上逐步完善形成的，对实现政府财力增强和经济快速发展的<u>双赢目标</u>发挥了重要作用。（P80）

Developed on the basis of the tax distribution system reform initiated in 1994, the current fiscal and taxation systems have played an important role in <u>increasing the government's financial strength and promoting the rapid growth of the economy.</u>（P88）

"双赢目标"就是"政府财力增强和经济快速发展"。

（3）对恐怖主义、分裂主义、极端主义这<u>"三股势力"</u>，必须采取零容忍态度，加强国际和地区合作，加大打击力度，使本地区人民都能够在安宁祥和的土地上幸福生活。（P355）

We should have zero tolerance for terrorism, separatism and extremism, strengthen international and regional cooperation, and step up the fight against these three forces, so as to bring peace and happiness to the people of this region.（P392）

"三股势力"就是指恐怖主义、分裂主义、极端主义。

（4）我说过，思想舆论领域大致有红色、黑色、灰色<u>"三个地带"</u>。红色地带是我们的主阵地，一定要守住；黑色地带主要是负面的东西，要敢于亮剑，大大压缩其地盘；灰色地带要大张旗鼓争取，

使其转化为红色地带。(第二卷,P328)

As I said, the publicity field can be roughly divided into red, black and grey areas. The red area is the domain where we have the initiative and must keep it. The black area is where we find malicious views in opposition to the Party, so we must resolutely fight back and reduce their negative influence. The grey area is an intermediate zone that we must make an all-out effort to win over and turn into red.(P357)

9.1.7.4 省译解释性的话语

引用文言文,再用现代白话文解释,也是汉语常见的表述方式。用白话文解释是针对中文读者的,旨在帮助读者理解引用的话。只要重复的解释性话语与文言文意思完全一样,就可以省译。如:

(1)汉代王符说:"大鹏之动,非一羽之轻也;骐骥之速,非一足之力也。"就是说,大鹏冲天飞翔,不是靠一根羽毛的轻盈;骏马急速奔跑,不是靠一只脚的力量。中国要飞得高、跑得快,就得依靠13亿人民的力量。(P98)

Wang Fu of the Eastern Han Dynasty (25–220) said, "The roc soars lithely not merely because of the lightness of one of its feathers; the steed runs fast not merely because of the strength of one of its legs." If China wants to fly high and run fast, it must rely on the strength of its 1.3 billion people.(P109–110)

(2)荀子说:"骐骥一跃,不能十步;驽马十驾,功在不舍。锲而舍之,朽木不折;锲而不舍,金石可镂。"意思是,骏马一跃,也不会达到十步;劣马跑十天,也能跑得很远;雕刻东西,如果刻了一下就放下,朽木也不会刻断;如果不停刻下去,金属和石头都可以雕空。(P124)

Xun Zi asserted, "If a gallant steed leaps only once, it can cover a distance of no more than ten steps; if an inferior horse travels for ten days, it can go a long way because of perseverance. If a sculptor stops chipping halfway, he cannot even cut dead wood, but if he keeps chipping, he can engrave metal and stone."（P136–137）

（3）春秋时期宋国大夫正考父是几朝元老，但他对自己要求很严，他在家庙的鼎上铸下铭训："一命而偻，再命而伛，三命而俯。循墙而走，亦莫余敢侮。于是，鬻于是，以糊余口。"<u>意思是说，每逢有任命提拔时都越来越谨慎，一次提拔要低着头，再次提拔要曲背，三次提拔要弯腰，连走路都靠墙走。生活中只要有这只鼎煮粥糊口就可以了。</u>我看了这个故事之后，很有感触。（P416）

During the Spring and Autumn Period, there was a senior official named Zheng Kaofu, who served several dukes of the State of Song. He had a reputation for being highly self-disciplined. He had a motto engraved on a ding in his family ancestral temple, which read, "Head down when I was promoted the first time, back hunched when promoted the second time, and waist bent when promoted the third time. No one insults me if I keep close to the wall when walking along the street. What I need only is this vessel to cook porridge in." I am deeply impressed by this story.（P466）

上述例子的画线部分均省译。

9.1.8　外来词语回译

不仅国外的人名、地名等专有名词回译，而且引进的概念术语等名称也要回译。如"金砖国家"是指巴西、俄罗斯、印度、中国和南非五国，把这五国国名的英文首字母缩写为 BRICS，拼写和发音与 bricks（砖）一致，并无"金"的意思，为汉译所加，回译时无须添加 gold 一词。再如：

（1）实行<u>按劳分配</u>的原则；（P24）

It endorses the principle of "<u>to each according to his contribution</u>,"（P26）

"按劳分配"是马克思在《哥达纲领批判》中首先提出的,列宁在《国家与革命》中进一步加以阐发。如照字面直译,可能会译成 distribution according to one's performance。

(2)……甚至把中国描绘成一个可怕的"墨菲斯托",似乎哪一天中国就要摄取世界的灵魂。(P264)

They even portray China as being the terrifying Mephisto who will someday suck the soul of the world.(P290)

"墨菲斯托"是 Mephisto 的音译,Mephisto 是 Mephistopheles 的简称。墨菲斯托是德意志民间关于浮士德(Faust)的传说之中出现的一个恶魔。

(3)……千万不能夸夸其谈、陷于"客里空"。(P406)
We should disdain empty talk and never be a "Krikun."(454)

"客里空"是苏联一九四二年出版的剧本《前线》中的一个角色——前线特派记者。"客里空"原文意为"喜欢乱嚷的人",或"好吹嘘的人""饶舌者"。在剧本里,作者用讽刺的笔法,刻画了客里空不上前线,不深入部队,每天待在前线总指挥部里,信口开河、弄虚作假,"创造"新闻的形象。后来,"客里空"用以泛称新闻报道中虚构浮夸的作风或爱讲假话、华而不实的人。

(4)经济全球化曾经被人们视为阿里巴巴的山洞,现在又被不少人看作潘多拉的盒子。(第二卷,P477)

The economic globalization was once viewed as the treasure cave found by Ali Baba in *The Arabian Nights*, but it has now become a Pandora's box in the eyes of many.(P520)

9.1.9 套译

套译法就是用英语的俗语或谚语来表达汉语的俗语或谚语。套译法是最地道的翻译方法,符合目标语表达习惯。套译的译文自然、流畅,是译文读者最熟悉的语言。例如:

(1)事在人为。(P280)

Where there is a will, there is a way.(P307)

(2)事实胜于雄辩。(P266)

Facts speak louder than words.(P292)

(3)行动最有说服力。(P87)

Actions speak louder than words.(P98)

(4)世界上没有放之四海而皆准的发展模式,也没有一成不变的发展道路。(P292)

There is no one-size-fits-all development model in the world or an unchanging development path.(P320)

(5)我国能否在未来发展中后来居上、弯道超车,主要就看我们能否在创新驱动发展上迈出实实在在的步伐。(P123)

We cannot move forward by leaps and bounds unless we do so with innovation.(P136)

9.1.10 词类转换

词类转换是常见翻译技巧。所谓词类转换,就是把原语的词类转换成译语别的词类。词类转换不改变原语的意思。词类转换的目的是出于译语表达习惯考虑的。在汉英翻译中,名词和动词、名词和形容词、动词和介词、动词和副词、形容词和副词等都可以相互转换。在《习近平谈治国理政》中,充分使用词类转换技巧使译语更加通畅。例如:

(1)共产党员特别是党员领导干部要做共产主义远大理想和中国特色社会主义共同理想的坚定信仰者和忠实践行者。(P23)

Party members, particularly Party officials, should maintain a firm belief in lofty communist ideals, along with the common ideal of building socialism with Chinese characteristics, and pursue them with dedication.（P25）（名词转译成动宾结构）

（2）我们的国家，我们的民族，从积贫积弱一步一步走到今天的发展繁荣，靠的就是一代又一代人的顽强拼搏，靠的就是中华民族自强不息的奋斗精神。（P52）

From poverty to prosperity, and from weakness to strength, China has been able to progress step by step over centuries thanks to the tenacity of one generation after another, and to the nation's spirit of constant self-improvement through hard work.（P56）（动词转译成介词短语）

（3）始终保持积极的人生态度、良好的道德品质、健康的生活情趣。（P53）

and always be optimists and persons of integrity who have a healthy lifestyle.（P57）（动宾结构转换成名词）

（4）第一，增强推进改革的信心和勇气。（P86）

First, we must be more confident and courageous in pushing forward reform.（P97）（名词转换形容词）

（5）中国市场环境是公平的。（P114）

The Chinese market operates fairly.（P126）（形容词转换成副词）

（6）北京大学是新文化运动的中心和五四运动的策源地，是这段光荣历史的见证者。（P167）

Peking University was the base of the New Culture Movement as well as a cradle of the May 4th Movement, witnessing this glorious period in modern history.（P186）（名词转换成动词）

（7）做人要实，就是要对党、对组织、对人民、对同志忠诚老实，做老实人、说老实话、干老实事，襟怀坦白，公道正派。（P381-382）

Being earnest in upholding personal integrity means that leading officials should remain loyal to the Party, to the organization, to the people, and to their colleagues. They should be honest and truthful, do sound work, be aboveboard, and be just and upright.（P422）（动宾结构转换成形容词）

9.2 释疑解惑的增译策略

外宣翻译，讲究话语融通。所谓话语融通，在文化层面可理解为释疑解惑，对原语独有的文化词语给予语义补偿，提供文化背景知识，扫除目标读者的阅读障碍。外宣翻译的读者应该假设为对中国文化不了解（或不完全了解）的普通外国读者，而不是"中国通"。普通外国读者由于缺乏中国文化知识，中国人耳熟能详的很多事物对他们却显得十分神秘陌生，甚至有的外国读者说，理解外宣翻译的政治理念"犹如密码解码的过程"。比如，"科学发展观"，这个概念非常不容易被理解，有调查显示，99%不懂中国发展的外国人都会认为这是与科学发展有关的进展，而不会想到是社会经济和谐发展。所以，要向外国人介绍科学发展观，就必须得有一些说明（陈明明，2016：10-11）。在《习近平谈治国理政》中有许多中国特色文化词语，这些文化词语既有表达治国理念的，如"五位一体""四个全面"等，也有具有丰富文化内涵的成语、典故等。翻译中，译者基于对目标语读者的文化预设，对于中国特有文化概念和价值理念做了充分的解释，包括文内解释和文外加注，为目标语读者有效解读中国的执政理念和优秀文化扫除了阅读障碍。

9.2.1 文化词语语义补偿

通过提供文化背景知识，使对中国文化一无所知或知之甚少的目标读者能够理解中国特色文化词语概念。这又分文内解释和文外注解。如：

（1）弘扬塞罕坝精神（第二卷，P397）

Carry Forward the Spirit of Saihanba, a Model in Afforestation （P432）

（2）中国古代流传下来的<u>孟母三迁、岳母刺字、画荻教子</u>讲的就是这样的故事。我从小就看我妈妈给我买的小人书《岳飞传》，有十几本，其中一本就是讲"岳母刺字"，精忠报国在我脑海中留下的印象很深。（第二卷，P355）

This is manifested in Chinese folktales such as <u>"Mencius's mother moving home three times" to find the neighborhood she believed to be favourable for his education, and "Ouyang Xiu's mother teaching him to write with a reed"</u>. When I was a child, my mother gave me a picture-story book series—The Legend of Yue Fei. One of its more than 10 volumes illustrates <u>Yue Fei's mother tattooing four characters meaning "serve the country with the utmost loyalty" across his back</u>. The story deeply impressed me.（P384）

文外注解也是《习近平谈治国理政》翻译为目标语读者释疑解惑的融通策略之一。例如：

（3）"四大考验"，指执政考验、改革开放考验、市场经济考验、外部环境考验。（P20）

The "four tests" refer to the tests of exercising governance, carrying out reform and opening up, developing the market economy and responding to external development.（P22）

（4）"九二共识"，指 1992 年 11 月，中国大陆的海峡两岸关系协会与台湾地区的海峡交流基金会，就解决两岸事务性商谈中如何表明坚持一个中国原则的态度问题，达成各自以口头方式表述海峡两岸均坚持一个中国原则的共识。（P141）

"1992 Consensus" refers to an oral agreement reached at a November 1992 meeting between the Association for Relations Across the Taiwan Straits (ARATS) based on the mainland and the Straits Exchange Foundation (SEF) based in Taiwan. The meeting discussed how to express the one-China principle in negotiations on general affairs, and agreed that both sides would follow the one-China principle, each with its respective interpretation.（P165）

《习近平谈治国理政》原文注释有255个，译文247个注释。第二卷原文241个注释，译文注释248个。第三卷原文注释143个，译文注释150个。

9.2.2 增加时间词语

由于目标语读者对于中国发生的大事或朝代的起始没有清晰的时间概念，翻译时有必要填补时间词语。如：

（1）秦汉雄风、盛唐气象、康乾盛世，是各民族共同铸就的辉煌。（第二卷，P299）

They created numerous prosperous eras in China's historical pantheon, such as the formidable Qin (221—206 BC) and Han (206BC—AD220) dynasties, the heyday of the Tang Dynasty (618—907), and the flourishing reigns (1661—1796) of Kangxi, Yongzheng and Qianlong emperors of the Qing Dynasty (1616—1911).（P237）

例1句涉及秦朝、汉朝、唐朝和清朝四个朝代，而"康乾盛世"则是清朝的一段时期。翻译时给每个朝代加注时间使读者对朝代的历史时期有清晰的认识。

（2）我一直在思考，为什么从明末清初开始，我国科技渐渐落伍了。（P124）

I have been wondering about the reason why our science and technology gradually lagged behind from the late Ming (1368—1644) and early Qing (1644—1911) dynasties.（P137）

（3）我们的和平发展道路来之不易，是新中国成立以来特别是改革开放以来，我们党经过艰辛探索和不断实践逐步形成的。（P248）

Our pursuit of peaceful development was not an easy-going process. Rather, this pursuit was made possible thanks to the CPC's arduous quest and endeavors since the founding of the PRC <u>in 1949</u> and, in particular, to the introduction of the reform and opening-up initiative <u>in 1978</u>.（P272）

（4）<u>战国</u>赵括"纸上谈兵"、<u>两晋</u>学士"虚谈废务"的历史教训大家都要引为鉴戒。（P406）

We all should bear in mind the historical lessons of Zhao Kuo of the Warring States Period <u>(475–221 BC)</u>, who fought all his battles on paper, or the scholars of the Western and Eastern Jin dynasties <u>(265–420)</u> who became ineffective due to spending too much time in useless debates.（P454）

9.2.3　对引语做出解释

习近平讲话常常引经据典，旁征博引。中文典故、习语等蕴含深刻的文化意义，翻译时对引用的话做出解释以便于读者理解。例如：

（1）"橘生淮南则为橘，生于淮北则为枳"。（第二卷，P286）

As an old Chinese saying goes, "to the south of the Huaihe River grow oranges, while to the north grow bitter oranges." <u>The purpose of the saying is to highlight the influence of environment</u>.（P312）

例1的引文是比喻说法，翻译采取了直译法，但对于这样的直译，目标语读者要了解其含义可能要费一番周折，而增添画线部分的译文则使其含意一目了然。

（2）长江后浪推前浪。（P185）

The waves behind drive on those before, <u>and the younger generation will excel the previous one</u>.（P205）

（3）香港俗语讲，"苏州过后无艇搭"，大家一定要珍惜机遇、

抓住机遇，把主要精力集中到搞建设、谋发展上来。（第二卷，P436）

As a saying in Hong Kong goes, "After leaving Suzhou, a traveller will find it hard to get a ride on a boat", <u>meaning an opportunity missed is an opportunity lost</u>. It is important to cherish the opportunity, seize it, and focus your energy on Hong Kong's development.（P475）

9.2.4 对比喻性词句做解释

对于有隐喻意义的形象词语做些解释，以便能够准确地表达原说话人或作者的思想。例如：

（1）坚持<u>"老虎""苍蝇"</u>一起打，（P392）

catching "tigers" as well as "flies"—<u>senior officials as well as junior ones guilty of corruption</u>.（P434）

（2）这种不求有功、但求无过的"圆滑官""老好人"<u>"推拉门"</u>"墙头草"多了，党和人民事业还怎么向前发展啊？这些问题危害极大，必须下大气力解决。（P415-416）

How can the cause of the Party and the people proceed if there are a lot of "nice guys," people of "smooth character," those <u>"who always pass the buck to others"</u> or act like "weeds atop the wall"? These problems are extremely dangerous, and major efforts must be made to solve them.（P465-466）

9.3 修辞翻译策略

《习近平谈治国理政》不仅思想内涵丰富，处处闪烁着智慧和真理的光芒，而且话语清新，平易近人，有质朴的文风，是老百姓喜闻乐见的真心话、大实话，讲话将"高大上"施政理念转化为"接地气"的语言，以春风化雨的方式，感染着人们的心理，引导着人们的行为。他的话语集人格魅力、情感诉诸和逻辑论证于一体，有力量，能打动人，正如上海市委常委、宣传部部长徐麟在《平易近人：习近平的语言力量》出版座谈会上所指出的那样："究其本质就是一心为民、信仰力量的生动体现，求真务实力量的生动体现，敢于担当人格力量的生动体现，高瞻远瞩思想力量的生动体现，就是优秀文化力量的生动体现，改革创新、与时俱进时代力量的生动体现。"话语的力量体现在修辞语言中。习总书记的讲话不只是治国理政的纲领，也是一部生动活泼的修辞教科书。习近平讲话的修辞特色可概括为：引经据典、旁征博引；设象喻理、生动形象；对偶排比，结构匀称；反复重叠，气势磅礴；顶真回环，充满哲理；长短句交错使用，长句表意严密、细致精确，短句表意简洁、明快有力。总而言之，《习近平谈治国理政》修辞特征有对仗工整的形式美，气势雄浑的豪放美，音韵和谐的韵律美，辞约义丰的语义美，典雅深邃的哲理美，庄重而不乏风趣，平实而又亲切。研究习近平讲话的修辞及其翻译，对于政治话语修辞的理解与翻译很有借鉴作用。

9.3.1 再现副文本修辞

根据现代修辞学，人类的所有交际行为都是修辞行为，包括言语修辞和非言语修辞。美国现代修辞学家肯尼斯·伯克认为，人类的一切活动，从内部的、下意识的冲突到有意识的抽象化，都是修辞；人类的这种内部秩序就是动机修辞的根据；各种修辞语言背后有其动机（从莱庭、徐鲁亚，2007：74-75）。

言语修辞不限于传统的修辞格，如比喻、双关等，还包括措辞、语体选择、风格的运用、谋篇布局、话题设置、口气确定等。非言语修辞包括人类一切象征符号，如声音、色彩、图画、姿势等。在交际过程中，除了语言外，身体动作、面部表情、空间利用、触摸行为、声音提示、穿着打扮和其他服饰等非语言形式发生的非语言行为也是修辞行为（胡炯梅，2015：60），能表达修辞意义，对表达者和接受者都具有潜在的信息价值。这些非言语因素构成诸如视觉修辞、空间修辞、听觉修辞、姿态修辞等形态。

作为伴随文本的副文本，也是一种有效的修辞资源，它为正文本提供背景信息，为读者释疑解惑，与正文本相辅相成，相得益彰。副文本

第九章 《习近平谈治国理政》的翻译策略

包括标题、题词、序言、出版说明、注解、照片等。《习近平谈治国理政》的翻译再现了原文的副文本，包括出版说明、照片和注释等。出版说明交代了本书出版背景、意义和材料的来源，提纲挈领地阐述全书的思想内容，说明该书是阐述治国方略的伟著，为读者提供大概的基本信息。出版说明具有导读的作用，旨在"先声夺人"，以吸引读者关注和阅读兴趣。

照片是副文本的另一种表现。修辞的力量来源于高尚品行和人格魅力。在《费德洛斯篇》中，柏拉图指出，严格意义上的演说者必须是正直的人，必须懂得是与非之间的区别。昆提利安也认为，一个演说家要达到完善的境地，不仅要有优异的演说才能，还必须要有高尚的品行。亚里士多德把劝说的第一种诉诸方式放在劝说者的性格和可信度上（鞠玉梅，2011：79-80）。他强调，言说者有必要通过言说进行自我形象的构筑，以建立可信的修辞人格。要赢得听众信任，构筑可信的修辞人格必须展现的三种人格品质：理智（phronesis；intelligence，good sense）；美德（arete；virture）及善意（eunoia；good will）。正因为人们一般倾向信任具有这三种品质的人，言说者在言说中应该努力投射其良好的实践智慧、高尚的道德水准、与人为善的意愿的形象，以构筑良好的修辞人格，实现有效劝服（袁卓喜，2014：42）。人格魅力是实现修辞劝说效果的基础。理论的影响力、感召力取决于理论创立者的人格魅力，对理论创立者人格魅力的展示，有利于增强理论的吸引力。

领导的人格魅力不仅要观其言，更要察其行，做到知行合一、表里如一、始终如一。而照片就是习近平言行一致的生动写照。《习近平谈治国理政》选的45幅照片都有代表性，有家庭生活照、慰问群众照、倾听群众意见照、出国访问照等。这些照片体现了习近平尊老爱幼、重情重义的道德修养，心系群众、一心为民的政治品格，光明磊落、坦荡无私的崇高风范，率先垂范、亲力亲为的作风操守，脚踏实地、敢于担当的务实作风和明德亲民、平易近人的外交风范。照片看似普通，没有华丽的色彩和刻意的雕饰，但给人以情感力量，从一个侧面展示了国家领导人的家国情怀，达到了春风化雨、润物无声的政治修辞效果。比如家庭生活照，有夫妻伉俪的合影，有给他父亲推轮椅的，有牵着他母亲手一起散步的,也有他骑自行车带着小孩的,这些都是日常的家庭生活照,普普通通,但正好与习近平提倡的"尊老爱幼、妻贤夫安、母慈子孝、兄友弟恭、耕读传家、勤俭持家,知书达礼、遵纪守法,家和万事兴等中华民族传统家庭美德"和"家风好,就能家道兴盛、和顺美满;家风差,难免殃及子孙、贻害社会,正所谓'积善之家,必有余庆;积不善之家,必有余殃'"相映相成,是他身体力行的有力佐证,达到"其身正,不令而行"的效果。再如,慰问群众照,是习近平践行我们党一贯坚持的"始终与人民心连心、同呼吸、共命运","扎扎实实为职工群众做好事、办实事、解难事"的理念的率先垂范。这些照片也增加了习近平的话语力量。

《习近平谈治国理政》中有许多人物、典故和中国特色时政概念,为了帮助读者理解政治话语,为他们释疑解惑,编者和译者对这些人物、典故和时政概念进行注解。注解也是宣传手段。注解包括人物介绍、典故来源、时政概念解释等。注解也像原文一样互为参引,翻译时大多数情况下是全译注解,但也有些注解翻译时做简化处理,不像原文那样连出生地等无关信息都写上,而是摘其要者翻译。例如:

〔4〕参见袁枚《续诗品·尚识》。原文是:"学如弓弩,才如箭镞。"袁枚(1716—1797),钱塘(今浙江杭州)人。清代诗人、诗论家。《续诗品》是袁枚诗论的主要著作之一。(P55)

〔4〕Yuan Mei: *Sequel to Discourses on Poetry* (*Xu Shi Pin*). Yuan Mei (1716—1797) was a poet and critic of the Qing Dynasty. (P60)

9.3.2 再现源语积极修辞

根据陈望道的《修辞学发凡》,修辞分积极修辞和消极修辞。积极修辞指根据表情达意的需要,运用各种语文材料,极力使用语言准确、鲜明、生动、富有感人力量的修辞方法。积极修辞偏于"表现的","以生动地表现生活的体验为目的",因而是"具体的、体验的、情感的"。它"对于形式本身也有强烈的爱好;对于语词的形、音、义都随时加以注意和利用",不但要"使人明白",还要"使人感动"。积极修辞就是

第九章 《习近平谈治国理政》的翻译策略

传统的修辞格，如比喻、排比、双关等。积极修辞属于美学修辞，其表达效果是语言生动形象。消极修辞，也称"规范修辞""一般修辞"，是指以明确、通顺、平匀、稳密为标准的修辞方法。相对来说内容更重于形式，而不追求美化（从莱庭、徐鲁亚，2007：357）。这种修辞大体是抽象的、概念的，表现为词义明确、语句通顺、语言平稳、布局严谨等。

不同文化的人们在认识世界时形成了不同的语言模式与结构体系，包括修辞模式及运作方式；不同文化间的思想沟通也必然落实在语言上，具体表现在言语修辞的理解与修辞符码的转换上，就翻译而言，最终便落实在语义信息的处理上（龚光明，2012：358）。汉英语言都有对修辞手法及其效果的传统追求，但二者相比之下也有一些差异：在相同的正式文体中，汉语基于固有的形象思维习惯和以人为本的出发点，更加注重通过使用积极修辞的手段感染、打动读者、听众，而英文思维基于崇尚理性思维的习惯，更加注重严格的逻辑和思辨方式来引导、说服读者和听众。这种传统思维实际上在语言表达方式上有很多反映，比如即使在非文学类文本中中文思维依然有较大追求积极修辞和形象表述的倾向，而英文则更加注重用词的精准和逻辑层次，词语能不重复就不重复，没有必要使用比喻、夸张等手段则倾向于不使用（杜争鸣，2017：79）。英汉语不同的文本修辞模式表明，翻译时采取何种修辞策略，要充分考虑中外语言差异及目标语读者的阅读修辞心理。修辞的过程不再是单一的由修辞者指向受众的单维劝说行为，受众也会影响修辞者的策略，帮助修辞者构建内容，修辞者与受众之间是一种双向互动的关系，最终达成的是通过双方的共同努力而形成的同一。修辞效果不是来自修辞者本身，而更多的是来自受众，即对受众的影响。受众对说写者的反馈，不仅成为衡量说写者行为的标准，更要求说写者与受众达成一种合作关系，一种合作行动，才能产生行之有效的修辞行为（鞠玉梅，2017：68-72）。

《习近平谈治国理政》最鲜明的一个语言特色是大量使用各种积极修辞手段，如比喻、借代、拟人、夸张、重复、排比、委婉等，其中比喻、重复和排比最为明显。积极修辞手段一方面可以使同义语言表述多样化，增加语言的活力，使深奥道理浅显化，容易被受众理解和接受；另一方面，可以突显思想情感和价值理念。这些修辞浅显易懂，寓意丰富，表现出话语的亲和力和感染力，体现了言者和蔼可亲、值得信赖的人格魅力。修辞的重要性在于唤起感情和情感的巨大功能，可以说，翻译是否成功很大程度上取决于对原文的修辞再现是否加以足够重视，让读者阅读译文就像阅读原文一样饶有兴致（孙艺风，2016：133）。《习近平谈治国理政》的翻译，在充分考虑中外语言差异及目标语读者的阅读修辞心理的基础上，以译语的可理解性和可接受性为前提，尽可能地再现了原语的修辞手段，尤其是比喻性的形象语言和其他修辞格。再现原语积极修辞，就是通过直译手段再现原语的修辞格，如比喻译成比喻，对偶译成对偶。下面列举几个主要的积极修辞手段。

9.3.2.1 再现比喻

设象喻理，取象比类，是习近平讲话最鲜明的一个语言特色。比如，用"益智补脑"来比喻学习；用"老虎"和"苍蝇"比喻大小贪官；用"钙"来比喻理想信念；用"石榴籽"比喻"各民族"；用"勤劳的小蜜蜂"比喻"快递小哥"；用"老好人""太平官""墙头草"比喻一些不担当的党员干部；用"踏石留印""抓铁有痕"以及"刮骨疗毒""壮士断腕"等语句来表达对查处不正之风和腐败问题的决心和毅力；等等。这些很接地气的群众语言，形象生动，通俗易懂，耐人寻味，令人耳目一新。对于比喻性词语，一般有三种翻译方法：直译、套译和意译。直译是一种既重原文内容又重原文形式的翻译方法。例如：

（1）这次教育实践活动借鉴延安整风经验，明确提出"照镜子、正衣冠、洗洗澡、治治病"的总要求。这四句话、12个字，概括起来就是要自我净化、自我完善、自我革新、自我提高。（P375）

Learning from the experience of the Yan'an Rectification Movement, the current requirements for studying and practicing the Party's mass line have been clearly defined: "Examine oneself in the mirror, straighten one's clothes and hat, take a bath, and treat one's disease." It can also be summarized in four phrases: self-purification, self-improvement, self-innovation and self-enhancement.（P413）

"照镜子、正衣冠、洗洗澡、治治病"是一串隐喻，形象地说明领导干部要"自我净化、自我完善、自我革新、自我提高"。这一串隐喻都是直译，国外读者应该不会有理解障碍，因为在下文中对每一个隐喻都有深入的阐述。

（2）形象地说，理想信念就是共产党人精神上的"钙"，没有理想信念，理想信念不坚定，精神上就会"缺钙"，就会得"软骨病"。（P17）

Put figuratively, the ideals and convictions of Communists are the marrow of their faith. Without, or with weak, ideals or convictions, they would be deprived of their marrow and suffer from "lack of backbone."（P16）

钙是人体骨骼发育的基本原料。人体如长期缺钙会引起骨质疏松。习近平用"钙"比喻理想信念，用"缺钙""软骨病"来比喻理想信念的缺失。

（3）"治大国若烹小鲜"（P409）
"Governing a Big Country Is as Delicate as Frying a Small Fish"（P457）
（4）把权力关进制度的笼子里（P385）
Power Must Be "Caged" by the System（P425）
（5）过去常说"上面千条线、下面一根针"，现在基层干部说"上面千把锤、下面一根钉""上面千把刀、下面一颗头"。（第三卷，P501）
In the past it was said that "thousands of threads of instruction come from above, but there is only one needle". Now, officials at the grassroots complain that "thousands of hammers strike from above, but

there is only one nail to be driven down below", and that "thousands of swords hack down from above, but there is only one neck for the blades".（P580）

9.3.2.2　再现重复

重复，又叫反复，是语言常用的修辞手段。重复的形式多种多样，有同词重复、叠词、语义重叠等不同的重复现象。根据重复在句中的位置，把重复分为"连续重复"（或称"紧接重复"）和"间隔重复"（或称"隔离重复"）。前者的形式是连续说出重复的部分，可分为词的连续重复、词组的连续重复和句子的连续重复；后者则指有其他的词语、句子或段落间隔在重复运用的词语或句子中间，可分为隔词重复、隔词组重复、隔句重复、隔段重复、首尾重复等（杨琦，2017：229）。在《习近平谈治国理政》中，连续重复用得少，间隔重复用得多。有些重复还构成了另一种修辞格：顶真，如"法律是成文的<u>道德</u>，<u>道德</u>是内心的法律""历史是过去的<u>现实</u>，<u>现实</u>是未来的历史""圣人是肯做工夫的<u>庸人</u>，<u>庸人</u>是不肯做工夫的圣人""变中求<u>新</u>、<u>新</u>中求<u>进</u>、<u>进</u>中求突破"。重复是为了加强语气，突出强烈的思想感情，形成整齐、反复的美。在《习近平谈治国理政》翻译中，重复相同词语主要出于三方面考虑，一是保留原语的强势语气，二是保留原语的顶真或回环辞格，三是突出主题或强调某种理念。例如：

（1）坚持<u>学习</u>、<u>学习</u>、再<u>学习</u>，坚持<u>实践</u>、<u>实践</u>、再<u>实践</u>。（P407）

We must <u>study, study</u>, then <u>study</u> some more, and we must <u>practice, practice</u>, then <u>practice</u> some more.（P455-456）

（2）让我们共同铭记历史所启示的伟大真理：正义<u>必胜</u>！和平<u>必胜</u>！人民<u>必胜</u>！（第二卷，P447）

Let us bear in mind the great truth of history: Justice will <u>prevail</u>. Peace will <u>prevail</u>. The people will <u>prevail</u>.（P486）

（3）我国科技发展的方向就是<u>创新</u>、<u>创新</u>、再<u>创新</u>。（P123）

The direction of our scientific and technological development is <u>innovation, innovation</u> and more <u>innovation</u>.（P136）

（4）<u>法律</u>是成文的<u>道德</u>，<u>道德</u>是内心的<u>法律</u>。（P141）

<u>Law</u> is written <u>morality</u>, while <u>morality</u> is conscious <u>law</u>.（P157）

（5）治国必先治党，治党务必从严。（P14）

To run the country well we must first <u>run the Party well</u>, and <u>to run the Party well</u> we must run it strictly.（P15）

例 4 和例 5 既是重复辞格，又是顶真辞格。

（6）<u>摸着石头过河</u>，是富有中国特色、符合中国国情的改革方法。<u>摸着石头过河</u>就是摸规律，从实践中获得真知。<u>摸着石头过河</u>和加强顶层设计是辩证统一的，推进局部的阶段性改革开放要在加强顶层设计的前提下进行，加强顶层设计要在推进局部的阶段性改革开放的基础上来谋划。（P67–68）

<u>Wading across the river by feeling for the stones</u> is a reform method with Chinese characteristics and in line with the prevailing conditions in China. <u>Wading across the river by feeling for the stones</u>, we can identify the laws that apply, and acquire knowledge in practice. <u>Wading across the river by feeling for the stones</u> and top-level design are two component factors for our reform effort. Reform and opening up in a region at a certain stage should be subject to top-level design; top-level design should be strengthened on the basis of progressive reform and opening up in the region at a certain stage.（P74）

9.3.2.3　再现对偶

对偶，是将字数相等、结构相同或相似的两个词组或句子成对地排列起来的一种修辞格。它整饬了语言，表意凝练，增强了语势，而且两个偶句互为补充、相互映衬，使语言颇具形式美和表现力。对偶的两句间的关系有承接、递进、因果、假设、条件等，所以往往翻译成英语的并列句和主从复合句。例如：

（1）广大青年要牢记"空谈误国、实干兴邦"，立足本职、埋头苦干，从自身做起，从点滴做起，用勤劳的双手、一流的业绩成就属于自己的人生精彩。（P52）

Young people must bear in mind that "empty talk harms the country, while hard work makes it flourish" and put this into practice.

（2）要牢记"从善如登，从恶如崩"的道理，始终保持积极的人生态度、良好的道德品质、健康的生活情趣。（P53）

Young people should bear in mind that "virtue uplifts, while vice debases" and always be optimists and persons of integrity who have a healthy lifestyle.（P57）

（3）古人说："学如弓弩，才如箭镞。"（P51）

There is an ancient Chinese saying, "Learning is the bow, while competence is the arrow."（P55）

（4）"宝剑锋从磨砺出，梅花香自苦寒来。"人类的美好理想，都不可能唾手可得，都离不开筚路蓝缕、手胼足胝的艰苦奋斗。（P52）

"The sharpness of a sword results from repeated grinding, while the fragrance of plum blossoms comes from frigid weather." Human ideals are not easy to achieve, but need hard work.（P56）

（5）"公生明，廉生威。"（P149）

Justice breeds trust, and honesty fosters credibility.（P165）

（6）得民心者得天下，失民心者失天下，人民拥护和支持是党执政的最牢固根基。（P368）

As an old Chinese saying goes, "Those who win the people's hearts win the country, and those who lose the people's hearts lose the country." Likewise, the people's support is the most solid foundation for the Party's governance.（P404）

9.3.2.4 再现排比

排比是把结构相同或相似、意思密切相关、语气一致的词语或句子成串地排列的一种修辞方法。排比句有单句排比、复句排比,甚至整段排比,增强了语言的节奏感和语势,从而给人一种气势磅礴、不可抗拒的力量。《习近平谈治国理政》中的排比句比比皆是,各种排比交错出现,凸显了执政理念,增强了话语的亲和力。翻译时尽可能地再现排比。例如:

(1)要更多<u>关注、关心、关爱</u>普通群众,<u>进万家门、访万家情、结万家亲</u>,经常同群众进行<u>面对面、手拉手、心连心</u>的零距离接触,增进对群众的真挚感情。(第二卷,P309)

Social groups should <u>pay more attention to and care more for</u> the people, <u>pay more visits to them, have face-to-face and heart-to-heart contacts with</u> them, and develop sincere relation.(P337)

(2)今天,我想从<u>心中有党、心中有民、心中有责、心中有戒</u> 4个方面来谈这个问题。(第二卷,P141)

Today, I want talk about it from four angles: <u>be loyal to the Party, be of service to the people, be aware of responsibilities, and be strict with discipline.</u>(P154)

(3)不断<u>有所发现、有所创造、有所前进</u>,不断推进理论创新、实践创新、制度创新。(P21)

<u>make new discoveries, create new ideas, achieve new progress,</u> and promote innovation in our theories, practices and systems.(P23)

(4)"一年之计,莫如树谷;十年之计,莫如树木;终身之计,莫如树人。"(P127)

"If you want one year of prosperity, then grow grain; if you want ten years of prosperity, then grow trees; if you want one hundred years of prosperity, then you grow people."(P141)

(5)<u>回首过去</u>,全党同志必须牢记,落后就要挨打,发展才能自强。<u>审视现在</u>,全党同志必须牢记,道路决定命运,找到一条正确的道路多么不容易,我们必须坚定不移走下去。<u>展望未来</u>,全党同志必须牢记,要把蓝图变为现实,还有很长的路要走,需要我们

付出长期艰苦的努力。（P36）

  Reviewing the past, all Party members must bear in mind that backwardness left us vulnerable to attack, whereas only development makes us strong. Looking at the present, all Party members must bear in mind that the path we take determines our destiny and that we must resolutely keep to the right path that we have found through great difficulties. Looking ahead at the future, all Party members must bear in mind that we still have a long way to go and much hard work to do before we can turn our blueprint into reality.（P38）

例5是由"回首过去""审视现在"和"展望未来"构成的整段排比，译文再现了段落排比。

  （6）维护宪法权威，就是维护党和人民共同意志的权威。捍卫宪法尊严，就是捍卫党和人民共同意志的尊严。保证宪法实施，就是保证人民根本利益的实现。（P137）
  Safeguarding the authority of the Constitution is safeguarding the authority of the common will of the Party and the people. Upholding the dignity of the Constitution is upholding the dignity of the common will of the Party and the people. Ensuring the implementation of the Constitution is ensuring the people's fundamental interests.（P151）
  （7）必须坚持总体国家安全观，以人民安全为宗旨，以政治安全为根本，以经济安全为基础，以军事、文化、社会安全为保障，以促进国际安全为依托，走出一条中国特色国家安全道路。（P200-201）
  Therefore, we must maintain a holistic view of national security, take the people's security as our ultimate goal, achieve political security as our fundamental task, regard economic security as our foundation, with military, cultural and public security as means of guarantee, and promote international security so as to establish a

national security system with Chinese characteristics.（P221-222）

9.3.3 "去修辞化"

中外语言的修辞，即有共性，也有个性。修辞表达的个性与语言文字密不可分，具有很强的民族特色。由于语言体系中的语音、语义、词汇、语法等都可以构成各类修辞手段，使用各种特定语法格式或语义格式搭配，就能够创设各种不同的辞格（王德春、陈晨，2002：319），所以有些辞格不具有共性，只为某种语言独有。比如，汉语是分析语，语序是重要的语法手段。利用语序的巧变可构成回环格。汉字是表意文字，集形、声和义于一体。汉字的形体特点可以构成析字格。如"言身寸"表示"谢"，"心字头上一把刀"表示"忍"。汉语词根融合型的合成词很普遍，这种合成词的结构有的不太紧密，在一定条件下可以临时把这类合成词拆开使用，构成一种特殊的析字格，如"抓而不紧"（抓紧）、"狂而不妄"（狂妄）、"慨而慷"（慷慨）；等等（王德春、陈晨，2002：321）。析字格是汉语独特的修辞格。而译成英语时只能把固定词语拆写的两个字用一个单词表示。如：

（1）"一国"是<u>根</u>，根深才能叶茂；"一国"是<u>本</u>，本固才能枝荣。（第二卷，P435）

"One country" is like the roots of a tree. For a tree to grow tall and luxuriant, its roots must run deep and strong.（P473）

（2）亚洲和平发展同人类前途命运息息相关，亚洲稳定是世界和平之<u>幸</u>，亚洲振兴是世界发展之<u>福</u>。（P353-354）

Peace and development in Asia are closely connected with the future of mankind, and Asia's stability and revival are a blessing to the peace and development of the rest of the world.（P390）

例1把"根本"拆写为"根"和"本"，例2把"幸福"拆写为"幸"和"福"。

汉语单音节字可以组构结构对称、意义统一、音节相等的对偶句。

英语是表音文字，没有汉语的析字格。此外，由于组合文字的字母长短不一，也不能像汉语那样形成整齐划一的对偶句。但英语利用其语音的特点可形成头韵和半谐音的修辞格。对于英汉语言各自独特的修辞格，译者无能为力，不能再现原语的修辞手段，只能做"去修辞化"处理。所以翻译"去修辞化"，可以从独特修辞结构找到理据。

9.3.3.1 比喻的去修辞化

中外语言都有比喻辞格，但有些喻体只存在于一种文化世界中，其他文化则不存在。汉字具有形象性，汉语爱以具体比喻抽象，以物言志，以物寓感。例如："胸有成竹"形容对某事极有把握，译成英语 to have a well-thought-act plan before doing sth。"罄竹难书"形容罪行滔滔，说不完，数不尽，译成英语 of crimes too numerous to mention。对这类词的理解，不能只局限于事物的表面现象，而应了解其寓意。翻译时既可通过直译，也可通过意译再现原文信息。比喻具有民族色彩，某些汉语读者习以为常的汉语比喻如照译就未必为译语读者理解，因为他们没有汉语读者所具有的文化图式和知识背景。汉语独特的比喻，如照译不为读者理解，也没有相应的英语比喻，只能做去修辞化处理，也就是说，意译。如：

（1）<u>真刀真枪</u>推进改革（第三卷，P97）
<u>Make Solid Efforts</u> to Advance Reform（P103）
（2）有的不顾地方实际和群众意愿，喜欢<u>拍脑袋决策、拍胸脯表态</u>，盲目铺摊子、上项目，<u>最后拍屁股走人，留下一堆后遗症</u>。（P369）
Some Party officials, heedless of the people's wishes and the circumstances that apply in their locality, <u>make casual decisions and empty promises</u>. They blindly launch expensive projects, <u>walk away when they fail, and leave behind an unresolved mess</u>;（P406）
（3）一个县就是一个基本完整的社会，"<u>麻雀虽小，五脏俱全</u>"。（第二卷，P140）

第九章 《习近平谈治国理政》的翻译策略

A county is basically a society—<u>it may be small, but it has everything needed</u>.（P153）

比喻性词语除意译外，还可以省译。汉语中经常有"做好……大文章""谱写……乐章""紧跟……旋律""抓住……总开关""扭住……牛鼻子""做大……蛋糕""在……（历史）长河中"等形象表达法，这些意象词语没有实际意义，如果体现在译文中只会让外语读者觉得冗余，所以省译。例如：

（4）科技体制改革要紧紧扭住<u>"硬骨头"</u>攻坚克难，……。（P125-126）

While carrying out the reform of the scientific and technological system we should prepare ourselves to solve difficult problems...（P138-139）

9.3.3.2 拟人的去修辞化

拟人就是把事物人格化，将本来不具备人动作和感情的事物变成和人一样具有动作和感情的样子。在党政文献中，拟人修辞使语言表述生动形象，充满活力，但没有实际意义，所以翻译时做去修辞化处理。例如：

（1）今天，我们的人民共和国正以<u>昂扬的姿态</u>屹立在世界东方。（P38）

Today, our People's Republic <u>stands proud and firm</u> in the East.（P40）

"姿态"省译是因为这在中文中是一种修辞性措辞，并无实质内涵。

（2）党的十八届三中全会<u>吹响</u>了全面深化改革的<u>号角</u>，也对深化我国高等教育改革提出了明确要求。（P175）

191

The decision on <u>advancing</u> the reform in an all-round way was made at the Third Plenary Session of the 18th CPC Central Committee, defining the demands for the further reform of higher education in China.（P195）

"吹响……号角"是军事用语，在战场上指发号施令或振气壮威，在时政文献中经常用来比喻"做出决定"的意思。

（3）五四运动形成了爱国、进步、民主、科学的五四精神，<u>拉开了中国新民主主义革命的序幕</u>，促进了马克思主义在中国的传播，推动了中国共产党的建立。（P166）

The May 4th Movement gave birth to the May 4th spirit of patriotism, progress, democracy and science, <u>kicking off</u> the New Democratic Revolution in China, promoting the dissemination of Marxism in the country and laying the groundwork for the founding of the CPC.（P185）

（4）我相信，在两国政府和人民共同努力下，中俄关系一定能够继续<u>乘风破浪、扬帆远航</u>，更好造福两国人民，更好促进世界和平与发展！（P277-278）

I am convinced that with the joint efforts of the governments and peoples of our two countries, China-Russia relations will continue to <u>press ahead, overcoming difficulties</u>, bringing greater benefits to the two peoples, and making ever-greater contributions to global peace and development.（P305）

9.3.3.3 顶真的去修辞化

顶真（Anadiplosis），也作顶针，顶真续麻的省称，是汉语特有的一种修辞方式，用前面结尾的词语或句子做下文的起头，顺序而下，一般由三项或更多项组成。由于英汉语言的文字特点和句法差异，有些汉语的顶真修辞在翻译时很难保留原语的辞格，只好做去修辞化处理。

例如：

（1）历史、现实、未来是相通的。<u>历史是过去的现实，现实是未来的历史。</u>（P67）

The past, the present, and the future are all interconnected. History is about the past, while the present is the history of the future.（P73）

（2）领导干部要发扬理论联系实际的马克思主义学风，带着问题学，拜人民为师，<u>做到干中学、学中干，学以致用、用以促学、学用相长</u>，千万不能夸夸其谈、陷于"客里空"。（P406）

Leading officials should adopt the Marxist approach by combining theory with practice. In the course of their studies there should always be questions in mind. We should respect the people as our mentors, learn from work, and work on the basis of learning, making use of what we have learned and applying it to real-life situations. Study and practice should always promote each other. We should disdain empty talk and never be a "Krikun".（P454）

（3）坚持发展是硬道理的战略思想，<u>变中求新、新中求进、进中突破</u>，推动我国发展不断迈上新台阶。（第二卷，P249）

And uphold the strategy that development is the absolute principle. We must seek innovation in the process of development, seek progress in the course of innovation, and seek breakthroughs in making progress, so as to bring our development to a new level.（P273）

（4）我们多次讲，党的先进性和党的执政地位都不是一劳永逸、一成不变的，<u>过去先进不等于现在先进，现在先进不等于永远先进；过去拥有不等于现在拥有，现在拥有不等于永远拥有。</u>（P367）

As we have so often repeated, the Party's pioneering role and its role of governance do not remain unchanged once acquired. Even if you had played a pioneering role in the past, there is no guarantee that you will always do so; the fact that you are playing the role now does not mean that you will be progressive forever. Just because you possessed it in the past does not mean that you will own it forever. （P403-404）

（5）我们要认识到，山水林田湖是一个生命共同体，人的命脉在田，田的命脉在水，水的命脉在山，山的命脉在土，土的命脉在树。（P85）

We need to realize that our mountains, waters, forests, farmlands and lakes form a living community. The lifeline of the people comes from the farmland, that of the farmland comes from the water, that of the water comes from the mountain, that of the mountain comes from the earth, and that of the earth comes from the tree. （P96）

9.3.3.4　重复的去修辞化

一般说来，文章尽可能避免词语的重复，因为语词一再重复会使语言显得啰唆、平淡、乏味。从更准确地表达、描绘千差万别的事物和抒发千变万化的丰富思想感情看，就更应多方面选择词语，尽可能避免词语的重复以形成词语的参差、变化美。英汉语言在重复辞格的使用上存在着一些差异。汉语为追求语义突出、结构平衡和音韵和谐而不避重复。而英语视重复为赘述。一般来说，除非有意强调或出于修辞的需要，英语总的倾向是尽量避免重复。讲英语的人对于随意重复相同的音节、词语或句式往往感到厌烦（连淑能，1993：173）。

在汉语语篇中，常见的重复有两种表现形式：一是同词重复，二是异词（句）同义重复。异词（句）同义重复如上文所述，一般是省译同义词句。同词重复的翻译有三种方法：一是重复，二是省译，三是替代。除第一项保留原语重复辞格外，其他两项都是去修辞化处理。

汉语重复涉及语句的所有成分，包括主语重复、谓语重复、宾语重复、状语重复、修饰语重复和被修饰的核心词语重复等，重复词语有名词、动词、副词和形容词等。在《习近平谈治国理政》中，为了突出某种概念，同一词语在同一段话甚至同一句子中反复出现是很常见的。如果重复词语照译，则会使译文显得臃肿，单调。按照英语的句法规则，重复成分都可以通过合并处理加以省略，主要是通过"提取公因式"与"合并同类项"的方法简化句子结构。也就是说，把相同词语作为共用成分，按照语法规则重新组合，使句子结构紧密，语义集中，达到无重复词语之形而有其义的效果。如：

（1）党的十八大阐明了<u>中国特色社会主义</u>道路、<u>中国特色社会主义</u>理论体系、<u>中国特色社会主义</u>制度的科学内涵及其相互联系，强调：<u>中国特色社会主义</u>道路是实现途径，<u>中国特色社会主义</u>理论体系是行动指南，<u>中国特色社会主义</u>制度是根本保障，三者统一于<u>中国特色社会主义</u>伟大实践。这是<u>中国特色社会主义</u>的最鲜明特色。（P8）

The 18th National Congress expounded on the scientific meaning of the path, theory and system of <u>socialism with Chinese characteristics</u>, and the relationships between the three. The Congress stressed that the path of <u>socialism with Chinese characteristics</u> is a way to reach the goal, the theory offers a guide to action, and the system provides a fundamental guarantee. All three serve the great cause of building Chinese socialism. This is the most salient feature of <u>socialism with Chinese characteristics</u>.（P9）

例1中"中国特色社会主义"出现过八次，译文只出现三次，其中"中国特色社会主义道路、中国特色社会主义理论体系、中国特色社会主义制度"的翻译巧用名词所有结构，即 n+of+n_1+n_2… 结构，避免了重复。后面"强调"的内容部分把"中国特色社会主义"全部省略，因为有上下文的关照，在语义上不会有缺失。

常见的省略式有：

主语省略式：S+V_1+V_2+V_3…（S 为重复的主语）

（2）在激烈的国际竞争中，<u>惟创新者进，惟创新者强，惟创新者胜</u>。（P64）

Against the backdrop of international competition, <u>only those who innovate</u> can make progress, grow stronger and prevail.（P65）

谓语省略式：V+O_1+O_2+O_3…（V 为重复的谓语）

（3）永葆<u>忠于</u>党、<u>忠于</u>国家、<u>忠于</u>人民、<u>忠于</u>法律的政治本色。（P149–150）

and <u>remain politically loyal to</u> the Party, nation, people and law.（P166）

宾语省略式：V_1+V_2+V_3…O（O 为重复的宾语）

（4）我们世世代代都要牢记<u>伟大长征精神</u>、学习<u>伟大长征精神</u>、弘扬<u>伟大长征精神</u>，……（第二卷，P57）

We must always remember, learn from, and carry forward <u>the spirit of the Long March</u>, …（P60）

状语省略式：adv.+V_1+V_2+V_3… 或 +V_1+V_2+V_3+adv.（adv. 为重复的状语）

（5）坚持<u>依法</u>治国、<u>依法</u>执政、<u>依法</u>行政共同推进，……（P144）

We should exercise governance and administration <u>in accordance with the law</u>, …（P156）

（6）人民当家作主必须<u>具体地、现实地</u>体现到中国共产党执政和国家治理上来，<u>具体地、现实地</u>体现到中国共产党和国家机关各个方面、各个层级的工作上来，<u>具体地、现实地</u>体现到人民对自身利益的实现和发展上来。（第二卷，P292）

The position of the people as masters of the country must be manifested <u>in the concrete and practical exercise</u> of state power by the CPC and its governance of the country, in all aspects of the work of the Party and development organizations at all levels, and through the realization and development of the people's own interests.（P319）

被修饰的核心词语省略式：$adj_1+adj_2+adj_3\ldots n$ 或 $n+arep$

（7）中国特色社会主义道路，既坚持以经济建设为中心，又全面推进经济<u>建设</u>、政治<u>建设</u>、文化<u>建设</u>、社会<u>建设</u>、生态文明<u>建设</u>以及其他各方面<u>建设</u>；（P9）

This path takes economic development as the central task, and brings along <u>economic, political, cultural, social, ecological and other forms of progress.</u>（P9）

例7中的"建设"出现了六次，采用 $adj_1（n_1）+adj_2（n_2）\ldots+n$ 结构避免该词语的重复。

（8）实践充分证明，中国特色社会主义是中国共产党和中国人民团结的<u>旗帜</u>、奋进的<u>旗帜</u>、胜利的<u>旗帜</u>。（P8）

Facts prove that the Chinese socialism is <u>a banner of unity, endeavor and victory</u> for the CPC and the Chinese people as a whole.（P8）

句子省略：把口语化的句子简化成名词短语。

（9）……抓住主要矛盾，<u>什么问题突出就着重解决什么问题，什么问题紧迫就抓紧解决什么问题</u>，……（P375）

we must start from reality, identify the main pressing problems, and concentrate on those problems which are most severe or most pressing…（P412）

（10）他反复强调，要把<u>人民拥护不拥护，人民赞成不赞成，人民高兴不高兴，人民答应不答应</u>作为制定方针政策和作出决断的出发点和归宿。（第二卷，P5-6）

Deng repeatedly stressed that it is of paramount importance to take the support, approval, satisfaction, and consent of the people as the prime purpose and ultimate goal of all policies and decisions.（P5）

例10 原语的"人民拥护不拥护，人民赞成不赞成，人民高兴不高兴，人民答应不答应"译成名词"support, approval, satisfaction, and consent of the people"。

（11）把人民为中心的发展思想体现在经济社会发展各个环节，做到老百姓关心什么、期盼什么，改革就要抓什么、推进什么，通过改革给人民群众带来更多获得感。（P103）

We should reflect the people-oriented development idea at every link of economic and social development, grasp and promote in reform whatever the people care about and expect, and give the people a stronger sense of gain by implementing reform.（P110）

替代分同义词替代、代词（或关系词）替代和概括词替代。
同义词替代：用同义词或近义词替代，可以丰富语言表述，避免单一化，为语篇增色。如：

（12）对党和人民事业有利的，对最广大人民有利的，对实现党和国家兴旺发达、长治久安有利的，该改的就要坚定不移改，……（P107）

We must firmly carry out reform that benefits the Party and the people, and contributes to prosperity and long-term stability.（P119）

（13）住房问题既是民生问题也是发展问题，关系千家万户切身利益，关系人民安居乐业，关系经济社会发展全局，关系社会和谐稳定。（P192）

Housing is an issue related not only to the people's livelihood but also the development of our country. It concerns the people's immediate interests, <u>determines</u> whether they can live and work in contentment, and <u>affects</u> the country's overall economic and social development, as well as social harmony and stability.（P212）

代词替代：

（14）<u>夯实党的执政基础，巩固党的执政地位</u>，增强党的创造力凝聚力战斗力，使保持党的先进性和纯洁性、<u>巩固党的执政基础和执政地位</u>具有广泛、深厚、可靠的群众基础。（P368）

In this way we can <u>consolidate the Party's governing status</u>, increase the Party's creativity, cohesiveness and professional capabilities, maintain its progressive nature and its integrity, and <u>consolidate its position</u> through broad, profound and reliable public support.（P404）

例 14 既是代词替代又是同义替代，把重复的"夯实党的执政基础，巩固党的执政地位"译成 consolidate its position。而原文中"党的"出现过五次，后面三次都用 its 替代。

（15）要把党的十八大确立的改革开放重大部署落实好，就要认真回顾和深入总结改革开放的历程，更加深刻地认识<u>改革开放</u>的历史必然性，更加自觉地把握<u>改革开放</u>的规律性，更加坚定地肩负起深化<u>改革开放</u>的重大责任。（P67）

To implement the major propositions on reform and opening up raised at the 18th National Congress, we need to review reform and opening up, better understand <u>its</u> historical necessity, conscientiously master <u>its</u> laws, and firmly assume the responsibility of extending <u>it</u>.（P73）

（16）我们要适应新形势下群众工作新特点新要求，深入做好组织<u>群众</u>、宣传<u>群众</u>、教育<u>群众</u>、服务<u>群众</u>工作，虚心向<u>群众</u>学习，诚心接受<u>群众</u>监督，始终植根人民、造福人民，始终保持党同人民群众的血肉联系，始终与人民心连心、同呼吸、共命运。（P16）

199

We must organize our people, communicate with <u>them</u>, educate <u>them</u>, serve <u>them</u>, learn from <u>them</u>, and subject ourselves to <u>their</u> oversight. We should always be part of the people, work for <u>their</u> interests, and maintain close ties and share good and bad times with <u>them</u>.（P17）

概括词替代：

（17）我们要认识到，山水林田湖是一个生命共同体，……对<u>山水林田湖</u>进行统一保护、统一修复是十分必要的。（P85-86）

We need to realize that our mountains, waters, forests, farmlands and lakes form a living community. …and carry out unified protection and restoration programs for its <u>natural resources</u>.（P96）

9.3.3.5 排比的去修辞化

汉语的排比句译成英语时，按照英语的表达习惯，可简化成短语结构（如名词结构）或把几个短句合并成一句。如：

（1）确保协商民主<u>有制可依、有规可守、有章可循、有序可遵</u>。（第二卷，P297）

so as to ensure that is carried out <u>on the basis of proper institutions, rules, regulations, and procedures</u>.（P325）

画线部分是汉语典型的四字格表达法。中文倾向于二元结构的表达方式，所以即使一句可以道明的也常常分为两个互相对应、衬映或互相补充的成分；而英文倾向于一元结构的表达方式，所以可以分成两个句子的，也往往合成一个语法上有主有次、逻辑上层次分明的句子（杜争鸣，2017：64）。

（2）……努力使全体人民在<u>学有所教、劳有所得、病有所医、老有所养、住有所居</u>上持续取得新进展。（P97）

...trying our best while being mindful of our limitations so that we can keep making progress in ensuring people's <u>access to education, remunerable employment, health care, old-age care and housing</u>.(P108)

（3）做到<u>心中有党、心中有民、心中有责、心中有戒</u>，把为党和人民事业无私奉献作为人生的最高追求。(第二卷，P44）

<u>be mindful of the Party, the people, their responsibilities, and the rules</u>; and regard selfless contribution to the causes of the Party and people as their highest aspiration in life.(P46)

（4）<u>只要是有利于增进台湾同胞福祉的事，只要是有利于推动两岸关系和平发展的事，只要是有利于维护中华民族整体利益的事</u>，我们会尽最大努力办好，……（P240）

We will do our best to deal properly with <u>any matter concerning the well-being of our compatriots in Taiwan, the peaceful development of cross-Straits relations, and the overall interests of the Chinese nation</u>.（P264–265）

例4中，从整体看，画线部分是主句的条件状语从句，是排比，也是层递，但从句中有带"的"字的修饰成分修饰核心词语"事"，翻译把三个带"的"字的修饰成分译成介词短语，同样作定语修饰核心词"事"，这样就把原语的排比句子转换成译语的名词结构。

上述积极修辞格的去修辞化表明，翻译是按译语的行文规则进行遣词组句的过程。由于英汉语言分属于不同语系，从词语构成到谋篇布局都存在很大差异，所以在英汉语言的相互转换中需要做结构调整和词语的增删。调整和增删的结果是修辞手段的改变，即原语的积极修辞手段（如重复、排比、顶真等）转变成译语的消极修辞。

9.4 语篇策略

语篇是一个广义的概念，是一个属于语义范畴的概念。篇章语言学认为，要使若干个句子构成语篇必须符合七个条件：衔接（cohesion）、连贯（coherence）、目的性（intentionality）、可接受性（acceptability）、信息性（informativity）、关联性（relevance）和互文性（intertextuality）（Beaugrande & Dressler, 1981：3-12）。Beaugrande 认为，如果这七个语篇标准的任何一项得不到满足，语篇就不具备交际性。因此，没有交际性的语篇即为非语篇（Beaugrande & Dressler, 1981：3）。语篇可长可短，任何一种在某一特定语境中意思表达完整的语言单位都可以视为语篇。语篇的形式可以是一个词、一个词组、一个句子或者是很多连贯的句子（朱永生 等，2002：190）。下面从书名和标题、句子处理和语篇衔接等方面讨论《习近平谈治国理政》的语篇翻译策略。

9.4.1 书名的预设翻译

书名和篇章标题是吸引读者阅读的关键要素，好的书名和标题能抓住读者的眼球，引发他们阅读的渴望。所以书名和标题不仅要简短，而且要醒目，让人一看便知其大概内容。书名和篇章标题的翻译要从语篇角度考虑，把握其内涵。

《习近平谈治国理政》的书名翻译做了预设处理。光是书名就会有多种译法。书名中的"谈"可译为 on 或 talk about，前者比较正式，后者比较随意。"治国"的"治"可译为动词 govern/rule，或名词 governance/ruling；"国"可译为 country/state/nation，不过虽然三个词都是指国家，但侧重点不同，country 侧重疆土，state 侧重政权，nation 侧重民族；"理政"可译为 administration/management of governmental affairs，但 administration 强调具体的工作，management 一般指企业的管理。由此分析，《习近平谈治国理政》的书名翻译会出现下列情况：Xi Jinping's *On/Talk about Governance/Ruling of the Country/State/Nation and Administration/Management of Governmental Affairs*。其实，"治国"和"理政"是同一概念，只译其一即可。而习近平谈的治国理政讲的是中国的治国理政，所以"治国"的"国"如果译为 country 或其他词，就显得很泛，给人的感觉是该书是一部学术专著，从理论上谈治国理政。考虑到上述因素，现在《习近平谈治国理政》的书名翻译为：*The Governance of China*。该译名产生了预设,让读者一目了然就知道习近平谈的是中国的大政方针。其实类似的书名国外也有,如英国前首相 James Harold Wilson 就写过一本名为 *The Governance of Britain* 的书。

9.4.2 标题翻译的浓缩化

《习近平谈治国理政》的篇章标题同样做了浓缩化处理。该书的标题有一个特点,即大都是口号式的完整句子,以祈使句为主,有些标题还挺长,如照译,则不够简洁,不符合译语读者的阅读修辞心理,做浓缩化处理是必要的。浓缩化的标题译文高度凝练,提纲挈领、切中主题。例如:

(1)紧紧围绕坚持和发展中国特色社会主义,学习宣传贯彻党的十八大精神

Study, Disseminate and Implement the Guiding Principles of the 18th CPC National Congress

该标题省去了"紧紧围绕坚持和发展中国特色社会主义"。

(2)实现中华民族伟大复兴是中华民族近代以来最伟大的梦想
Achieving Rejuvenation Is the Dream of the Chinese People

该标题的"中华民族"出现两次,所以只译其一,不必重复。"伟大"也出现两次,标题中没有翻译。这是因为汉语习惯于在名词前加形容词,动词前加副词,如"伟大理想""崇高使命""认真学习""坚决贯彻""深刻领会"等,但在英语中这样的形容词或副词用得少,有些名词或动词本身就包含附加的形容词或副词的含义。如 rejuvenation 这个词已经大得不得了了,如果再加上 great,语言听起来就不美了,所以去掉 great,这丝毫不影响外国读者的理解效果(尹佳,2016:77)。

(3)在实现中国梦的生动实践中放飞青春梦想

Realize Youthful Dreams

标题的"在实现中国梦的生动实践中"省译了，译文比原文简洁。

（4）发扬钉钉子的精神，一张好的蓝图一干到底
Follow a Good Blueprint

"发扬钉钉子的精神"省译，因为这句话与"一张好的蓝图一干到底"的语义逻辑关系是前者是后者的行为方式或行为态度，译文中的Follow 就体现了其含义。

（5）加快从要素驱动、投资规模驱动发展为主向以创新驱动发展为主的转变
Transition to Innovation-driven Growth

"加快从要素驱动、投资规模驱动发展为主"省译。

（6）中国梦必须同人民对美好生活的向往结合起来才能取得成功
The Chinese Dream Is the People's Dream

例6回译为"中国梦就是人民的梦"，而"人民的梦"是"对美好生活的向往"。

（7）坚持精准扶贫、精准脱贫，坚决打赢脱贫攻坚战
Take Targeted Measures Against Poverty

（8）坚持以全面依法治国新理念新思想新战略为指导，坚定不移走中国特色社会主义法治道路
Advance the Rule of Law Under Chinese Socialism

（9）重整行装再出发，以永远在路上的执着把全面从严治党引

向深入

 Strengthen Party Self-Governance as an Ongoing Mission

（10）勇于自我革命，当改革的促进派实干家

 Take Action on Reform

（11）"两学一做"学习教育，基础在学，关键在做

 Study Is the Prerequisite and Action Is the Key

（12）毫不动摇坚持我国基本经济制度，推动各种所有制经济健康发展

 Promote the Healthy Development of Diverse Forms of Ownership

（13）保障和改善民生没有终点，只有连续不断的新起点

 Improve the Wellbeing of the People

据统计，第一卷专题18个，篇名79，有63个全译。第二卷17个专题，99个标题，50个全译。第三卷19个专题，共有92个标题，有55个全译。全译的标题都是原文比较短，而浓缩化的标题是原文比较长。而每个专题名称，原文是句子，翻译成英语都采取名词结构，同样采取了浓缩化处理，如第一卷的专题标题"坚持和发展中国特色社会主义"和"实现中华民族伟大复兴的中国梦"分别译成 Socialism with Chinese Characteristics 和 The Chinese Dream。

9.4.3 破句重组、削繁就简

《习近平谈治国理政》的语言结构表现了汉语政治文献的语言特征，即句式长短结合，错落有致，行文富于变化，形成一种交错美，有很强的节奏感和韵律感。长句逻辑缜密，思想内涵丰富，短句铿锵有力，朗朗上口，一气呵成，节奏分明。

由于中英文在句法方面的差异，《习近平谈治国理政》的翻译对原语句子做了破句重组、削繁就简的灵活处理，即根据语义和逻辑关系，对原语句子进行结构调整和改写，该拆译则拆译，该合译则合译。

9.4.3.1 分句法

汉语的句子和英语的句子，从严格意义上讲，并不是对等的语言单

位。汉语重意合，各句子成分往往凭借作者的形象思维，较少使用连词衔接，结构较松散，词序流畅，语义简单明了。英语是形合语言，常用连接词连接句子各个成分，句子结构十分严谨、关系明确、语义清晰。汉语是流水句，环环相扣，一"逗"到底，构成一个语义群，但各分句基本上是一个完整的语义结构，可以相互独立，彼此逻辑联系不是很紧密。如果按照中文的句式翻译，一个句子可能就是一段话，则不符合英语表达习惯，因为英语句子虽然很长，呈树杈型结构，但一个句子的长度也非常有限，一般不宜超过40—50个单词（贾毓玲，2013：110），而且主句和分句间逻辑关系清晰。因此汉译英时应该从语义逻辑上考虑断句，重新组织新的语义结构。例如：

（1）①党的十八大报告勾画了在新的历史条件下全面建成小康社会、加快推进社会主义现代化、夺取中国特色社会主义新胜利的宏伟蓝图，②是我们党团结带领全国各族人民沿着中国特色社会主义道路继续前进、为全面建成小康社会而奋斗的政治宣言和行动纲领，③为我们这一届中央领导集体的工作指明了方向。(P6)

①The political report to the 18th National Congress of the CPC has chartered a great blueprint for bringing about a moderately prosperous society in all respects, accelerating socialist modernization, and achieving new victories for socialism with Chinese characteristics in the new historic circumstances.②It is a political proclamation and action plan if all ethnic groups in marching along the path of Chinese socialism and complete the building of a moderately prosperous society in all respects. ③It guides the work of the current central leadership. (P6)

上述例句中文一气呵成，每句话都有特定的含意，但每个分句都是个完整的语义结构，但翻译时进行断句，译成三个句子，避免了一"逗"到底的句子。

第九章 《习近平谈治国理政》的翻译策略

（2）①面对复杂多变的国际形势和艰巨繁重的改革发展稳定任务，②实现"两个一百年"奋斗目标，③实现中华民族伟大复兴的中国梦，④必须坚持党要管党、从严治党，⑤积极借鉴我国历史上优秀廉政文化，⑥不断提高党的领导水平和执政水平、提高拒腐防变和抵御风险能力，⑦确保党始终成为中国特色社会主义事业的坚强领导核心。（P390）

①We are confronted with a complex and volatile international situation and an arduous task of promoting reform, development and stability. ②To fulfill the Two Centenary Goals and realize the Chinese Dream of the rejuvenation of the Chinese nation we must ensure that the Party supervise its own conduct and runs itself with strict discipline. ③We must draw upon the fine culture of clean government in Chinese history, steadily improve the Party's leadership and governance skills, and become better able to combat corruption, prevent degeneracy and ward off risks. ④We must also ensure that the Party is always the firm leadership core guiding the cause of Chinese socialism.（P432）

例2原文有七个语义层面。如果对这七个语义层面进行细分，则从①到③可以作为一个大的语义层面，其核心思想可概括为"问题和目标"，④到⑦可以作为一个大的语义层面，其核心思想可概括为"解决问题和实现目标的方式或手段"。但在译文中，作为"问题和目标"的语义结构做了断句处理，①译为单句，②③④连接组成一个句子。⑤⑥组成一个句子，⑦译为完整的句子。

（3）①贯彻落实好中央要求，②必须高举中国特色社会主义伟大旗帜，③全面贯彻落实党的十八大精神，④以马克思列宁主义、毛泽东思想、邓小平理论、"三个代表"重要思想、科学发展观为指导，⑤贯彻好党的十八大以来中央作出的重大工作部署和要求，⑥紧紧围绕保持和发展党的先进性和纯洁性，⑦以为民务实清廉为主

207

要内容，⑧切实加强全体党员马克思主义群众观点和党的群众路线教育，⑨把贯彻落实中央八项规定精神作为切入点，⑩着力解决突出问题。（P373）

①To implement the Central Committee's requirements, we must uphold socialism with Chinese characteristics, and fully implement the plans and decisions made at the Party's 18th National Congress. ②We must follow the guidance of Marxism-Leninism, Mao Zedong Thought, Deng Xiaoping Theory, the important thought of the Three Represents, and the Scientific Outlook on Development, and make every effort to implement the plans and requirements set forth by the Central Committee since the CPC's 18th National Congress. ③We must maintain and develop the Party's pioneering role and integrity, and effectively strengthen education for all Party members on the Marxist viewpoint on the people and the Party's mass line, focusing on serving the people and on being down-to-earth, honest and upright in conduct. ④We should start by implementing the Eight Rules of the Party Central Committee, and strive to solve the most pressing problems.（P410）

例3中，"贯彻落实好中央要求"是目的，其他句子是为实现该目的的指导思想和手段。原文有10个句子构成一个完整的语义结构，翻译时拆分成4个独立的句子。

（4）①全党同志必须坚持以邓小平理论、"三个代表"重要思想、科学发展观为指导，②毫不动摇坚持和发展中国特色社会主义，③坚持马克思主义的发展观点，④坚持实践是检验真理的唯一标准，⑤发挥历史的主动性和创造性，⑥清醒认识世情、国情、党情的变和不变，⑦永远要有逢山开路、遇河架桥的精神，⑧锐意进取，大胆探索，⑨敢于和善于分析回答现实生活中和群众思想上迫切需要解决的问题，⑩不断深化改革开放，不断有所发现、有所创造、有所前进，不断推进理论创新、实践创新、制度创新。（P21）

第九章　《习近平谈治国理政》的翻译策略

①All Party members must follow the guidance of Deng Xiaoping Theory, the important thought of the Three Represents and the Scientific Outlook on Development, be firm in their commitment to socialism with Chinese characteristics and to the Marxist view on development, treat practice as the sole criterion for testing truth, and apply their historic initiative and creativity. ②We must be clearly aware what is changing and what remains constant in the international, national and Party situations. ③Never should we hesitate to blaze new trails, bridge rivers, forge ahead with determination, and audaciously explore new territory. ④We should have the courage and capability to address pressing issues in our work and remove doubts in people's minds, and come up with solutions. ⑤We should drive reform and opening up to a deeper level, make new discoveries, create new ideas, achieve new progress, and promote innovation in our theories, practices and systems.（P23）

例4原文有11个独立的句子，组成译个完整的语义群。原文中，①句是指指导思想，②③④句是指要坚持的原则，从⑤句开始到最后结尾都是指要采取的措施。根据语义相近原则翻译成5个句子。

（5）①我们要坚持社会主义市场经济改革方向，②从广度和深度上推进市场化改革，③减少政府对资源的直接配置，④减少政府对微观经济活动的直接干预，⑤加快建设统一开放、竞争有序的市场体系，⑥建立公平开放透明的市场规则，⑦把市场机制能有效调节的经济活动交给市场，⑧把政府不该管的事交给市场，⑨让市场在所有能够发挥作用的领域都充分发挥作用，⑩推动资源配置实现效益最大化和效率最优化，让企业和个人有更多活力和更大空间去发展经济、创造财富。（P117）

①We should remain committed to the reform to establish and improve the socialist market economy and bring the reform to a

209

deeper and wider level. ②We should reduce the government's direct involvement in resource allocation and its direct interference in micro-economic activities. ③We should step up efforts to develop a uniform market system characterized by openness and orderly competition, and set fair, open and transparent market rules. ④The government should refrain from getting involved in the economic activities that the market can regulate effectively, and let the market do what the government is not supposed to do, so that the market can play its role of maximizing the effectiveness and efficiency of resource allocation, and enterprises and individuals can have more room to develop the economy and create wealth with vigor and vitality. (P129)

例5原文有11个独立的句子,翻译成4个句子,即把原文的①②组成译句,③④组成一句,⑤⑥组成一句,其余的组成一个由主句和目的状语组成的复合句。这样的句子处理是根据原语的逻辑关系而定的。

9.4.3.2 合句法

有些汉语句子比较简短,而且两句话中有个核心词语把两个句子的语义连贯起来,使两个形式上完整独立的句子在语义上产生内在的逻辑关系,翻译时往往采用英语的主从句形式,把两句话连起来。如:

(1)①严明党的纪律,首要的就是严明政治纪律。②严明政治纪律就要从遵守和维护党章入手。(P386)

①To run the Party with strict discipline, we have to first and foremost implement strict Party's political discipline, ②which in turn starts from observing and safeguarding the Party Constitution. (P426)

例1的"严明政治纪律"在第二句中重复,形成顶真的修辞格,翻译时用定语从句巧妙地把两句连接。

(2)①核心价值观是文化软实力的灵魂、文化软实力建设的重

点。②这是决定文化性质和方向的最深层次要素。(P164)

Core values, ②a fundamental factor for the texture and orientation of culture, ①are the soul of cultural soft power and a key to building a nation's cultural soft power. (P181)

例2原文的"核心价值观是文化软实力的灵魂、文化软实力建设的重点"翻译成同位语，与②组成一个句子。

（3）①我们的党是全心全意为人民服务的政党。②党领导人民已经取得举世瞩目的成就，③我们完全有理由因此而自豪，④但我们自豪而不自满，⑤决不会躺在过去的功劳簿上。(P4)

①Dedicated to serving the people, our Party has led them in making remarkable achievements, which we have every reason to be proud of. ②Nevertheless, we should never be complacent and rest on our laurels. (P4)

例3中关键词"党"在①和②句中出现，翻译把①译为分词结构，②译为主句，③译为定语从句，符合英语句子结构特点，即语义清晰，有层次感。

（4）①党风廉政建设和反腐败斗争是一项长期的、复杂的、艰巨的任务。②反腐倡廉必须常抓不懈，③拒腐防变必须警钟长鸣，④关键就在"常""长"二字，⑤一个是要经常抓，⑥一个是要长期抓。(P386)

①Faced with the long-term, complicated and arduous tasks of improving Party conduct, upholding integrity and combating corruption, we must persevere in our anti-corruption effort and always remain vigilant against corruption and degeneracy. ②The key is to repeatedly stress the fight against corruption and make a long-term commitment. (P426)

例4有6个句子，英文译成两句话，其中，第一句是个完整的句子，翻译成状语，与②③句组成一个句子。④句省略，因为⑤⑥句的翻译已经体现了其含义。

（5）①党坚强有力，②党同人民保持血肉联系，③国家就繁荣稳定，④人民就幸福安康。（P15）

The Party's strength and its close ties with the people have ensured China prosperity and stability, and the Chinese people peace and happiness.（P15）

例5 原文有4个句子，句与句间是并列关系，但从逻辑语义看，前两句和后两句之间有一种逻辑关系，构成条件和结果的关系。四个句子译成英语一个句子，原文的每个句子转换成英语的名词结构。前两句作主语，后两句作宾语。

9.4.3.3 倒译法

汉英语言的语序既有相同之处，也存在着差异。如果两种语言语序相同，句子翻译一般采取顺译；如果两种语言语序不同，甚至相反，句子翻译就要调整语序。而倒译就是调整语序最常见的翻译技巧。例如：

（1）①我们要全面建成小康社会、②加快推进社会主义现代化、③实现中华民族伟大复兴，④必须始终高举中国特色社会主义伟大旗帜，⑤坚定不移坚持和发展中国特色社会主义。（P8）

④We must always uphold socialism with Chinese characteristics and ⑤firmly adhere to and develop Chinese socialism ①in order to bring about a moderately prosperous society in all respects, ②accelerate socialist modernization and ③achieve the great renewal of the Chinese nation.（P8）

例1把原文的④⑤句作主句放在句首，其余的译成状语。

（2）①坚定理想信念，②坚守共产党人精神追求，③始终是共产党人安身立命的根本。（P15）

③It has always been the foundation for the lifeline and pursuit of all Communists ①②to have full confidence in ideals and firm faith in communism.（P16）

例 2 的①②句是原语的主语，翻译时被形式主语 It 替代，这样可以避免头重脚轻。

（3）①中国已经发展起来了，②我们不认可"国强必霸"的逻辑，③坚持走和平发展道路，④但中华民族被外族任意欺凌的时代已经一去不复返了！（P170）

①China has stood up. ④It will never again tolerate being bullied by any nation. ②Yet it will never follow in the footsteps of the big powers, which seek hegemony once they grow strong. ③Our country is following a path of peaceful development.（P189）

例 3 把④句放在②③前翻译，在逻辑上与①句更加紧密。

（4）①在不同发展水平上，②在不同历史时期，③不同思想认识的人，④不同阶层的人，⑤对社会公平正义的认识和诉求也会不同。（P96）

⑤Understanding of and desires for social fairness and justice may differ ①②③④when there are differences in development levels and historical periods, and people's outlook and social background.（P108）

9.4.3.4　把句子翻译成独立主格结构

在英语中，独立主格结构是由一个名词或代词（主格）作为逻辑主语，加上一个非谓语动词（如分词、不定式）或非动词（如形容词、副词、或介词短语）构成的复合结构，其作用相当于状语从句，表述时间、条件、原因、方式和伴随状况。独立主格的使用使句子简洁流畅，行文表达生动活泼、丰富多彩。

（1）实现社会公平正义是由多种因素决定的，<u>最主要的还是经济社会发展水平</u>。(P96)

Realizing social fairness and justice requires multiple factors, <u>a higher level of social and economic development being the most crucial one</u>. (P108)

（2）这一政治发展道路的核心思想、主体内容、基本要求，都在宪法中得到了确认和体现，<u>其精神实质是紧密联系、相互贯通、相互促进的</u>。(P138)

The core thought, underlying component and basic requirement of this political path are all affirmed in the Constitution, <u>their theoretical essence being closely related, integrated and mutually reinforcing</u>. (P153)

（3）环境保护和治理要以解决损害群众健康突出环境问题为重点，坚持预防为主、综合治理，强化水、大气、土壤等污染防治，<u>着力推进重点流域和区域水污染防治，着力推进重点行业和重点区域大气污染治理</u>。(P209-210)

So we should place emphasis on serious environmental problems that pose health hazards to the people, and take a holistic approach to intensifying the prevention and control of water, air and soil pollution, <u>with the focus on water pollution in key river basins and regions, and on air pollution in key industrial sectors and areas</u>. (P232)

9.4.3.5 把句子译成同位语

（1）党中央作出了建设世界一流大学的战略决策，<u>我们要朝着这个目标坚定不移前进</u>。(P174)

The Party Central Committee has decided to build world-class colleges and universities — a strategic policy that we should follow without hesitation.（P194）

（2）近60多年来，两岸虽然尚未统一，但我们同属一个国家、同属一个民族<u>从来没有改变，也不可能改变</u>。（P238）

For more than six decades now, although the two sides have yet to be reunited, we belong to one country and the same nation — <u>a fact that has never changed, nor will ever change in the future</u>.（P262）

（3）双方建立了220多对友好省州和友好城市。中国有近19万学生在美留学，美国有2万多学生在华留学。<u>建设中美新型大国关系具有深厚民意基础</u>。（P280）

Fourth, sister provinces and states, and sister cities totaling more than 220 pairs have been established between the two sides; nearly 190,000 Chinese students are studying in the US and more than 20,000 US students are studying in China — <u>a good public opinion foundation for the building of the new model of relationship</u>.（P307–308）

（4）为什么我要强调这一点？这是因为，<u>党和国家的长期实践充分证明</u>，只有社会主义才能救中国，只有中国特色社会主义才能发展中国。（P7）

Why have I emphasized this? Because only socialism can save China, and only Chinese socialism can lead to our country to development—<u>a fact that has been fully proved through the long-term practice of the Party and the state</u>.（P7）

9.4.4 衔接

衔接是构成语篇的必备条件之一。何谓衔接？衔接指语篇中各种语言形式或成分之间的联系。"在语篇中，一个句子内的某些词语与上下文有一脉相承的关系，或者说，某些词语的具体意义要从上下文中的有关词语索引。前者为衔接项（句），后者为被衔接项（句），两者构成衔接关系。正是这种衔接关系使语篇成为形式和意义的完整一体。"（胡壮麟，

2000：245）衔接主要体现于语篇的表层结构，是语篇的有形网络（黄勤，2001：113）。语篇衔接的实现依赖于五种衔接手段（cohesive devices）：照应、替代、连接、省略和词汇衔接（Halliday，Hasan，1976：38），其中前四种为语法衔接。这五种衔接手段在《习近平谈治国理政》的翻译中都得到充分的体现。

9.4.4.1 照应

照应是指语篇中一个成分作为另一个成分的参照点，包括人称照应、指示照应和比较照应，是语篇中最常见的衔接手段，尤其在文学作品中。照应是语篇中的指代成分与所指对象之间的相互解释关系。虽然语篇中的照应关系是通过一定的语言手段来表达的，但指代成分与所指对象之间的关系是通过语义联系来构成照应关系的。照应在语篇中发挥着重要的作用。首先，它可以使发话者运用简短的指代形式来表达上下文中已经或即将提到的内容，从而使语篇在修辞上具有言简意赅的效果。更为重要的是，照应可以使语篇在结构上更为紧凑，从而使语篇成为前后衔接的整体（朱永生 等，2001：15）。从"方向"的角度看，照应可以分为两种："内指"和"外指"。前者指的是语篇中某个成分的参照点存在于语篇之中。后者指的是语篇中某个参照点不在语篇本身内部，而在语境这个"外部"环境之中。在《习近平谈治国理政》中，由于祈使句型多，缺乏主语，因此，在翻译时加上主语"we"，而这个"we"就是外指，可能是指全体中国人民、全体党员干部、国家、政府等。"外指"是社会文化和情景语境决定的。例如：

（1）坚定的理想信念是政法队伍的政治灵魂。必须把理想信念教育摆在政法队伍建设第一位，不断打牢高举旗帜、听党指挥、忠诚使命的思想基础，……（P149-150）

It is essential for our judicial, procuratorial and public security officers to have firm ideals and convictions. We should give top priority to education in this regard for <u>these officers</u>. We should make sure that they uphold socialism with Chinese characteristics, faithfully follow the orders of the Party, and remain true to their mission.（P166）

例1的these officers 指代"our judicial, procuratorial and public security officers","高举旗帜"是指"高举有中国特色的社会主义旗帜",译为 uphold socialism with Chinese characteristics,这是外指。

在内指的照应中,人称照应和指示照应最为频繁。

（2）我们要增强政治定力,增强道路自信、理论自信、制度自信。我们要根据形势任务发展变化,通过全面深化改革,不断拓展中国特色社会主义道路,不断丰富中国特色社会主义理论体系,不断完善中国特色社会主义制度。

We should enhance our political faith and our confidence in the path, theories and systems of Chinese socialism. We should expand <u>this path</u>, enrich <u>these theories</u> and improve <u>these systems</u> through comprehensive reform and in response to changing conditions and tasks. We should modestly draw on the achievements of all other cultures, but never forget our own origin.（P31）

例2的this path是指"中国特色社会主义道路",these theories是指"中国特色社会主义理论体系",these systems是指"中国特色社会主义制度"。

（3）党面临的形势越复杂、肩负的任务越艰巨,就越要加强纪律建设,越要维护党的团结统一,确保全党统一意志、统一行动、步调一致前进。严明党的纪律,首要的就是严明政治纪律。（P386）

The more complicated the situation and the heavier the tasks facing the Party, the more we need to reinforce discipline and the more we need to safeguard unity within the Party. <u>In this way</u> we can ensure that the whole Party is unified in terms of determination and synchronized in actions and progress.（P426）

In this way 指代前述的一整句话。

（4）必须毫不动摇坚持<u>党对军队的绝对领导</u>。保证<u>党对军队的绝对领导</u>，关系我军性质和宗旨、关系社会主义前途命运、关系党和国家长治久安，是我军的立军之本和建军之魂。（P215-216）

We must uphold the Party's leadership of the armed forces. <u>This</u> is central to the nature and mission of the armed forces, the future of socialism, the enduring stability of the Party, and the lasting peace of our country. <u>It</u> is fundamental to the existence and development of the armed forces.（P238）

This 和 It 都是指 We must uphold the Party's leadership of the armed forces。

（5）全面建成小康社会，推进社会主义现代化，实现中华民族伟大复兴，是光荣而伟大的事业，是光明和灿烂的前景。（P58）

Completing the building of a moderately prosperous society in all respects, accelerating socialist modernization and achieving China's great rejuvenation, this is a glorious cause with a bright and splendid future.（P63）

This 是外位成分，指代"Completing the building of a moderately prosperous society in all respects, accelerating socialist modernization and achieving China's great rejuvenation"。使用外位成分可以避免出现句子结构头重脚轻的毛病。

9.4.4.2 替代

替代指的是用替代形式来取代上文中的某一成分，以避免重复。替代词只是形式，它的语义要从所替代的成分中去寻找。替代是语言使用中的一种普遍现象，但人们对替代这一术语往往有不同的理解。有的语言学家，如王力（1944）和夸克等（1985），将照应也归入到替代的范畴。而在Halliday和Hasan（1976）的语篇衔接系统中，替代和照应分别属于两种不同的语法衔接手段。它们的区别表现在：首先，替代是一种词汇语法关系，而照应是一种语义关系。也就是说，在语言系统中，替代是建立在词汇语法层上的，而照应则是建立在语义层上的。在照应关系中，指代成分和所指对象之间存在着语义上的一致性或认同性，即受话者可以从上下文中索引指代成分的所指意义。但在替代现象中，替代成分与被替代成分之间不存在指称意义上的认同关系。也就是说，替代是为了避免重复而用某一语言成分来替换另一语言成分。其次，在替代关系中，替代成分与替代对象的句法功能是一致的。最后，替代关系发生在语篇内部，而且大都是回指性的，即替代对象出现在替代成分的上文（朱永生 等，2001：44）。

替代可分为名词性替代（如汉语的"的""者""同样的""一样的"，英语的"one""the same"等）、动词性替代（如汉语"干""来""弄""搞"，英语的"do""does"）和小句性替代（如汉语的"这样""这么""不然""要不"，英语的"so""not"）。替代和照应一样，也必须依靠上下文来阐释，存在一定的主观性。英语不喜欢重复，汉译英时要想方设法避免重复，主要手段有用代词代替、使用概括性名词和变换用词等。例如：

（1）开展党的群众路线教育实践活动，是<u>保持党的先进性和纯洁性、巩固党的执政基础和执政地位</u>的必然要求。<u>保持党的先进性和纯洁性，巩固党的执政基础和执政地位</u>，是党的建设面临的根本问题和时代课题。（P367）

Second, launching the program of mass line education and practice is an essential requirement for the Party to maintain its progressive nature and its integrity, and consolidate its governing base and status. <u>This</u> is an issue now, and <u>it</u> is fundamental to the Party and its future.（P403）

This 和 It 都是指"to maintain its progressive nature and its integrity, and consolidate its governing base and status"。

（2）牢牢把握党在新形势下的强军目标，全面加强军队革命化现代化正规化建设，<u>为建设一支听党指挥、能打胜仗、作风优良的人民军队</u>而奋斗。<u>建设一支听党指挥、能打胜仗、作风优良的人民军队</u>，是党在新形势下的强军目标。（P220）

We must firmly follow the Party's goal of military development under the new circumstances and, build revolutionary, modernized and standardized people's armed forces that faithfully follow the Party's commands, are able to win battles and have fine conduct. Building <u>such forces</u> is the Party's goal for developing the military under the new circumstances.（P242）

such forces 是指"people's armed forces that faithfully follow the Party's commands, are able to win battles and have fine conduct"。

（3）做好党的宗教工作，把党的宗教工作基本方针坚持好，关键是要在"导"上想得深、看得透、把得准，做到"导"之有方、"导"之有力、"导"之有效，牢牢掌握宗教工作主动权。（第二卷，P302）

To do our work well and better carry out the Party's basic guide-lines on religions, we need to provide guidance. <u>This</u> is of crucial importance. <u>To do so</u>, we should think carefully and understand problems thoroughly and accurately. In other words, we should give sound, vigorous, and effective guidance so that we will maintain the initiative in our work with religions.（P330）

This 和 To do so 都是指"To do our work well and better carry out the Party's basic guide-lines on religions, we need to provide guidance"。

（4）我们的责任，就是同全党同志一道，坚持党要管党、从严治党，切实解决自身存在的突出问题，切实改进工作作风，密切联系群众，使我们党始终成为中国特色社会主义事业的坚强领导核心。（P4-5）

Our responsibility is to work with all Party members to uphold the principle that the Party should supervise its own conduct and run itself with strict discipline, effectively solve major problems within the Party, improve its work style, and maintain close ties with the people. <u>By so doing</u>, our Party will surely remain at the core of the leadership in advancing socialism with Chinese characteristics.（P4-5）

By so doing 是指"the Party should supervise its own conduct and run itself with strict discipline, effectively solve major problems within the Party, improve its work style, and maintain close ties with the people"。

（5）使市场在资源配置中起决定性作用和更好发挥政府作用，二者是有机统一的，不是相互否定的，不能把二者割裂开来、对立起来，既不能用市场在资源配置中的决定性作用取代甚至否定政府作用，也不能用更好发挥政府作用取代甚至否定使市场在资源配置中起决定性作用。（P117）

Letting the market play the decisive role in allocating resources and letting the government better perform its functions are not contradictory. It does not mean that the market can replace the government's functions, nor <u>vice versa</u>.（P129）

例 5 用 vice versa 取代 the government's functions replace the market。

（6）虽然这两个历史时期在进行社会主义建设的思想指导、方针政策、实际工作上有很大差别，但两者绝不是彼此割裂的，更不是根本对立的。不能用改革开放后的历史时期否定改革开放前的历史时期，也不能用改革开放前的历史时期否定改革开放后的历史时

期。(P22-23)

> Although the two historical phases are very different in their guiding thoughts, principles, policies, and practical work, they are by no means separated from or opposed to each other. We should neither negate the pre-reform-and-opening-up phase in comparison with the post-reform-and-opening-up phase, nor the converse. (P25)

nor the converse 是指"也不能用改革开放前的历史时期否定改革开放后的历史时期"。

9.4.4.3 连接

连接指运用连接词来表现句际间的语义逻辑联系。连接词表示的连接关系主要有递加、逆转、因果以及时间或逻辑发展等。Halliday 和 Hasan（1976：226）指出，连接成分的衔接主要不在于它们是贯通上下文的手段，而在于其自身表达的具体意思，这些意思预设了语篇中其他成分的存在。

汉语是意合语言，句与句间的连词能省则省。但英语是形合语言，句间的衔接一般都要用连词。所以汉语译成英语时，一般要增加连接词（如连词或副词），使逻辑关系显性化。例如：

（1）"政之所兴在顺民心，政之所废在逆民心。"(P28)

"Decrees may be followed _if_ they are in accordance with the aspirations of the people; they may be ineffective _if_ they are against the aspirations of the people."(P30)

例 1 是个对偶句，每一句都是隐含条件和结果的主从复合句，译文增加连词 if 使逻辑关系显化。

在《习近平谈治国理政》的翻译中，除使用正常的连接词语外，还在引语前增加说明性语言。例如：

（2）各国国情不同，核能事业处于不同发展阶段，面临的核安全挑战也不尽相同。<u>一把钥匙开一把锁</u>。（P254）

Countries differ in national conditions and in the status of their nuclear power development, and the nuclear security challenges they face also vary from one to another. <u>As the saying goes</u>, you need different keys to open different locks.（P279）

（3）坚持合作共赢。<u>"计利当计天下利"</u>。（P293）

Second, work for mutually beneficial cooperation. <u>As a Chinese saying goes</u>, "The interests to be considered should be the interests of all."（P321）

（4）"<u>空谈误国，实干兴邦</u>"，说的就是反对学习和工作中的"空对空"。（P406）

<u>A Chinese saying goes like this</u>, "Empty talk harms the country, while hard work makes it flourish." This demands real efforts in both study and work.（P454）

上述三例的俗语前增加了说明性语言（As the saying goes，As a Chinese saying goes 或 A Chinese saying goes like this），使引用的俗语或典故与前后句衔接。

（5）而青年又处在价值观形成和确立的时期，抓好这一时期的价值观养成十分重要。这就像穿衣服扣扣子一样，如果第一粒扣子扣错了，剩余的扣子都会扣错。（P172）

Besides, young people are at the time of life when they form and establish their values. It is therefore very important to offer some guidance. <u>That reminds me of something that happens in our daily life</u>. When we button up our coat, we may inadvertently put the first button in the wrong button hole, and that will result in all the other buttons being put in the wrong holes.（P191–192）

例5的画线部分原文中是没有的,这是个过渡句,把后面的比喻句有机地衔接起来。

(6)我们就是要有这样的道路自信、理论自信、制度自信,真正做到"<u>千磨万击还坚劲,任尔东西南北风</u>"。(P22)

We must have confidence in our path, our theory and our system. <u>We must be as tenacious as bamboo, as described by Zheng Xie:</u> "In the face of all blows, not bending low, it still stands fast. Whether from east, west, south or north the wind doth blast."(P24)

(7)创新是民族进步的灵魂,是一个国家兴旺发达的不竭源泉,也是中华民族最深沉的民族禀赋,正所谓"<u>苟日新,日日新,又日新</u>"。(P51)

Innovation is the soul driving a nation's progress and an inexhaustible source of a country's prosperity. It is also an essential part of the Chinese national character. <u>This is what Confucius meant when he said,</u> "If you can in one day renovate yourself, do so from day to day. Yea, let there be daily renovation."(P55-56)

9.4.4.4 省略

一般而言,省略是指把语言结构中的某个成分省去不提。它是为了避免重复,使表达简练、紧凑、清晰的一种修辞方式。省略符合语言使用的经济原则。在《习近平谈治国理政》的翻译中,不仅重复词语经常省略,而且重复句子也省略。例如:

(1)这些基本要求,既<u>涉及</u>生产力和生产关系、又<u>涉及</u>经济基础和上层建筑,既<u>涉及</u>中国特色社会主义伟大事业、又<u>涉及</u>党的建设新的伟大工程,同时还涉及统筹国内国际两个大局。(P14)

These basic requirements cover many areas — the productive forces and relations of production, the economic base and the superstructure, the great cause of Chinese socialism and the new undertaking of Party building, and a holistic approach to both the domestic and international situations.（P15）

（2）中国梦<u>意味</u>着中国人民和中华民族的价值体认和价值追求，<u>意味</u>着全面建成小康社会、实现中华民族伟大复兴，<u>意味</u>着每一个人都能在为中国梦的奋斗中实现自己的梦想，<u>意味</u>着中华民族团结奋斗的最大公约数，<u>意味</u>着中华民族为人类和平与发展作出更大贡献的真诚意愿。（P161）

The Chinese Dream is a <u>dream</u> cherished and aspired to by the Chinese people and nation, a <u>dream</u> of building China into a well-off society in an all-round way and rejuvenating the Chinese nation, a <u>dream</u> for everyone to make his own dream come true, a <u>dream</u> that the whole nation strives for, and a <u>dream</u> to show the world China's commitment to making a greater contribution to the peace and development of mankind.（P179）

例2省译谓语动词"意味"，重复了dream，是对"中国梦"的不同阐述。

（3）国家安全和社会稳定是改革发展的前提。<u>只有国家安全和社会稳定，改革发展才能不断推进。</u>（P84）

National security and social stability form the basis for further reform and progress.（P94）

（4）人是科技创新最关键的因素。<u>创新的事业呼唤创新的人才</u>。尊重人才，是中华民族的悠久传统。（P127）

Competent personnel are the most crucial factor for scientific and technological innovation. Respecting them has long been a fine Chinese tradition.（P140）

例3和例4是句子省略，因为画线句子与前面的句子意思相同。

（5）<u>一是要牢记</u>，<u>坚决听党指挥是强军之魂</u>，必须毫不动摇坚持党对军队的绝对领导，<u>任何时候任何情况下都坚决听党的话、跟党走</u>。<u>二是要牢记</u>，<u>能打仗、打胜仗是强军之要</u>，必须按照打仗的标准搞建设抓准备，<u>确保我军始终能够召之即来、来之能战、战之必胜</u>。<u>三是要牢记</u>，<u>依法治军、从严治军是强军之基</u>，必须保持严明的作风和铁的纪律，确保部队高度集中统一和安全稳定。（P219）

The armed forces must never falter in upholding the Party's absolute leadership, and all service persons must be well-disciplined, so as to ensure that the armed forces are secure and stable.（P241）

以上画线部分是排比句，语势层层递进，典型的汉语行文特征，前后句子语义也有许多重复之处，但是英语表达忌重复，所以例5基于上下文语境做了省译。例5引自"努力建设巩固国防和强大军队"，该文章第一段中出现下列文字：

全军要高举中国特色社会主义伟大旗帜，以邓小平理论、"三个代表"重要思想、科学发展观为指导，深入贯彻国防和军队建设主题主线，认真落实党的十八大关于国防和军队建设的战略部署，<u>牢记坚决听党指挥是强军之魂，能打仗、打胜仗是强军之要，依法治军、从严治军是强军之基</u>，全面加强革命化现代化正规化建设。（P218）

9.4.4.5 词汇衔接

词汇衔接是语篇中最重要的衔接手段，指语篇中出现的部分词汇之间存在语义上的某种相互联系。如：同义、反义、上下义、互补、重复和整体与部分等关系。Halliday（1994）将词汇衔接细分为3种：重复、同义词和词汇搭配。重复和同义词前文已有所述，下面只讨论词汇搭配。词汇搭配是约定俗成的。根据不同的搭配，选用不同的词，也可以避免重复。以"建设"一词为例。

（1）社会主义<u>建设</u> socialist <u>construction</u>

（2）反对腐败、<u>建设</u>廉洁政治，保持党的肌体健康，始终是我们党一贯坚持的鲜明政治立场。（P16）

It has always been the CPC's consistent and clear political position to combat corruption, <u>promote</u> political integrity and keep the Party healthy.（P17）

（3）党风廉政<u>建设</u>，是广大干部群众始终关注的重大政治问题。（P16）

<u>Building</u> a fine Party culture and a corruption-free Party is a major political issue of great concern to the people. "Worms can only grow in something rotten."（P17）

（4）实现党的十八大确定的各项目标任务，实现"两个一百年"目标，实现中华民族伟大复兴的中国梦，必须把我们党<u>建设</u>好。（P385）

We must <u>strengthen</u> our Party if we are to fulfill the goals and tasks set out at its 18th National Congress, including the Two Centenary Goals, and realize the Chinese Dream of the great renewal of the Chinese nation.（P425）

（5）党风廉政<u>建设</u>和反腐败斗争，是党的建设的重大任务。（P385）

<u>Improving</u> Party conduct, upholding integrity and combating corruption are important tasks in the course of <u>building</u> the Party.（P425）

上述例子显示，"建设"分别译为 construction、promote、build、strengthen 和 improve。

9.5 效果分析

衡量翻译的目的是否实现，翻译的策略是否有效，就是看译文是否得到读者的接受和认可。只有译文被读者理解和接受，翻译才算达到预期的效果。

判断译文是否接受，一般有两种检验的方法：言内判断和言外调查。从翻译信度与效度关系的角度，一般而言，文本的翻译质量越高，其在目标语读者中的接受度也越高。据此，我们可以根据某种翻译质量评估模式，比如说翻译质量的系统功能语言学评估模式（司显柱，2007），依据该模式所设立的参数，对译本是否在经验意义、人际意义维度上与原文对等，译文语言是否与同类体裁语篇平行文本的言辞特征和风格相若，即得体、适切做出评价，从而对译本的接受效果做出间接判断。

言外调查的方式不一，其中常见的有调查发行量和读者反应。译本发行量大，说明译文畅销，得到读者普遍认可。发行量小，说明译文没有得到读者关注，或译文质量存在问题。读者反应是判断译文可接受度的最直接证据。读者包括普通读者和知名人士，其中，知名人士是指国家政要、知名学者等。知名人士对译文的评论会影响普通读者的阅读兴趣。另外，读者的阅读动机和阅读需要的强度与翻译作品的传播效果成正比。个体对翻译作品的内容需要强烈，动机指向性强，翻译作品传播效果就好；反之，阅读动机和阅读需要不强烈，翻译作品的传播效果就差（衡孝军 等，2011：162）。

《习近平谈治国理政》译本得到国内外读者的广泛认可和称赞，其发行量已达两千多万册，创下了改革开放以来中国国家领导人著作海外发行最高纪录，发行遍及五大洲的多个国家，并且为国外多家图书馆收藏（管永前，2017）。该书之所以得到海外读者的广泛关注，原因有二。

一是书的思想内容引起了外国读者的阅读兴趣。国外读者想要了解中国的政治制度、经济发展、军事动态、科技文化、外交理念等，最有效而又快捷的途径就是阅读国家领导人的讲话稿。习近平的讲话阐述了我国的治国理念和执政方略，提出了许多新思想、新观点、新论断，深刻回答了新的历史条件下党和国家发展的重大理论和现实问题，为全球治理体系提供了中国方案。该书在海外发行后，成为海外各大媒体宣传报道的热点，得到了海外许多政界要人、专家学者的高度评价。如德国前总理格哈德·施罗德对书中关于"中国梦"的论述评价说："《习近平谈治国理政》阐释了习近平主席和中国国家领导人的立场,能帮助我们理解中国政治。书中提出的中华民族伟大复兴梦想以及一个开放、稳定、富裕的中国,符合欧洲利益。"美国前国务卿亨利·基辛格这样评价习近平的外交政策:"我从习近平构建新型大国关系的主张中发现了世界秩序演变的'全新思路'。"柬埔寨前首相洪森说:"我对习主席关于中国梦、国家治理、深化改革、依法治国、反腐败以及中国走和平发展道路等方面的论述印象深刻。"乌兹别克斯坦共和国总统米尔济约耶夫评价说:"在激烈的全球化时代,在治理国家与社会、持续发展与民族特色相适应的市场经济和全面保障人民利益诉求等方面……这本书是重要的思想源泉和实用的指导手册。"(杨俊峰,2017)

二是翻译架起了融通中外话语的桥梁。为了满足异域读者的认知结构和思维、修辞习惯,使读者有效解读中国的执政理念和优秀文化,该书的翻译采用了前文所述的许多语言融通策略和翻译策略与技巧,"编""译"融合,注重海外读者需求。与过去出版领导人著作的最大不同在于,该书创新出版理念,从内容编辑和语言翻译层面坚持"'编''译'融合、外宣导向"原则。实践证明是行之有效的,从而具有良好的可接受性。

从言外调查的角度,我们还就《习近平谈治国理政》的译文可接受性做过小范围的调查,调查对象是母语为英语的 150 名来华留学生。由于翻译可接受的因素很多,我们只就可理解性这个决定译文可接受的关键因素进行调查。我们通过高校外事处建立了微信群,从《习近平谈治国理政》中随机选取 15 篇英译文发在微信群让他们阅读,文章内容涉及政治制度、从严治党、改革开放、法治建设、文化强国等主题,然后叫读者回答问题:"Do you think that the version is comprehensible?"有 143 人做了回答。通过统计分析,发现有百分之九十六的读者即使对中国文化知之甚少,也能够完全理解译文,他们说虽然有些文化词语在正文中不理解,但因为提供了注解,所以不存在阅读障碍。只有百分之四的读者回答说对个别词句理解不到位,主要是直译词语,如"啃硬骨头"的译文为 chew tough bones,他们说直译词语只理解字面意义,不理解其引申义。这主要是跟他们的文化图式有关,因为在他们的图式中没有这样的联想义。但总体来说,《习近平谈治国理政》翻译可接受性是很高的。

该书之所以能够如此成功,一个很重要的原因就是外文局组织的翻译班子中"集中了长期从事党政文献翻译的专业人员,吸收了对中国政策比较了解的英国语言专家参与"。这些专家熟知中英语言,遇到难题能够"集体讨论、集体定稿"(黄友义,2018:61)。外国专家确保外语表达地道和自然,中国专家聚焦中国政治概念翻译准确无误,中外专家优势互补。翻译流程严密,质量管控到位。据参与该书翻译工作的外文出版社英文翻译刘奎娟所言,该书的翻译工作严格遵循流程,译作历经初译、外国专家改稿、定稿人审核等多遍交叉审核过程,校对修改十余遍之后才付梓出版。严谨的翻译流程和严格的质量控制使该书译文内容忠于原文,语言地道自然,易于为国外读者理解和接受(周忠良,2019:53)。

第十章　外宣翻译可接受性综合评价体系

翻译可接受性是译者在翻译的过程中必须考虑的因素。事实上，翻译理论中提出的诸多翻译策略或技巧和方法，都是围绕翻译可接受性展开的。只有为读者认可的译作才算是成功的译作，不具备可接受性的翻译毫无价值。翻译可接受性是一种面向译文的综合性翻译标准（卞正东，2007），指的是译文的语言符合译入语规范，能够为读者理解和接受。为使译文具有可接受性，译者会采用各种翻译策略。

翻译的可接受性（acceptability）在知名英国传播学家 Denis McQuail 的传播效果理论中，是指传播主体的意愿到达受众并获得其认同的程度（郭庆光，1998）。Nord（2001：32-33）提出翻译的可接受性更应强调"语际连贯"（intertextual coherence），即译文必须为接受者所理解。翻译可接受性的高低，即读者对译文的理解程度，将会直接影响翻译的效果（范仲英，1997）。如果翻译可接受性高，会对读者会产生很强的吸引力，从而实现翻译的交际价值，达到传播效果。

10.1　构成外宣翻译可接受性的言内因素

翻译可接受性是个复杂的概念，涉及的因素很多，具有很强的主观性。翻译是否为读者接受，或者说接受的程度如何，会因人而异，因文化而异，因时代而异。小至一个词语，大至一个篇章，对其评价各一是难免的。这是因为，不同的读者有不同的前理解，其审美情趣和阅读心理是不一样的。一个很典型的例子是蒙牛的广告语翻译："只为点滴幸福"翻译成 Little Happiness Matters。蒙牛坚持认为该英文广告语没有问题。但有人为此进行了多轮调查，在先后采访 30 余位中国和外籍专家后，他们均表示，蒙牛的英文广告语错误明显。错在 little 具有否定的意义，翻译为"几乎没什么幸福是重要的"，或者"几乎没什么幸福是有意义的"；此外，还可以有另外一种理解，即 little 为副词作状语前置，整句是一个倒置句，还原过来为"happiness matters little"，翻译过来是"幸福并不重要"，"幸福没什么价值"。以上两种常见的理解不论哪一个，都与蒙牛想表达的意思截然相反了。但广告设计公司（麦肯光明）称这是英国谚语用法，该广告语也找了美国英国等多名专家确认过（潘晓亮，2012）。

为避免主观评价因素，应该为外宣翻译可接受性设置一些参照系（或参数）。所谓参照系，就是评判译文可接受性的参考因素。赖斯（2004）提出全面分析影响译文的各种要素：文学范畴（即文本类型）、语言范畴（即语言要素）、语用范畴（即非语言要素）和功能范畴。下面阐述的参照系是构成翻译可接受性的基本语言要素。根据这些基本语言要素，可以判断翻译是否可接受，或可接受的程度。

10.1.1 用词准确

选词是否准确，是否符合习惯，无疑是判断译文接受性的主要参考依据之一。词语具有形式意义和实体意义，前者是指词语的语法、语音及书写意义，后者是指词语的指称意义及引申义。判断词语翻译是否准确，有如下标准：

一是指称性。指称性是指词语的指称意义。指称意义是和字面意义相对的。翻译就是要翻译词语的指称意义，而不是字面意义。字面意义是词语的假朋友。"假朋友"这个概念源自法语中的 Faux Amis 一词，直译成英文即 false friend，最初是指拼法与英语相同但含义不同的法语词汇。在汉英翻译时，我们也需提防这些词形结构相似或相同但词义相左的"假朋友"，否则稍有不慎便会落入"陷阱"，闹出笑话（陈宏薇、李亚丹，2012：73）。翻译最忌讳的是对号入座，照字面意义直译，如"开水间"译成 Open water room,"售票处"selling ticket office,(洛阳市社会保险学会)"会长室"译成 It will grow room,发券单(餐馆可以抵菜金的券)译 A single hair coupons,零钞兑换译成 currency changing(正确表达：Currency Exchange),等等。这样的翻译无疑是笑话,但这样的笑话似乎无处不在,常见于大街小巷的公示语中。有些专业用语,虽然只有一字之差,但内涵不同。如"定金"和"订金"一字之差,但法律效力是不同的。定金是指当事人双方为了保证债务的履行,约定由当事人方先行支付给对方一定数额的担保金,有法律约束力。订金是预付款,没有法律约束力。"定金"译为 earnest money,而"订金"译为 prepayment。"专利技术"和"专有技术"也是一字之差,但前者译为 patent technology,后者译为 know-how。

二是语境性。语境是确定词义的先决条件。缺乏语境,词义是不确定的。尽管词语具有多义性,但在一定的语境中,词语只能有一个词义,如果有多个语义,就会产生误解,影响言语交际,但双关语除外。语境是人们理解和解释话语意义的依据。纽马克（1982：113）指出:"语境在全部翻译中都是最重要的因素,其重要性大于任何规则、任何理论、任何词义。"英语中有两句话:"No context, no text.""You know a word by the company it keeps."这两句话事实上已成为理解和翻译的座右铭（motto）。上下文观念是阅读理解和翻译中最重要的观念之一,理解和翻译正确与否,在很大程度上取决于读者和译者有否上下文观念或能否进行上下文分析,并由此相当程度上决定理解与翻译能力的高低。

语境分为言内语境和言外语境。言内语境包括文本上下文以及与文本语码相应的语言系统本身。索绪尔最先注意到语言自身的关系或结构,他在《普通语言学教程》中指出,语言结构由两种关系构成：横向组合关系（syntagmatic）和纵向聚合关系（paradigmatic）。横向组合关系指语言要求彼此一个挨一个地排在言语的横轴上,组成以互相区别为原则,以线条特征为基础的一条语言链。这种组合有音位语合、语素组合、词语组合、句子组合、段落组合等等。纵向聚合关系指人们在心理联想的作用下,将同义或近义的语言单位聚合起来,按同一性原则形成可替换性的纵向。每一种语言单位都处在这两种关系中,并在这种关系中显示其意义。比如，汉语"沽"字有买和卖两个相反的词义，在"待价而沽"中，"沽"意为"卖"，在"沽名钓誉"中意为"买"。语境使词义增加或者变换色彩。

同一词语在不同语境中所指意义不同，这是很普遍的语言现象。比如，汉语词"青色"在英语中没有与之对应的颜色，在不同上下文中指不同的颜色。在"青出于蓝而胜于蓝"中，"青"指蓝色；在"青布"中，"青"指黑色；在"青山绿水"中，"青"指绿色。再如"米粉"在下面两例所指意义不同：

（1）"珍穗"宁宝系列精制米粉具有外观光滑透明，粗细均匀，口感柔软细腻，滑爽，韧性好，富有弹性，久煮不糊不断，烹调简易方便等特点。

（2）精制水磨米粉具有细、白、糯、爽等四大特点，主要用于速冻汤圆及其他各类食品。

例1的"米粉"实际上是指"米粉条"（rice flour noodles），因为"韧性好，富有弹性，久煮不糊不断。"例2的"米粉"指"糯米粉"（glutinous rice flour），因为它"主要用于速冻汤圆及其他各类食品"（司显柱、曾剑平 等，2006：15）。

如果说，交际活动是由表达者和接受者所构成的，那么统一的语境也可以分为表达语境和接受语境两种。对表达者来说，只有把握好表达语境，才能够提高表达效果，达到预期的交际目标；表达者所把握的语境是表达语境。对接受者来说，只有把话语放置到特定语境中来解码，只有联系表达者的特定语境，才能比较准确地把握表达者的会话含义；接受者所把握的语境其实是接受语境。两者是不相同的（王希杰，2007：1）。在翻译中，表达语境是原语作者创造的，构成原语读者理解原文的充分必要条件，而接受语境（译语语境）是译者根据原语的表达语境创造的。由于原语和译语的语言差异及文化背景，翻译时要采取增译、减译、补偿、结构调整等策略，为译语读者提供理解译语的充分的接受语境。

三是专业性。词语的使用语域是指词语的专业性，同一词语在不同的专业领域有不同的含义，有的词语只使用于某一专业领域中，在其他场合不使用，如药物名称和化学元素名称等。有的词语普通意义和专业意义大不相同。如 royalty，其普通意义是"皇室、王权"，但在法律合同指技术转让费或版税。在技术转让合同中，"提成费"指技术使用费，如果译成"technical use charge"或别的短语，就成了外行话，应该译成 royalty。

四是习惯性。词语的使用习惯一方面是指词语约定俗成的搭配，另一方面是指不同国家所使用英语的差异。如 film 和 movie 都可以指"电影"，前者是英国英语，后者是美国英语，但"奥斯卡最佳影片"的英语对应词是 Oscar best picture。"餐巾纸"对美国人来说是 paper napkin，而对英国人和澳大利亚人则要用他们习惯用的 serviette（杨红英、黄文英，2009∶107）。

五是文化性。词语文化性是指词语隐含的文化信息。在跨文化交际中，文化词语表现为此有彼无，或语义冲突。如在汉语文化中，岁寒三友（松竹梅）隐含熬雪凌霜、坚贞不屈的文化含义，而英语却没有，而龙的文化语义在汉英语言中是有冲突的。词语文化信息的传递需要采取各种翻译策略。虽然词语文化信息是否传递不影响翻译可接受性判断，甚至在某种情况下传递文化信息几乎不可能，但把文化因素作为判断词语翻译是否准确的标准还是有必要的，毕竟翻译与文化密切相关。

六是文体性。词语使用场合有正式和非正式之分。例如，"故乡"和"家乡"相比，前者的书面色彩更浓。"盐"和"氯化钠"所指称的都是同一事物，不过前者是通俗的称法，后者是专业术语。因使用场合的不同，词语会在语言交际中显出不同的"风格意义"。这种风格或文雅、或活泼、或死板、或风趣、或机智、或随便、或正式、或亲密、或严谨等。比如，"父亲"和"爸爸"都是和儿子相对，前者书面语色彩浓，后者口语化。我们说"他是一名伟大的父亲"，而不说"他是一名伟大的爸爸"。因为"伟大"是一个书面语色彩很强的词，用来修饰口语色彩极浓的"爸爸"，就会显得不伦不类。翻译同样要体现词语的文体色彩。如在法律文体中，要用使用十分文气、正式的词语，如用繁复短语代替简单介、连词（如用 in the nature of 代替 like），用笨重动词代替轻灵动词（如用 supplement 代替 add to），用冷僻词代替日常用词（如用 expiry 代替 end），常使用一些源自法语或拉丁语的词义范围明确的词（如 force majeure，bona fide，inter alia），常使用古词（如 hereby、hereinafter、thereon、whereas 等）。此外，在法律文体中，成双成对或多个同义词的使用比较普遍，例如，null and void（无效），terms and conditions（条款），provisions and stipulations（规定），modification and alternation（修改和变更），obligation and liability（义务和责任），等等。

措词不当，轻则言不达意，重则造成经济损失，甚至有损国家形象。1993 年《浙江日报》11 月 9 日刊登记者王瀛波采写的报道说某译者错将不锈钢译为碳素钢。这一字之差造成十八万元损失。多年前笔者曾听江西精细化工助剂厂的经理讲，他们原打算与香港合资建立水泥厂，把合资意向说明书交与省某外贸进出公司的人翻译。由于译者错将"荧石"（fluorite）译成"氟化物"（fluoride），"页岩"（shale）译成"花岗石"（granite）导致合资意向告吹。

10.1.2　语法性

语法是组词造句的规则，是人们创造和理解句子的机制。语言应具有语法性，这是由语言本身的机制决定的。语法性是语言的固有属性。语言学家在判断对语言理论至关重要的语句时，往往会评价语句的语法性。

组词造句应该合乎语法，不合语法组成的句子（如词序混乱）是不可接受的，或可接受性差。但合语法不是语言可接受的唯一要素。语义、语用、逻辑、文化、认知、文体等因素都影响语言可接受性判断。就语法性和可接受性而言，根据规则组成的语句可能会出现如下几种情况：一是合乎语法，有意义，可接受；二是合乎语法并有意义，但不可接受；三是合乎语法，无意义，不可接受；四是不合乎语法，但有意义，可接受（况新华、曾剑平，2001：13）。语言学家王希杰没有使用语言可接受性这一术语，但他把句子区分为两大类型：合格的句子和不合格的句子。他从语音、语法、语义和语用四方面区分句子的合格与不合格。语音句重在发音方便和听觉感受，语法句关键在合乎语法的规律规则，语义句重在意义的真实性和合逻辑性。这三者可以是一致的，也并不一定就都是一致的。语用句则重在得体。通常情况下，语音句、语义句、语法句同语用句在合格性方面是一致的，然而在一些情况下，却是可以不一致的，即：一方面，明明是合格的语音句、语义句和语法句，却并不是合格的语用句；另一方面，明明是不合格的语音句、语义句和语法句，却是合格的语用句（王希杰，2011：164-165）。

语法性对翻译的重要性是不言而喻的。用译语表达原语，自然要遵循译语的语法规则，而不是原语的语法，否则不可接受。有些翻译的句子之所以不可接受，是因为不按译语的语法组词成句，形成明显的原语语法痕迹。如：

（1）小心碰头（某商场电梯提示语）
Be carefully your head

例1回译成中文就是"仔细做你的头"或"小心是你的头"。

（2）宁静而高贵的色彩，散发着木质的芬芳，将自然的传说写进心的家园（住宅小区的提示语）
Quiet and noble color, sending out the fragrance of the wood, the legend of the natural written into the heart of their heart of their homes.

例2是按原语一字一句对译，意思似乎清楚，但不合语法，不具可接受性。

（3）小草有生命，脚下有深情（住宅小区的提示语）
The grass there is life, Feet deep feeling.

例3同样不合语法，不具可接受性。
事实上，像上述例子那样翻译不讲语法的现象随处可见，属于低级错误。这是典型的中式英语，不合语法，可读性差。

10.1.3 逻辑性

无论是写作还是翻译，都要讲逻辑。写作是逻辑思维活动，翻译也是。所谓逻辑，有四层含义：一是逻辑学，一般指形式逻辑，二是思维规律，三是客观事物的规律，四是某种理论或说法（徐元瑛、崔清田，1982）。

翻译是逻辑思维活动。翻译的整个过程，从原文理解、词语选择到译文检验，都需要逻辑的参与。

首先，选词需要逻辑参与。词语是表达概念的。概念有两个基本特征：内涵和外延。内涵指概念的含义和性质，外延指概念包含的事物范围的大小。内涵和外延的关系是：内涵越小，外延越大；内涵越大，外延越小。概念从外延上可分为相容关系和不相容关系：在相容关系中又可分为同一关系、属种关系、交叉关系；在不相容关系中，又可分为矛盾关系和反对关系。概念的外延关系表明，语言表述不能种概念与属概念并列（如政治家和职业人士）。具体到翻译实践中，有时对概念做限制，使概念的内涵增加、外延缩小，使属概念过渡到种概念，进而使思想达到精确化和具体化。也就是说，应该选用更加具体化的名词。比如，"思想"在党政文献中涉及已经形成的"理论""观念""方针"等，所以很多情况下都采取变通的方式来表述。例如：

（1）思想政治基础 <u>theoretical</u> and political foundation
（2）妨碍科学发展的思想观念 <u>notions</u> that hinder the pursuit of development in a scientific way
（3）加强思想政治工作 strengthen and improve education in <u>values</u>
（4）主流思想舆论 the influence of the underlying trend of <u>thought</u>

上述例子除例 4 翻译成对应的 thought 外，其他翻译都具体化了。

有时使用概括化的词语，扩大概念外延，使种概念过渡到属概念，化实为虚，如"衣食住行"翻译成 daily needs，"诗词歌赋"译成 poetry，等等。在语言学中，属概念和种概念的关系是上下义关系，无论是写作还是翻译，用属概念代替种概念，可以避免词语重复。

其次，句子理解和表达需要逻辑参与。汉语是意合语言，语法成隐性，以神驭形，句子连贯靠语义贯通，利用词语和句子表现出事情的先后顺序和因果逻辑关系，少用连接词，多用短语和分句。隐性的逻辑语义不仅体现在句子中，还体现在成语或习语中。翻译时要分析句子或习语内部的逻辑关系，把隐含的逻辑关系显化。例如：

（5）人不犯我，我不犯人。

We will not attack <u>unless</u> we are attacked.

（6）抓住了主要矛盾，一切问题就可以迎刃而解。

<u>Once</u> the principal contradiction is grasped, all problems can be readily solved.

汉语有不少非逻辑表达方式（illogical expressions），不能照字面直译。如"救火"就是灭火之意，译为 fire fighting；"打扫卫生"就是大扫除之意，译为 do some cleaning；"恢复疲劳"就恢复精神之意，译为 get refreshed；"用鸡卖钱"是"卖鸡得钱"之意，译为 selling chicken would bring him money。"我姐是男孩，我妹也是男孩，我哥和我弟都是女孩。"从表面结构看它往往是悖理的，要从语境中获得它的真实意义。该句的意思是"我姐生的是男孩，我妹生的也是男孩，我哥和我弟生的都是女孩。"有时需要运用逻辑纠正原文的错误表述。例如，笔者在翻译摘要时就碰到过这样的表述："《日本虞初新志》的评点不像《虞初新志》一般在意文学审美，而更关注小说<u>劝恶惩善</u>的功用，重视小说的道德教化功能，是儒学家教育世人的工具。"其中"劝恶惩善"是不符合逻辑事理的，应该是"劝善惩恶"或"惩恶劝善"才对，意思是指惩罚恶人，劝他向善，出自《左传·成公十四年》："《春秋》之称微而显，志而晦……惩恶而劝善。非圣人谁能修之？"

第三，检验译文同样需要逻辑参与。翻译作品就是逻辑活动的产物。检验译文是否合格，是否具有可接受性，需要逻辑判断。有些译文按字面直译，明显违反逻辑，是不可接受的。例如：

（7）王八炖鸡 Turtle cooks chicken.

例7原语是一道菜的名称，译成英语变成完整的句子，主谓宾结构齐全。这样的翻译完全不顾事理逻辑，成为翻译笑谈。"王八炖鸡"也叫霸王别姬，译成 stewed chicken with turtle。

（8）××市人民争创优秀旅游城市
The people of ×× want to be an excellent travel city.

例8整个句子不合逻辑，"人民"变成"城市"，是典型的中国式英语标语。

10.1.4 习惯性

语言习惯性是指语言表达的约定俗成，这不仅表现在词语构成方面，还表现在组词成句和谋篇布局方面。语言的习惯性表现在以下几方面：

第一，词序。一般而言，词序是固定的，除非为了某种修辞效果有意调整词序。词序因不同语言而异。比如，英语和汉语的许多短语词序是不同的。这主要由于英汉表达习惯不同而造成词序的排列不同，例如，mind and body 身心（英语的词序是"心身"），the sick and the wounded 伤病员（英语的词序是"病伤员"），等等。汉语表示方位的次序是"东、西、南、北"，英语则是 north, south, east, west。汉语的"东北、西北、东南、西南"，与英语对应的方位词是 northeast, northwest, southeast, southwest，构词顺序与汉语的构词顺序也恰好相反。在某些固定词组中，英语单个形容词作定语时，习惯上放在中心词之后，汉语则都前置。例如，Court Martial 军事法庭，letter patent 专利证书，president elect 当选总统。汉译英时应该按照英语的词序翻译。例如，钢铁 iron and steel，文学艺术 art and literature，团结一致 unity and solidarity，强弱 weak and strong，等等。词序不同，意义自然不同，例如，"校医"与"医校"、"学科"与"科学"、"人情"与"情人"、"情调"与"调情"、"情感"与"感情"、"背后"与"后背"、"形成"与"成形"、"罪犯"与"犯罪"、"事故"与"故事"等，其含义是不同的。不同词序不仅词义不同，而且词性也不同，如"现实"和"实现"。有时还可以通过改变词序增加词语的隐含程度，如"不怕辣""辣不怕"和"怕不辣"，这三个短语描述了"不怕辣"的不同程度，其中"不怕辣"的程度最低，"怕不辣"的程度最高，而"辣不怕"处于中间程度。

第二，搭配。搭配是词项的习惯性共现。搭配形式有形容词与名词、动词与名词、动词与副词或介词等搭配形式。搭配有两种类型：封闭型和开放型。所谓封闭型搭配，即经过文化习俗的多年沉积和词语的多年使用而形成的固定词组或成语，有关的词项以及这些词项的形式与序列都不得随意改变。所谓开放型搭配，即根据语境的特征和需要，可以按语言中各种词语组合的基本规划灵活造就的词项搭配（朱永生等，2002：190-191）。词语搭配的主要原则是共现和选择限制。一些词的共现关系十分有限。如汉语的"罄竹难书"只和"罪恶"搭配，不和"功德"搭配。不同的词，有着不同的搭配范围。同一个词，与不同的词搭配，往往会产生不同的联想，被赋予不同的意义。例如，"社会"一词在中文中频繁使用，其意义往往随语境变化，不一定翻译成 social。如"国际社会"译成 international community，"社会青年"译成 unemployed youth，"社会治安"译成 public order，"社会资本"（nongovernmental/private source）中的"社会"与"国家政府"相对，翻译成 nongovernmental/private，"社会车辆"（non-public vehicles）的"社会"翻译成 non-public，而"社会车辆停车场"（public parking lot）中的"社会"则译成 public，同样是"社会"，语境不同，搭配不同，翻译时用了相反的词语表达。

第三，语序。所谓语序，指句子成分的排列次序，即句子结构成分的线性排列规则。一般而言，句子成分的位置是相对固定的，不能任意改变。若加改变，要么不合语法，语义不通，要么意义改变；改变语序，即使语义不变，但表达的重点和效果也会存在差异。语序本身也能传达意义，同一概念意义（conceptual meaning）的若干句子会因为各自语序的不同而产生不同的主题意义（thematic meaning），具有不同的交际价值

(communicative value)（王东风、章于炎，1993）。Leech（1981：9-23）认为语言的意义主要有三类，即概念意义、联想意义和主题意义。所谓主题意义，是指"说话人或作者通过调整语序、安排信息焦点和运用强调手段等组织信息的方式来传递的一种意义"。（Leech，1981：19-20）这种意义往往是作者一定语义意图的体现，有时表现为对某一信息的强调，有时又表现为对上下文内容或形式的照应，语序便是传递这种意义的最主要的方式。人们在说话、写作时，根据所要传达的信息的要求，确定哪个信息成分先说，哪个信息成分后说。这一语序的选择过程，语义学上称为"主题化"（thematization）过程。作者运用一定的转换规则，对同一信息进行主题化处理，从而"赋于表达同样概念意义的句子以不同的主题意义"。通过对主位系统里主位和述位的选择与操纵就可以对句中信息的不同部分予以突出或强调。据说，在镇压太平天国的过程中，湘军"屡战屡败"，但曾国藩在呈报给朝廷的奏折中，其措辞为"屡败屡战"，通过这样对信息焦点的调整，虽然基本的命题意义没有什么改变，但却将前者的贬义的"无能"，变为了后者带有褒义的"不屈不挠"。翻译既按照译语表达习惯调整原文语序，也要顾及原文语序主题化产生的语义意图。试比较：

（1）A: 我佩服他的学识，但鄙视他的人格。
B: 他的学识，我佩服；但他的人格，我鄙视。
A: I admire his learning, but I despise his character.
B: His learning I admire, but his character I despise.

例1的A、B句包含着相同的事实，但表达时所采用的语序却不一样。A句采用正常语序，其主题意义在于对主语的态度做一般性的客观陈述。B句将宾语（他的学识—his learning，他的人格—his character）置于主语和谓语之前，其主题意义在于强调宾语成分所包含的信息，突出两个宾语之间的对比关系，从而鲜明地表达了作者的主观态度。两句由于语序不同而产生不同的主题意义和表达效果，形成明显的语义差异。

第四，语用。所谓语用，就是语言使用规则。翻译只有符合译语语用习惯，才能达到传播效果。语用现象是规约化的，涉及语用因素的语法化和习惯化两个方面。语法化表示的是语言形式和意义的固定化，这种固定形义关系不受语境和场合的影响；习惯化表示的是语言使用的倾向，在某种程度上要受语境和场合的影响（熊学亮，1997：14）。语法和语义都合格的句子如不符合语用习惯，同样不具可接受性。比如公示语翻译，不要照字面直译，而要套用译语习惯表达。如"游客止步"译为 Employees/Staff Only，"凭票入内"译为 Tickets Only。含"禁止……"的公示语如都译成"Don't"句式，语气就会过于生硬，不符合译语语用习惯，而应该做变通处理。

第五，修辞。中西方读者由于语言、文化和思维方式不同，有不同的修辞接受心理。汉语读者喜闻乐见的行文方式，如照译，则未必受译语读者待见。外宣翻译要考虑译文读者的语言欣赏习惯和心理认知环境。

第六，语篇。语篇体现思维模式。英汉语篇的构成存在许多差异，翻译时要按照译语语篇的行文习惯重构语篇。

10.1.5　可理解性

译文的可理解性和可读性是译文可接受的根本因素。可理解性的前提是语义清晰。遣词造句都要顾及译语读者的心理认知和阅读习惯。有时原语习以为常的表达，但如果照译，就会留下许多语义空缺，给读者增加了阅读障碍。在翻译过程中，译者不仅要懂得原文的意思，而且要懂得译文读者可能怎样去理解译过来的意思。就读者而言，对词语意义的理解有赖于读者的语言知识、主体知识、认知知识和百科知识。可理解性一直是译者追求的目标。正如鲁迅（2005：364-365）所说："凡是翻译，必须兼顾两面，一当然力求其易解，一则保持原作的丰姿。"鲁迅把"力求其易解"作为翻译的第一准则，可见译文可理解性的重要。翻译是为不懂原语的读者服务的。一部译作，如果晦涩难懂，就会失去读者，就没有存在的价值。当然，可理解性是相对的，不是绝对的。正如词语意义有层次性一样，理解也有层次性。同样一个词语，会因读者的教育程度、文化背景、认知心理和思维方式的不同而会有不同的理解。比如，有的读者只能理解词语的字面意义，而有的读者还能理解词语的引申意义和美学意义，甚至话外之音（曾剑平、潘清华，2013：93）。

在翻译实践中，造成译语读者理解困难的主要因素是特色词语和独特的语言表达，主要是因为读者不了解原语语言知识和文化知识。特色词语具有独特的文化内涵，翻译时需要语境化，包括文内释解和文外加注。而独特的语言表达往往源于原语语言特征形成的独特修辞结构。例如，汉语是象形文字，有许多以汉字构形作比喻的表达方式，如"轨道交通形成'四线齐发'<u>井字形线网骨架</u>"，"<u>品字形插座</u>"，等等，其中的"井字形"和"品字形"是汉语独特的表达方式。人类对信息的形式和内容的理解相当程度上依赖于本民族的文化预设。原文作者是根据自己的语言和文化背景来传达信息、表达感情的。原文读者与原文作者一般具有共同的文化预设，因此读者既能按作者所期望的那样，透过词汇的表面形式去理解原文的全部内容，同时又能领会到原文特有的风格。然而，译文读者并不熟悉原语读者的文化预设，因此只能按照自己的文化预设去理解译文（孙会军、郑庆珠，2000：12-13）。为了使译文具有可理解性，翻译时译者应该考虑民族文化差异，站在译文读者的角度去审视自己的译文。如缩略语在中文中经常用，有些时事用语除第一次出现时会把全部信息讲清外，大部分情况下都是用缩略语，缩略语的使用符合语言经济简约的原则。在行文表达方面，大多数缩略语可以像一般词语一样独立使用，除非第一次出现，一般不会在上下文中出现解释性内容，如"两个基本点""四个全面""三个代表""三严三实"等。如果不对缩略语做解释，就会产生阅读障碍。例如：

（1）他（邓小平）一生<u>"三落三起"</u>都是因为敢于坚持真理、修正错误，每次被错误批判打倒都豁达乐观、沉着坚韧，对未来充满希望；(《习近平谈治国理政》第二卷，P11)

<u>The three falls and three rises</u> in his political career were all the results of his firm stance in upholding truth and correcting mistakes and his magnanimity, optimism, composure, and tenacity in the face of

wrongful criticism and unjust removal from office.（P11）

例1的画线部分就是中文读者如果对邓小平的一生缺乏了解，也未必能理解其含义，外国读者就更不用说了。所以翻译应该对"三落三起"做文外注解。

（2）地区"创三优"检查团给该县的总评分是九十八点一，很使县"五四三"活动委员会的委员们疑惑。

The group sent by the prefecture government to inspect the "3-good" (good social order, good environment and good service) gave the county 98.1 points in total. This very much perplexed the members of the county committee responsible for the promotion of spiritual civilization.

"三优"指优美的城乡环境、优良的公共秩序、优质的服务环境，"五四三"活动委员会是"五讲四美三热爱"活动委员会。因为"五讲四美三热爱"活动是在20世纪80年代发生的，现在的原语读者未必了解"五四三"活动委员会。

10.2 外宣翻译可接受性的言外因素分析

翻译可接受性分为语言可接受性和文化可接受性。判断译文是否可接受，既要考虑文本内因素，也要考虑文本外因素。翻译的言外因素是指影响翻译活动的所有非言语因素，包括评价主体、评价标准、文化因素、历史背景、交际意图、读者接受等。翻译是复杂的社会活动，把翻译的言外因素作为评价对象，可以挖掘文本产生的深层原因，跳出传统翻译批评对译作做出非错即对的二元价值判断的窠臼。比如有意误译，可以从意识形态角度找出其合理因素；各种形式的变译，可从译语读者阅读修辞心理找到其动因。

10.2.1 评价主体

翻译可接受性评价主体是指对翻译进行评价的人。翻译批评主体是多种多样的，双语专家、译者、读者、原作者、出版商或编辑等，都可以成为翻译批评主体（廖七一，2020：79）。但由于外宣翻译是一种特殊文体的翻译门类，既要立足国内，又要面向国外目标语读者，所以外宣翻译可接受性评价主体比普通的翻译批评主体在范围方面要窄。外宣翻译可接受性批评主体一般是出版社编辑、读者和双语专家。

不同主体关注的重点是不同的。出版社编辑首先对选题进行评估，判断是否有出版价值，关注出版后的效果如何，包括宣传效果和经济效果。国家资助的重点选题翻译一般首先关注社会效果，给出版社带来多少利润放在次要地位。其次，编辑要对外宣翻译进行政治性把关或文化过滤，所以政治审查是编辑的首要任务。最后，编辑要关注翻译是否达到出版水平。当然能对照双语评价译文的编辑都是精通双语、懂翻译的编辑，否则他会聘请双语专家进行评价。

读者是外宣翻译的接受者，是最直接的批评主体。读者作为一个群体，处在不同阶层、不同年龄，具有不同经历和文化修养，因而对译作各有所好，对同一作品价值的判定是各有差等的。外国读者出于他们的前理解结构（如意识形态、价值观念、思维习惯、社会习俗等），对译文的感悟能力是不同的，对同样译文的接受程度也是不同的。由于文化背景的不同，人们对信息内容的理解就产生差异。正如英国著名翻译理论家贝克（Mona Baker）（2000：219）说："理解语篇的能力取决于读者或听众的期望和生活经历。不同社会，甚至同一社会里的不同个人或群体都有不一样的经历，对于事物和情景的组合方式及相互联系持有不同的态度。在某个社会中具有意义的某种联系，在另一种社会中可能毫无意义。"即便教育背景相似的人由于生活经历和职业生涯不同也会养成不同的癖性，倾向于对同一事件做出不同的情感反应。国家和政体对生于斯长于斯的受众也会产生相当影响。例如，自由和独立是共和制国家民众突出的行为动机，而君主制下民众的心情则更容易为华丽和辉煌的景象所动。对来自重商主义国家的受众，利益往往是最有强力的道理。

对来自具有尚武精神国度的受众,没有什么比功勋和荣耀更富有说服力(刘亚猛,2008:258)。

不同时期的读者对译作评价是不同的。即使是同一读者,随着阅历的增加和文化立场的改变,对同一作品也会做出前后不一的评价。

读者的态度决定作品的生存,译语是否具有可接受性,他们最有说话权。按照接受美学的观点,读者介入了作品的创作过程,没有读者的接受,作品的价值就无法实现(杨晓荣,2005:51)。接受美学认为,"作品总是为读者而创作,文学的唯一对象是读者。未被阅读的作品仅仅是一种'可能的存在'。"(胡经之,1989:385)接受理论强调读者的中心地位。交际翻译理论把读者反应作为翻译可接受性的评判标准。

读者对外宣翻译的评价会基于言内因素和言外因素两个方面进行。言内因素是指译语语言是否规范,是否具有可理解性;言外因素是指文化因素,包括意识形态、价值观、文化习俗等。言外因素影响着读者对译语内容的接受。一般而言,如果译语意识形态不那么浓厚,不违背他们的价值观和文化习俗等,译语内容就会被读者接受,反之则不被接受。虽然读者批评往往从"趣味"出发,具有主观性、直觉性和随意性(温秀颖,2000),读者不会关心翻译是否准确,只会关心译文是否符合他们的期待视野,但读者的翻译批评对翻译质量的监督有促进作用。

双语专家不仅通过对双语字比句次的对比,关注翻译的微观方面,评点译本优劣与得失,而且还会基于某种理论对翻译进行评价。在当代西方译论中,紧紧围绕文本展开的,主要是语言学性质的翻译批评,比较集中地体现于翻译质量评估这个领域。国内翻译界出现的两种比较有特色的文本批评方法有:以等值翻译论为基础的译本检验方法和以"原则—参数"为框架的译本评价方法(杨晓荣,2005:89-91)。这种基于语言学文本分析批评随着翻译批评理论的进一步深化,翻译批评模式呈现多元化态势。豪斯(2015:36)就曾列举了数种批评模式(观念):心理-社会模式,以反应为基础的模式,行为主义的批评观,功能主义的批评观,文本-语篇批评模式,哲学、社会-文化、社会-政治批评模式等。肖维青认为,自20世纪80年代以来,翻译批评研究经历了三种维度的趋势变化,从原文中心、作者中心转向读者反应和译者中心,从鉴赏型和科学分析型转向文化批评，从规定性转向描写性（肖维青，2010：274-277）。

由于不同主体所处位置不同，批评的视角、意图和标准也不同，因而可能会得出不同的评价结果。有时编辑认为有出版价值的译文读者未必买账，图书未必畅销；而被翻译专家视为质量过关的译文未必符合读者的阅读期待视野。有些作品专家评价低，而读者评价高，接受效果好。比如，赛珍珠翻译的《水浒传》，国内专家整体评价不高，因为她的翻译过于异化，而国外读者给予好评，认为异化可以再现异国情调，接受效果好。相反的例子也有。如杨宪益翻译的《红楼梦》，国内整体评价很高，但传播效果就没有霍克斯翻译的《红楼梦》那么好。自从莫言获诺贝尔文学家后，莫言作品的翻译引起了学者广泛批评。众多学者如作家夏志清、柳无忌、金介甫、莫言等给予了葛译及其贡献以高度评价（孟祥春，2015：84）。然而，也有多位学者认为葛浩文的翻译"离'忠实原文'的准则""相去甚远"（刘云虹、许钧，2014：11），"自由发挥""大胆删减"（邵璐，2013：62；63）。可见，同样的作品，也是"横看成岭侧成峰，远近高低各不同"。

10.2.2 评价标准

翻译批评在本质上是一种评价行为，而任何评价行为都必须依赖一定的标准作为评判的依据和准绳，因此，翻译批评的科学性与有效性在很大程度上取决于批评标准是否科学、能否体现普遍价值（刘云虹，2015：68）。如上所述，翻译批评主体比较多，翻译批评是见仁见智的评价活动，但总体而言，翻译批评是价值判断。说到价值判断，就要有价值判断依据。美国哲学家 C. L. 斯蒂文森（1989：126-146）在其《事实与价值》一文中指出，"X 是有价值的"，这是一个含有空白的表达式，可理解为：①X 对谁有价值，②对他在哪方面有价值，③与什么相比有价值，④以什么标准衡量它有价值，以及⑤谁认为 X 对他有价值。其中只有第⑤项是指评价主体，其余四项是指判定价值客体的意义。"X 是有价值的"这一含有空白的表达式表明，对翻译作品的批评很难有统一的结果。这也可以从一个侧面表明，翻译批评中会出现相互矛盾、思想交锋的现象（吕俊、侯向群，2009：59）。

无论如何，既是评价，就应该有评价标准，翻译批评也是如此。没有标准，批评就无所依，难免会陷入公说公有理、婆说婆有理的泥淖。但关于翻译标准，学界众说纷纭，还没形成统一的公认标准。国内的有严复的"信、达、雅"，林语堂的"忠实、通顺、美"，鲁迅的"信、顺"，茅盾的"忠实、通顺"，傅雷的"神似"，钱钟书的"化境"，刘重德的"信、达、切"，许渊冲的"三美"，辜正坤的"翻译标准多元互补论"，等等；国外的有泰特勒的翻译三原则，费道罗夫、雅可布森和卡特福德等提出的等值论，奈达的等效标准，德国学者提出的功能对等理论，图里的翻译行为规范，等等。这些标准总体上可概括为"忠实标准""等值标准"和"审美标准"。"忠实"就是忠实于原文的思想内容，而不是原文的形式。"等值"的范围比较宽泛，有语义等值、功能等值和文体等值等。Kade（1968）把等值分为全额等值（total equivalence）、选择性等值（faculative equivalence）、近似性等值（approximative equivalence）和零度等值（zero equivalence）。Wilss（1988：126）列举多个有关等值的术语："总体等值""功能等值""异中求同""在内容层次上保持一致""话语效果的等值""最切近而又最自然的对等""形式上对等与灵活对等""风格上等值""功能一致""信息等值""语用上得体的翻译""话语语用上等值"等。他认为，"等值"是一个"不起作用而又难以取得一致的概念"。"审美"不仅表现为语言美（如许渊冲提出的"音美、意美、形美"），而且还表现风格的再现。这三项标准在翻译实践中都不好把握。比如"忠实"，虽然处于翻译标准的首位，但忠实的概念是模糊的，不确定的。"忠实"的标准屡屡遭到译论家的质疑。"翻译为什么一定要追求（最大限度的）忠实？……译者另有目的、另有所好又怎样？社会现实不容许、不利于追求最大限度的忠实又怎样？"（张南峰，1998）辜正坤说："译作究竟忠实于原作的哪些方面？是语音、语义、句法结构都忠实，还是仅指其中一项或两项？若非三项全忠实，则明明有背原作，又如何算'忠实'？"（辜正坤，1989：72）严格意义上的忠实可能是指字比句次、不可越雷池一步的翻译，但由于中外语言差异，这在翻译实践中是行不通的，倘若有意识形态等言外因素的介入，要忠实于原文更是不可能，比如，文化词语，意译可以表达语义，从达意的角度看是忠实的翻译，而从文化角度看，这样的翻译是不忠实的，因为没有传达文化信息。因此，翻译的忠实是相对的，绝对的忠实是不存在的。有些有意文化误译与翻译忠实标准是背道而行的，但又是译者不得已而为之的叛逆策略。"离开了文化的大背景去指责译文不忠实原文等等，这种指责有时会显得过于简单化。"（林克难，2001）一般认为，所谓忠实，就是指忠实于原文的意思，当然，这样的忠实也只能是取内容舍形式。"等值"或"等效"同样是难以把握，在不同的语言文化语境中追求完全等值几乎不可能。一方面，中外语言的词语内涵和外延存在差异；另一方面，由于不同语言有不同的表达形式，在语言的使用上存在语用、修辞和风格差异。比如，汉语特殊的修辞在译语中就找不到对等译法。至于"审美标准"，更具有主观性，有时"忠实"与"美"之间还会产生矛盾，所谓的"美的不忠，忠的不美"，也就是说，言辞过美，反而不忠实，忠实的译文未必是美文。

没有统一的翻译标准，或者说现有的翻译标准难以把握，并不代表翻译批评就不要标准。杨晓荣（2017：27）就指出，"在一定范围内、一定时期内得到一个公认的标准还是可能的，对于提高批评的客观性来说也是十分必要的。"翻译标准应该多样化，不要千篇一律，不同文体应该有不同的评价标准。比如，文学批评标准不仅要兼顾言内（如忠实、通顺、贴切），还要兼顾言外（如时代背景、意识形态等），实用文体则可以把文本功能对等作为翻译评价标准，但实用文体涉及面广，其翻译评价标准同样可以细化，如法律文体或科技文体的翻译评价标准不同于旅游或企业简介的评价标准。

外宣翻译批评标准包括言内标准和言外标准。言内标准是指译语语言标准，上述的国内学者提出的标准都可以视为言内标准。言内标准应该多元化，不拘一格。不同文本类型应该有不同的评判标准。比如法律文本翻译，忠实标准是第一位的，不能随意删改；公示语翻译，应该以语用等效为评判标准；政治文本翻译，既要忠实又要等效。翻译言外标准包括政治标准和其他意识形态标准，政治标准位于首位，是指译语内容健康，没有出现政治错误。由于外宣翻译政治性强，如违反政治原则，有悖于主流意识形态，有损国家利益，或触犯国家法律，则不具可接受性。

外宣翻译批评标准依评价主体不同而各异。国内的出版社编辑和翻译专家的评价标准会把政治标准置于首位，其次才会依据不同的言内标准评判译文。目标语读者的评价标准是译语符合他们的期待视野，包括内容和语言形式两方面。

评价标准不同，自然会得出不同的评价结果。传统翻译理论奉"忠实"为圭臬，认为外宣翻译中各种变译现象（如内容的删减或增加、语篇结构重组等）是不可接受的；而以等值或等效为翻译标准的评价者则认为，只要翻译达到了等值或等效，翻译中的诸多变译手段是可接受的。

10.2.3 文化因素

文化对翻译的重要性是不言而喻的。同样地，文化对翻译的影响也是显而易见的。所有的翻译活动都受文化因素的影响。由于文化是个宽泛的概念，所以翻译中涉及的文化因素有很多，包括意识形态、价值观念、历史背景、宗教信仰、风俗习惯等。在跨文化交际中，处于不同文化背景的人具有不同的文化图式。译语读者不可能完全有原语读者一样的文化图式和文化心理，也不可能会像原语读者接受原语文化那样接受翻译过来的文化内容。

影响翻译可接受性的文化因素包括语言内因素和语言外因素。语言内因素指语言本身包含的文化因素，语言本身具有文化性特点，从构词组句到谋篇布局，都充满着文化性，而特色文化词语是语言文化性的最直接反映。语言外因素是指文化背景、意识形态等。这两种因素都影响或制约着翻译策略的选择。言内因素的处理有两种翻译策略：归化和异化。归化和异化各有千秋，体现了译者的不同的文化立场。归化是目标文化取向，而异化是源语文化取向。就语言形式而言，归化用了目标语熟悉的语言，使读者对外来文本的陌生感降到最低限度，因而更具可读性和可接受性；就表达文化信息而言，异化保留了词语的文化形象，更能传递文化信息，但异化翻译应该有补偿策略，通过增加文化背景知识来弥补文化缺省，这样才能使译文被读者接受（曾剑平、潘清华，

2013：91）。

言外文化因素影响译语读者的文化接受。译语读者的文化接受实际上是指读者对文本内容的接受。言外文化与翻译可接受的关系可表述为：文化契合度与文化接受性成正比，译语传递的文化内容与译语文化的契合度越高，文化可接受性就越高；反之，文化契合度越低，文化可接受性就越低。从心理角度看，一个人在发现对方在言谈举止、思维方式、价值观念同自我类似时，便更容易接受对方的劝说（衡孝军 等，2011：99）。

在跨文化交际中，读者对异国文化的接受在心理上充满着悖论：一方面对异国文化感到新奇，有求知欲望，甚至对他国文化表现出一定程度上的认同和崇拜；另一方面又无不受限于特定的思维方式和文化心理的影响，加上先天的刻板印象，对异己文化持排斥心理，尤其是在政治理念、意识形态、价值观念、宗教信仰和文化习俗等方面，如与己文化格格不入，排斥心理就更为强烈。从传播学角度看，如果受众的认知结构与译者所传递的信息之间具有一致性，或者说，受众的"既有倾向"与所传递信息相融，这时受众会倾向于对这些信息采取"优先式解读"。如果受众的认知结构与译者传递的信息之间有矛盾，亦即两者之间相排斥，这时受众会产生所谓的逆反心理，对这些信息进行"对抗式解读"。如果受众的认知结构与译者所传递的信息之间既有相同部分，也有矛盾部分，这时受众自身的认知图式对这些信息进行"选择性解读"，以利于自己的决策（李彦冰，2014：214）。

读者的文化接受存在个体差异，不同民族的读者，甚至相同民族的读者对异己文化的接受度是不同的。此外，同一译语读者的文化接受也不是固定不变的，而是存在动态性特征，一方面随着读者对原语文化了解的不断加深和文化态度的改变，对异己文化会更加包容，会持折中态度，既不排斥，也不接受；另一方面历史文化背景也会影响文化接受，产生不同时期的文化接受差异。彼时不可接受的文化，此时有可能可接受。同样地，源语国和译语国之间的关系也会影响读者的文化接受。如果源语国和译语国是友好国家，彼此文化交流频繁，译语国对源语国持文化开放态度，媒体对源语国都是正面报道和宣传，那么译语读者也会受媒体影响，在耳濡目染中形成良好的文化接受，反之，如果源语国和译语国是敌对国家或不友好国家，译语国媒体在意识形态方面不断贬损源语国，那么译语读者受其影响，对源语国文化的异质现象持排斥心理。

翻译既要求同存异，彰显异质文化，也要在"存异"中尽量避免文化冲突。译者在源语和目标语文化有冲突时进行协商和调解，通过种种翻译手段（如有意误译、变译等）尽量化解文化冲突，以求得译语读者对源语文化的认同。

10.2.4　交际意图

交际意图是交际者通过言语或非言语手段意欲达到的目的或效果。在言语交际中，交际意图在不同理论中有不同的表述。系统功能语言学认为，语言是由概念、人际和语篇三大纯理功能构成的意义潜势系统。表达三大功能的意义系统分别为概念意义、人际意义和语篇意义（Halliday，1994）。人际意义的核心是交际目的和交际意图。在功能翻译理论看来，交际意图就是目的。关联理论参照下的交际意图，是指原文文本所产生的语义表征和读者认知语境相互作用的产物。Sperb 和 Wilson（1995：50-54）认为，语言交际过程就是意图的明示和推理过程。语言交际不是一个纯粹的编码—解码的过程，而是一个有目的和意图的活动。一个语言交际活动涉及说话人的两种意图：信息意图（information intention）和交际意图（communicative intention）（黄勤，2001：114）。在语篇理论中，交际意图是指意向性，是语篇的七个特征之一。意向性指语篇生产者创作时的主观态度，指作者为实现一个计划而去创造一个衔接与连贯的语篇（李胜华，2016：63）。

交际意图都是翻译中不可或缺的重要参考因素，也是评判翻译可接受性的一个重要参考因素。任何翻译都是有目的的行为。没有交际意图的翻译是不存在的。

交际意图分原语交际意图和译语交际意图。这两种交际意图有时是重合的，有时是不同的。从翻译的忠实原则出发，只有体现了原语交际意图的翻译才算是忠实的翻译，译语才具可接受性。但出于读者意识考虑，违背原语交际意图或与原语交际意图南辕北辙的翻译也是存在的，这样的翻译未必不具可接受性。这里有语境差的原因，也有读者修辞接受心理方面的考虑。事实上，古今中外，翻译中对原语信息进行删减，乃至有意误译是普遍存在的现象。有时有意误译的效果比正译效果要好。比如，韦努蒂在《翻译之耻：走向差异伦理》中举了个例子：法国连环画《阿斯泰克斯》（Asterix）的英译，删除了西班牙女佣"对法语的误用"，但明显就删除的部分进行了补偿，安排女佣的雇主和他的朋友讨论红酒的鉴赏，讨论 Samuel Johnson 提倡的启蒙时期的人文主义（Harvey，1995：69-71）。这里的补偿让西班牙工人阶层的移民免受讽刺之苦，同时通过增加译本特点将话锋转向法国资产阶级，这些文本特点直指本土相对较为精英的读者群（这样一来也说明，辨识文化暗语需要读者受过一定教育）（Venuti，2019：41）。

交际意图有隐性和显性之分。前者隐藏于字里行间，需要读者去推测；后者是语言文字直接表露的意图，无须读者推测。交际意图受语境限制。不同语境有不同交际意图。比如说某人像李白，在不同语境下，有不同意义指向：如果是在餐桌上喝酒，是指他酒量大；如果是谈性格，是指他狂妄不羁、不拘一格；如果是谈文学创作或写作能力，是指他思维敏捷、文思泉涌；如果是谈生活，是指他豪放洒脱、豁达乐观；如果是谈友情，是指他讲情重义；如果是谈品格，是指他不畏权贵，淡泊名利。这些隐含的信息是需要读者去推测得来的。"某人像李白"翻译时不要直接翻译成 He is like Li Bai，而要根据语境和交际意图译出其引申义。

交际意图与文本功能密切相关。不同文本有不同的功能，也有不同交际意图，采取的翻译策略也是不同的。Reiss（1989）认为，在进行翻译质量评估时首先要考虑文本的功能及特点，文本类型不同，评估的标准自然也不一样。对于重内容的文本（content-focused），翻译评估时首要考虑的是信息的准确性；对于重形式的文本（form-focused），在评估时应对信息的准确之外的要素给予特别的重视，以使译文达到跟原文相似的美学效果；对于重感染的文本（appeal-focused），评估的首要标准是看译文是否能实现原文的目的，即对译文读者产生相似的感染效果。Newmark 也提出根据文本类型采取不同翻译策略。信息文本（如新闻）以传达信息为主，宜采取交际翻译，其翻译可接受性以是否再现原语信息为判断依据。由于信息有主次之分,加上中外语言在信息传递方面存在差异,所以翻译传递的信息是原语的主要信息,而非次要信息或冗余信息。呼唤文本(如广告)的功能是引导、感染受众并促使其采取行动,其翻译方法也是交际翻译,其翻译可接受性的判断依据是以译文对读者产生的影响,或者说,读者的接受效果。表达性文本(如文学)的功能是表情达意,其翻译方法是语义翻译,使译文在结构和词序安排上力求接近原文形式,突出文本的"表达"性要素特征(Newmark,1998:39-47),其翻译可接受性的判断依据是译语的准确性。

第十一章 结语

　　文明因互鉴而多彩，文化因交流而多姿。翻译为文明互鉴和文化沟通架起了一座桥梁，是文化输入或输出最直接的手段。通过翻译，我们可以吸收其他民族先进的科学技术和文明成果，借他山之石琢己身之玉，不断丰富和发展本土文化，也可以传播本土文化，把独特的民族文化变成世界性的文化，为世界文化多样性贡献自己力量。

　　翻译建构国家形象，也影响国家形象。翻译是一把双刃剑。高水平的翻译能准确传递原语的精神实质，精准建构对外话语体系，促进中外文化交流，提升国家文化软实力，有效传播国家形象，这是翻译积极的一面；但粗制滥造的翻译影响对外交流，不能收到预期传播效果，甚至有损国家形象，这是翻译消极的一面。一个国家对外文化的传播力、影响力和生命力是由翻译决定的（杨庆存，2016：16）。翻译本身是文化软实力，折射国家文化形象。一个国家翻译水平的高低，代表了该国的翻译文化软实力的强弱，也从一个侧面反映了该国的文化形象。翻译文化是一个国家对外交流的晴雨表。一个国家翻译活动频繁，说明该国的对外交流程度高，也就树立了对外开放的文化形象。一个闭关锁国的国家对外交流程度自然就低。对外交流程度会影响国家文化发展。翻译，无论是译入还是译出，都会对国家文化发展有推动作用。

　　外宣翻译是特殊门类的翻译，兼有"宣"和"译"的属性，意识形态浓，政治性强，目的性强，时效性强，译者主体性强。外宣与内宣的差异在于受众、语言和文化。外宣翻译要立足国内，外观全球。立足国内，是指外宣译者要了解国情，把握大势，对接国家文化走出去的战略需求，有强烈的使命意识和家国情怀，对传播信息有明确的价值判断，大力传播中国文化。外观全球，是指外宣译者要把握国外形势发展变化趋势，充分了解和分析外宣受众的信息需求和文化背景，精准施策。

外宣翻译要取得预期效果，必须考虑两个问题：言外因素和言内因素。言外因素是指影响翻译的诸种文化因素。每一个言外因素都决定着翻译受众的阅读取舍，也影响到他们对译作内容的反应和接受。一般而言，译语传递的文化内容与译语文化的契合度越高，文化可接受性就越高；反之，文化契合度越低，文化可接受性就越低。言内因素是指语言的文本因素，涉及语言表达、修辞习惯和语篇布局等内容。国家形象外宣翻译应该立足于受众意识，对目的语系统所固有的思维方式、阅读心理、意识形态、价值观念、宗教信仰、文化习俗和文化取向等方面进行分析，并做出准确的判断。为此，在语言层面，必须通过融通策略对接译语读者修辞，创造符合译语受众的思维方式、阅读习惯和认知心理的"亲近性文本"，以契合受众认知。在文化层面，对外译文本进行信息过滤和文化过滤，坚持内外有别和外外有别原则，使外宣翻译有的放矢，通过"译有所为"达到"译有所效"，取得外宣翻译的最佳传播效果。

外宣翻译既要保持中国话语特色，又要注意中外话语融通。保持中国话语特色，是中国特有的文化使然，翻译构建的对外话语体系是有中国特色的对外话语体系。中国特有的文化概念翻译不能削足适履地套用西方话语，否则会陷入他们的话语圈套，失去民族色彩，而是要话语创新，彰显文化自信。但外宣翻译又不能自弹自唱，孤芳自赏，目无受众，而是要话语融通。没有话语融通，对外传播就不能达到预期效果。所谓话语融通，就其内涵而言，是指理念相通、话语相汇；从翻译层面来讲，是指以目标语读者为取向，为迎合目标语读者的阅读心理和思维习惯而采取的翻译变通策略。翻译变通策略可分为微观、中观和宏观策略。微观策略包括语义近似策略、语用等效策略、修辞策略和文化策略等；中观策略是指语篇翻译策略，即根据不同文本类型采用的全译、调整和改写等翻译策略；宏观策略是指文本选择策略、信息过滤策略和内外有别及外外有别策略。每一个策略下都包含许多翻译技巧和方法。翻译融通策略在《习近平谈治国理政》中得到充分的体现。《习近平谈治国理政》的翻译受到中外读者的好评，达到了良好的对外传播效果，为时政翻译树立了标杆。

任何翻译都要以读者接受为旨归。国家形象外译也不例外。翻译可接受性是决定对外宣传效果的关键因素。译作只有被读者理解和接受才算是成功的翻译。翻译可接受性可分为语言可接受性和文化可接受性。前者是指译语语言能为读者理解和接受。后者是指译语传递的文化内容能为读者接受。语言可接受性是文化可接受性的前提。如果译语不具备可读性和可接受性，译语读者就不能理解译作内容，文化可接受性从何谈起？翻译可接受性判断具有很强的主观性，会因人而异。为此，有必要设置评价翻译可接受性的参照系。评价翻译可接受性的参照系有言内因素和言外因素。就言内因素而言，翻译可接受性的参照指标有：语法性、习惯性、逻辑性、可理解性、非歧义性、专业性、语用性、语体适切性、语篇性等。只有具备这些基本语言要素的翻译才具有完全可接受性。缺少其中一项或几项语言要素的翻译都会影响翻译可接受性判断。言外因素包括翻译标准、读者对象、交际意图、文化背景、文化取向等。翻译可接受性与文本类型、社会文化环境和翻译目的都有很大的关系。翻译可接受性是相对的，而不是固定不变的，它会随时代和社会发展而有所变化，也会因读者的认知水平而异。

"讲好中国故事，传播好中国声音"，需要大量的优秀外宣翻译人才。高校是培养外宣翻译人才的摇篮。然而，目前高校的翻译专业培养方案中，除少数高校外，无论是本科翻译专业，还是翻译硕士专业，都没有把外宣翻译人才培养放在应有的位置，结果学生的外宣翻译能力缺失，主要表现为学生没有掌握外宣翻译的基本原则及外宣文本分析能力和处理能力，政治敏感性不强，对词语隐含的文化信息和价值取向把握不当，只会照译文本，不会采取灵活的翻译变通策略，译文可接受性差。高校培养外译人才，从宏观层讲，对接了国家文化走出去的发展战略；从微观层面，满足了社会现实需求。从这个意义上讲，高校的外宣翻译人才是面向国家发展战略和社会现实需求的必然选择。培养外译人才，要有顶层设计，对学科和专业重新定位，把外宣翻译人才培养纳入翻译专业人才培养方案中，课程设置要交叉融合，其中把外宣翻译课程作为翻译专业的必修课。在外宣翻译教学过程中，要培养学生敏锐的政治意识、语言审美能力、价值判断能力和文化感悟能力，通过翻译实践培养学生的外宣融通能力，为国家培养优秀的外译人才。

参考文献

[1] G.赫尔德．论语言的起源［M］．姚小平译．北京：商务印书馆，1998．

[2] 埃斯卡皮·罗贝尔．文学社会学［M］．王美华等译．合肥：安徽文艺出版社，1987．

[3] 艾莉森·利·布朗．福柯［M］．聂保平译．北京：中华书局，2002．

[4] 爱德华·W．萨义德．东方学［M］．王宇根译．广州：三联书店，1999．

[5] 爱德华·霍尔．超越文化［M］．居延安译．上海：上海文化出版社，1988．

[6] 爱德华·霍尔．无声的语言［M］．刘建荣译．上海：上海人民出版社，1991．

[7] 安东尼奥·葛兰西．狱中札记［M］．曹雷雨等译．北京：中国社会科学出版社，2000．

[8] 巴兹尔·哈蒂姆，伊恩·梅森．话语与译者［M］．王文斌译．北京：外语教学与研究出版社，2005．

[9] 大冢幸男．比较文学原理［M］．陈秋峰，杨国华译．西安：陕西人民出版社，1985．

[10] 露丝·本尼迪克特．文化模式［M］．何锡章等译．北京：华夏出版社，1987．

[11] 乔治·E.马尔库斯，米开尔·M.J.费切尔．作为文化批评的人类学：一个人文学科的实验时代［M］．王铭铭，蓝达居译．北京：三联书店，1998：37．

[12] 威廉·冯·洪堡特．论人类语言结构的差异及对人类精神发展的影响［M］．姚小平译．北京：商务印书馆，1997．

[13] 英罗杰·迪金森，拉马斯瓦米·哈里德拉斯，奥尔加·林耐. 受众研究读本［M］. 单波译. 北京：华夏出版社，2006.

[14] C.L.斯蒂文森，R.B.培里. 事实与价值［A］. 刘继选编. 价值与评价——现代英美价值论集萃［C］. 北京：中国人民大学出版社，1989：126-146.

[15] 劳伦斯·韦努蒂. 译者的隐形——翻译史论［M］. 张景华，白立平，蒋骁华译. 北京：外语教学与研究出版社，2009.

[16] 劳伦斯·韦努蒂. 翻译之耻：走向差异伦理［M］. 蒋童译. 北京：商务印书馆，1919.

[17] 劳伦斯·韦努蒂. 翻译之耻：走向差异伦理［M］. 蒋童译. 北京：商务印书馆，2019.

[18] 爱泼斯坦，林戊荪，沈苏儒. 呼吁重视对外宣传中的外语工作［J］. 中国翻译，2000（6）：2.

[19] 包惠南. 文化语境与语言翻译［M］. 北京：中国对外翻译出版公司，2003：275.

[20] 卞建华. 传承与超越：功能主义翻译目的论研究［M］. 北京：中国社会科学出版社，2008.

[21] 卞俊峰. 豁然：一多不分［M］. 杭州：浙江大学出版社，2018.

[22] 卞正东. 论标示语的翻译［L］. 上海翻译，2005（01）：27-31.

[23] 卞正东. 论译文的可接受性［J］. 无锡商业职业技术学院学报，2007（02）：86-89.

[24] 伯特兰·罗素. 中国问题［M］. 秦悦译. 上海：学林出版社，1996.

[25] 蔡武. 在"中译外——中国走向世界之路"高层论坛开幕式上的讲话，"中译外——中国走向世界之路"高层论坛，2007（04）.

[26] 曹志建. 功能主义视角下的法律外宣文本翻译［M］. 广州：暨南大学出版社，2016.

[27] 陈刚. 专业化与学术化——学好翻译的关键. "新世纪翻译学R&D系列著作"新总序，2010.

[28] 陈观瑜. 从英汉熟语的对译看翻译的可接受性［J］. 广西师范学院学报（哲学社会科学版），2000（01）：91-93.

[29] 陈宏薇，李亚丹．新编汉英翻译教程［M］．上海：上海外语教育出版社，2012．

[30] 陈静．两会总理记者会英译的国家形象建构修辞分析［J］．北京化工大学学报（社会科学版），2020（04）：76-81．

[31] 陈龙．大众传播学导论［M］．苏州：苏州大学出版社，2006．

[32] 陈麦池．克服翻译症提高译文可接受性［J］．安徽工业大学学报（社会科学版），2006（03）：118-119．

[33] 陈明明．开幕式致辞．文化部对外文化联络局等编．摆渡者：中外文化翻译与传播．北京：中央编译出版社，2016：10-12．

[34] 陈明明．在2017年11月1—2日"一带一路"中的话语体系建设与语言服务发展论坛．

[35] 陈明明．在党政文件翻译中构建融通中外的新概念新范畴新表述［J］．中国翻译，2014（03）：9-10．

[36] 陈明瑶．从WTO文本翻译看译文的可接受性［J］．外语与外语教学，2004（06）：53-54，58．

[37] 陈岐山．试谈语言翻译的可接受性［J］．绥化师专学报，1999（03）：77-79．

[38] 陈胜利．英语中的汉语借词研究：接触语言学视角［M］．北京：中国社会科学出版社，2016．

[39] 陈小慰．对外宣传翻译中的文化自觉与受众意识［J］．中国翻译，2013，34（02）：95-100．

[40] 陈小慰．论译文用词的与时俱进［J］．中国科技翻译，2005（03）：1-4．

[41] 陈小慰．外宣翻译：从"新修辞"理论角度的思考［J］．东方翻译，2011（05）：8-13．

[42] 陈小慰．外宣翻译中"认同"的建立［J］．中国翻译，2007，28（01）：60-65，96．

[43] 陈小慰．文化外译受众意识的样本分析——以《中国文化读本》英译为例［J］．中国翻译，2015，36（04）：76-82．

[44] 陈亦琳，李艳玲．构建融通中外的新概念、新范畴、新表述——中国

政治话语传播研讨会综述［J］.红旗文稿，2014（01）：27-29.

［45］程曼丽.大众传播与国家形象塑造［J］.国际新闻界，2007（03）：5-10.

［46］程曼丽.对外传播及效果分析［M］.北京：北京大学出版社，2011.

［47］程镇球.政治文章的翻译要讲政治［J］.中国翻译，2003（03）：19-20.

［48］褚凌云.创译的本质与创译在霍姆斯、图里翻译结构图中的定位［J］.理论·研究，2016（12）：46.

［49］从莱庭，徐鲁亚.西方修辞学［M］.上海：上海外语教育出版社，2007.

［50］邓显超.发达国家文化软实力的提升及启示［J］.理论探索，2009（02）：35-38.

［51］邓晓宇，邓燕.客家文化外宣翻译研究［M］.长沙：中南大学出版社，2019.

［52］丁衡祁.对外宣传中的英语质量亟待提高［J］.中国翻译，2002（04）：46-48.

［53］窦卫霖，杜海紫.中国当下流行新词翻译的可接受性研究［J］.华东师范大学学报哲学（社会科学版），2018（06）：65-71，174.

［54］窦卫霖，温建平.习近平国际演讲亲民话语特征及其英译特色研究［J］.外语教学理论与实践，2015（04）：15-20，92.

［55］窦卫霖，祝平.对官方口号翻译有效性的实证研究［J］.中国翻译，2009，30（05）：61-65，95-96.

［56］窦卫霖.试析《习近平谈治国理政》对外传译的成功模式［J］.对外传播，2016（02）：16-18.

［57］杜学增.中英文化习俗比较［M］.北京：外语教学与研究出版社，1999：6-7.

［58］杜占元.推动国家翻译能力建设服务党和国家工作大局［N］.光明日报，2022-04-26.

［59］杜争鸣.时政用语中译英释例［M］.北京：外文出版社，2017.

［60］段连城.呼吁：请译界同仁都来关心对外宣传［J］.中国翻译，1990

（05）：2-10.

[61] 段鹏. 国家形象建构中的传播策略［M］. 北京：中国传媒大学出版社，2007.

[62] 对外传播中的国家形象设计项目组. 对外传播中的国家形象设计［M］. 北京：外文出版社，2012.

[63] 俄外交部. 西方国家对俄罗斯涉人文领域制裁不可接受［N］. 环球网，2022-03-04.

[64] 范红，胡钰. 论国家形象建设的概念、要素与维度［J］. 学术前沿，2016（04）：55-60.

[65] 范红. 国家形象的多维塑造与传播策略［J］. 清华大学学报（哲学社会科学版），2013，28（02）：141-152，161.

[66] 范勇. 美国主流媒体上的"中国英语"实证研究［M］. 北京：科学出版社，2015.

[67] 范仲英. 实用翻译教程［M］. 北京：外语教学与研究出版社，1997.

[68] 方美青，张文涛. 企业文案外宣翻译的接受性研究［J］. 现代语文，2016（11）.

[69] 方梦之，毛忠明. 英汉—汉英应用翻译综合教程［M］. 上海：上海外语教育出版社，2009.

[70] 费正清. 观察中国［M］. 北京：世界知识出版社，2003.

[71] 冯军. 论外宣翻译中语义与风格的趋同及筛选机制［D］. 上海外国语大学，2010：88.

[72] 福柯. "话语的秩序". 许宝强，袁伟选编. 语言与翻译的政治［M］. 北京：中央编译出版社，2000：1-31.

[73] 高斌. "一带一路"背景下国家形象塑造策略探究——基于纪录片《一带一路》叙事与视听视角［J］. 文化产业，2018（12）：1-3.

[74] 葛传椝. 漫谈由汉译英问题［J］. 翻译通讯，1980（02）：13-14.

[75] 耿强. "熊猫丛书"英译本的跨文化传播［J］. 解放军外国语学院学报，2013，36（02）：83-88，94，128.

[76] 龚光明. 翻译认知修辞学［M］. 上海：上海交通大学出版社，2012.

[77] 辜正坤. 翻译标准多元互补论（第一章节录）［J］. 北京社会科学，

1989（01）：70-78.

[78] 关世杰. 世界文化的东亚视角［M］. 北京：北京大学出版社，2007.

[79] 管文虎. 国家形象论［M］. 成都：电子科技大学出版社，1999.

[80] 管永前.《习近平谈治国理政》海外传播效果再探［J］. 对外传播，2017（10）：14-16.

[81] 郭可. 中国英语媒体传播效果研究［J］. 国际新闻界，2002（04）：40-45.

[82] 郭庆光. 传播学的研究对象和基本问题（上）［J］. 国际新闻界，1998（02）：41-48.

[83] 郭晓勇. 中国语言服务业的机遇和挑战——在国国际语言服务业大会上的主题发言［J］. 中国翻译，2014（01）：10.

[84] 郭天一. 读者意识刍议［J］. 军事记者，2005（3）.

[85] 过家鼎. 关于"纸老虎"和"精神文明"的译法［J］. 上海翻译，2005（01）：55.

[86] 韩震. 对外文化传播中的话语创新［J］. 中国特色社会主义研究，2016（01）：68-72.

[87] 何东. 从文化差异看英汉翻译的传意与可接受性［J］. 广西民族大学学报（哲学社会科学版），1998（06）：118-121，128.

[88] 何国平. 中国对外报道思想研究［M］. 北京：中国传媒大学出版社，2009.

[89] 何英. 美国媒体与中国形象［M］. 广州：南方日报出版社，2005.

[90] 何兆熊. 新编语用学概要［M］. 上海：上海外语教育出版社，2000.

[91] 何志范. 谈英译的可接受性——从接受理论说起［J］. 北京第二外国语学院学报，1996（04）：33-36.

[92] 衡孝军等. 对外宣传翻译理论与实践——北京市外宣翻译用语现状调查与规范［M］. 北京：世界知识出版社，2011.

[93] 胡经之. 西方文艺理论名著教程（下）［C］. 北京：北京大学出版社，1989.

[94] 胡腾蛟. 国家形象认知冲突的理论探源——以冷战后中国形象的西方解读为视角［J］. 国际论坛，2011，13（05）：43-48，80.

[95] 胡炯梅．对"修辞"的重新解读［J］．新疆教育学院学报，2015（4）：60．

[96] 胡壮麟．语篇的衔接与连贯［M］．上海：上海外语教育出版社，2000：245．

[97] 黄勤．论话题相关在语篇连贯中的作用［J］．华中科技大学学报·社会科学版，2001（2）：113．

[98] 黄兴涛．辜鸿铭文集［Z］．海口：海南出版社，1996．

[99] 黄海翔．论文化翻译视角下典籍英译的人本主义价值观——以《孙子兵法》Minford 译本中"诡道"的文化误读为例［J］．外语教学理论与实践，2009（01）：57-62，83．

[100] 黄友义．改进中国国际传播，机器翻译大有可为．2022年在新译研究院新春座谈会上的讲话．

[101] 黄友义．坚持"外宣三贴近"原则，处理好外宣翻译中的难点问题［J］．中国翻译，2004（06）：29-30．

[102] 黄友义．文学翻译质量至关重要［N］．中华网教育发布时间，2009-12-01．

[103] 黄友义．译好鸿篇巨著讲好中国故事——通过翻译《习近平谈治国理政》英文版体会中国国际话语体系构建［J］．中国政协，2018（14）：61-64．

[104] 黄友义．中国特色中译外及其面临的挑战与对策建议——在第二届中译外高层论坛上的主旨发言［J］．中国翻译，2011，*32*（06）：5-6．

[105] 黄忠廉，刘毅．社科话语"中国制造"：术语创新与翻译传播——以"供给侧"翻译为例［J］．西北工业大学学报（社会科学版），2021（01）：56-64．

[106] 黄忠廉，孙敏庆．外译学管论与外译详解［J］．中国外语，2021，*18*（01）：91-97．

[107] 黄忠廉．翻译变体研究［M］．北京：中国对外翻译出版公司，2000．

[108] 黄忠廉．文化翻译层次论［J］．中国俄语教学，2009，28（02）：73-77．

[109] 季羡林．《东方文论选》序［J］．比较文学报，1995（10）．

[110] 季羡林．《中国翻译词典》序［Z］.// 林煌天．中国翻译词典．武汉：

湖北教育出版社，1997.

[111] 贾文波. 应用翻译功能论［M］. 北京：中国对外翻译出版公司，2005.

[112] 贾毓玲. 从断句谈如何提高外宣翻译的可读性——《求是》英译体会［J］. 中国翻译，2013，34（04）：110-112.

[113] 贾毓玲. 对融通中外话语体系建设的几点思考——《求是》英译体会［J］. 中国翻译，2015，36（05）：93-95.

[114] 贾毓玲. 对中央文献翻译的几点思考［J］. 中国翻译，2011，32（01）：78-81.

[115] 贾毓玲. 论对外政治话语体系的创建与翻译——再谈《求是》英译［J］. 中国翻译，2017，38（03）：96-101.

[116] 姜加林. 中国威胁还是威胁中国？——"中国威胁论"研究［M］. 北京：外文出版社，2012.

[117] 姜秋霞. 文学翻译与社会文化的相互作用关系研究［M］. 北京：外语教学与研究出版社，2009.

[118] 蒋骁华. 意识形态对翻译的影响：阐发与新思考［J］. 中国翻译，2003（05）：2-7.

[119] 金堤. 等效翻译探索［M］. 北京：中国对外翻译出版公司，1984.

[120] 金惠康. 中国英语的语用环境和语用功能［J］. 福建外语，2001（02）：12-17.

[121] 克里斯蒂安·诺德. 译有所为——功能翻译理论阐释［M］. 张美芳，王克非译. 北京：外语教学与研究出版社，2005.

[122] 鞠玉梅. 肯尼斯·伯克修辞学思想研究［M］. 北京：中国社会科学出版社，2017.

[123] 鞠玉梅. 社会认知修辞学：理论与实践［M］. 北京：外语教学与研究出版社，2011.

[124] 柯平. 英汉与汉英翻译教程［M］. 北京：北京大学出版社，1993.

[125] 孔慧怡. 翻译·文学·文化［M］. 北京：北京大学出版社，1999.

[126] 况新华，曾剑平. 语言可接受性判断［J］. 外语与外语教学，2001（11）：11-13.

[127] 雷敏, 曾剑平. 谈实用文体资料的翻译——兼谈术语名称的翻译 [J]. 南昌航空工业学院学报（社会科学版）, 2007（01）: 19-22.

[128] 李德荣. 小议翻译的可接受性: 从校名翻译谈起 [J]. 上海商业职业技术学院学报, 2004（06）: 25-27.

[129] 李淮春. 现代思维方式与领导活动 [M]. 北京: 求实出版社, 1987.

[130] 李家春. 零翻译类型研究 [J]. 外语学刊, 2013（3）: 95.

[131] 李炯英, 方宗祥, 袁周敏等. 跨文化语用学——基于NSM理论的反思 [M]. 南京: 南京大学出版社, 2012.

[132] 李胜华. 基于语境参数论的意向性统摄下的语词择义理据探究 [J]. 长江大学学报（社科版）, 2016, 39（03）: 63-65, 69.

[133] 李彦冰. 政治传播视野中的中国国家形象构建 [M]. 北京: 中国社会科学出版社, 2014.

[134] 连淑能. 英语的"抽象"与汉语的"具体" [A]. 英汉语文化对比研究 [M]. 上海: 上海外语教育出版社, 1996.

[135] 廉溪河. 用适当的方式讲中国故事 [J]. 社会观察, 2014（06）: 1.

[136] 梁珊珊. 德国媒体关于中国文化定势的研究——以《明镜周刊》封面为例 [J]. 人民论坛, 2015（35）: 248-250.

[137] 梁岩. 中国文化外宣研究 [M]. 北京: 中国传媒大学出版社, 2010.

[138] 廖七一. 翻译的界定与翻译批评 [J]. 中国外语, 2020, *17*（06）: 77-82.

[139] 林克难. 翻译研究: 从规范走向描写 [J]. 中国翻译, 2001（06）: 43-45.

[140] 林璋. 关于译文的质量指标——可接受性+最大对应关系 [J]. 日语学习与研究, 2008（04）: 1-6.

[141] 刘国强. 媒介身份重建——全球传播与国家认同建构的研究 [M]. 成都: 四川大学出版社, 2009.

[142] 刘剑. 文化软实力与典籍外译之话语权研究 [J]. 河南社会科学, 2012, *20*（07）: 102-104, 108.

[143] 刘江伟. 论地方新闻特色词翻译的可接受性——以宜昌政务网新闻翻译为例 [J]. 三峡大学学报（人文社会科学版）, 2016, *38*（06）: 114-116.

[144] 刘军平. 西方翻译理论通史 [M]. 武汉: 武汉大学出版社, 2016.

[145] 刘宓庆. 文化翻译论纲 [M]. 北京: 中译出版社, 2016.

[146] 刘明东, 陈圣白. 翻译与文化软实力探析 [J]. 外国语文双月刊, 2012, 28 (04): 99-102.

[147] 刘明东. 零翻译漫谈 [J]. 中国科技翻译, 2002 (1): 29-32.

[148] 刘小刚. 翻译中的创造性叛逆与跨文化交际 [M]. 天津: 南开大学出版社, 2014.

[149] 刘雅峰. 译者的适应与选择: 外宣翻译过程研究 [M]. 北京: 人民出版社, 2010.

[150] 刘亚猛. 西方修辞学史 [M]. 北京: 外语教学与研究出版社, 2008.

[151] 刘燕南. 跨文化传播的差异分析与因应探讨 [J]. 现代传播（中国传媒大学学报）, 1995 (03): 12-18.

[152] 刘云虹, 许钧. 文学翻译模式与中国文学对外译介——关于葛浩文的翻译 [J]. 外国语, 2014 (03): 6-17.

[153] 刘云虹. 译者行为与翻译批评研究——《译者行为批评: 理论框架》评析 [J]. 中国翻译, 2015, 36 (05): 65-70.

[154] 龙海艳, 曾利沙. 从"经济简明"原则看企业宣传英译的最佳效度——兼论的冗余信息的类型与操作理据 [J]. 海外英语, 2012 (05): 190-192.

[155] 龙小农. 从形象到认同: 社会传播与国家认同建构 [M]. 北京: 中国传媒大学出版社, 2012.

[156] 卢彩虹. 传播视角下的外宣翻译研究 [M]. 杭州: 浙江工商大学出版社, 2016.

[157] 卢小军. 略论我国外宣翻译的误译类型及其成因 [J]. 江苏外语教学研究, 2011 (02): 75-80.

[158] 卢欣和, 熊灵燕. 红色旅游英译的可接受性 [J]. 中国商贸, 2013 (24): 119-120.

[159] 卢永欣. 语言维度的意识形态分析 [M]. 北京: 社会科学文献出版社, 2013.

[160] 鲁迅. 鲁迅全集（第六卷）[M]. 北京: 人民文学出版社, 2005:

364-365.

[161] 陆国强. 汉英常用表达式经典惯例［M］. 上海：上海外语教育出版社，2017.

[162] 吕和发，董庆文，任林静. 跨文化公关视域下的外宣与外宣翻译研究［J］. 上海翻译，2016（06）：43.

[163] 吕和发，董庆文，任林静. 跨文化公关视域下的外宣与外宣翻译研究［M］. 北京：国防工业出版社，2016.

[164] 吕和发，邹彦群."外宣"宣何？"外宣翻译"译何？［J］. 上海翻译，2014.

[165] 吕俊，侯向群. 翻译批评学引论［M］. 上海：上海外语教育出版社，2009.

[166] 吕俊，侯向群. 英汉翻译教程［M］. 上海：上海外语教育出版社，2001.

[167] 马克林. 我看中国［M］. 张勇先，吴迪译. 北京：中国人民大学出版社，2013.

[168] 马祖毅，任荣珍. 汉籍外译史［M］. 武汉：湖北教育出版社，1997.

[169] 毛泽东. 毛泽东选集（第三卷）［M］. 北京：人民出版社，1991.

[170] 蒙象飞. 中国国家形象建构中文化符号的运用与传播［M］. 北京：五洲传播出版社，2016.

[171] 孟建钢. 关于翻译原则二重性的最佳关联性解释［J］. 中国翻译，2002（5）：27-31.

[172] 孟祥春. Glocal Chimerican 葛浩文英译研究［J］. 外国语（上海外国语大学学报），2015，38（04）：77-87.

[173] 莫兰. 文化教学：实践的观念［M］. 北京：外语教学与研究出版社，2003.

[174] 尼古拉斯·布宁，余纪元. 西方哲学英汉对照辞典［M］. 北京：人民出版社，2001.

[175] 诺德. 译有所为——功能翻译理论阐释［M］. 张美若，王克莫译. 北京：外语教学与研究出版社，2005：74.

[176] 潘晓东. 从可接受性的角度探讨公共场所对外宣传用语的翻译［J］.

三峡大学学报（人文社会科学版），2009，31（04）：99-101.

[177] 潘晓亮. 蒙牛 13 年来首次换装广告语就出错？[DB/OL]. http://news.xinhuanet.com/food/2012-10/08/c_123792852. Htm，2012-10-08.

[178] 邱懋如. 可译性及零翻译 [J]. 中国翻译，2001（1）：24-27.

[179] 冉玉体. 功能主义视角下的旅游材料外宣翻译研究：以北京故宫博物院译介文本为例 [M]. 北京：外语教学与研究出版社，2017.

[180] 任东升. 国家翻译实践史书写的初步探索——国家翻译实践中的"外来译家"研究综述 [J]. 上海翻译，2016（05）：1-5，94.

[181] 单波. 跨文化传播的问题与可能性 [M]. 武汉：武汉大学出版社，2010.

[182] 邵璐. 莫言英译者葛浩文翻译中的"忠实"与"伪忠实" [J]. 中国翻译，2013（03）：62-67.

[183] 沈继诚. 体育口号英译文的可接受性问题探讨 [J]. 华南理工大学学报（社会科学版），2008，10（02）：66-71.

[184] 沈苏儒. 对外传播的效果 [J]. 对外大传播，1999（01）：6-8.

[185] 沈苏儒. 对外传播理论与实践 [M]. 北京：五洲传播出版社，2004.

[186] 施燕华. 怎样做好外交口译 [J]. 中国翻译，2007，28（03）：57-60.

[187] 司显柱. 功能语言学与翻译研究——翻译质量评估模式建构 [M]. 北京：北京大学出版社，2007.

[188] 宋林飞. 现代社会学 [M]. 上海：上海人民出版社，1987：153.

[189] 宋平锋，周莉莉. 外宣翻译中的修辞因素 [J]. 辽宁医学院学报（社会科学版），2015，13（01）：121-124.

[190] 宋琼. 广告的语用翻译及广告翻译中的语用失误[D]. 上海海运学院，2003.63-64.

[191] 孙春英. 跨文化传播学 [M]. 北京：北京大学出版社，2015.

[192] 孙会军，郑庆珠. 译论研究中的文化转向 [J]. 中国翻译，2000（05）：12-13.

[193] 孙会军. 普遍与差异 [M]. 上海：上海译文出版社，2005.

[194] 孙丽元. 对翻译中可接受性问题的几点思考 [J]. 国际关系学院学报，2001（04）：60-62.

[195] 孙艺风. 翻译的规范与主体意识 [J]. 中国翻译, 2003（03）: 5-11.

[196] 孙艺风. 文化翻译 [M]. 北京: 北京大学出版社, 2016.

[197] 孙迎春. 汉英双向翻译学语林 [M]. 济南: 山东大学出版社, 2001.

[198] 檀有志. 公共外交中的国家形象建构——以中国国家形象宣传片为例 [J]. 现代国际关系, 2012（02）: 54-60.

[199] 汤光鸿. 国家形象 [A]. // 李正国. 国家形象构建 [M]. 北京: 中国传媒大学出版社, 2006.

[200] 唐青叶, 申奥. "一带一路"及"人类命运共同体"话语体系构建的现状、问题与对策 [J]. 北京科技大学学报（社会科学版）, 2018, *34*（01）: 12-17.

[201] 唐润华. 德才兼备——新时期外宣工作者的必备素质 [J]. 对外传播, 2005（06）: 52-54.

[202] 王克非. 翻译文化史论 [M]. 上海: 外语教育出版社, 2000.

[203] 王福益. "主客二元"与"天人合一"的比较研究 [J]. 新西部, 2019（3）: 87.

[204] 王大来. 翻译中的文化缺省研究 [M]. 北京: 中央编译出版社, 2014.

[205] 王德春, 陈晨. 现代修辞学 [M]. 上海: 上海外语教育出版社, 2002.

[206] 王东风, 章于炎. 英汉语序的比较与翻译 [J]. 外语教学与研究, 1993（04）: 36-44, 80.

[207] 王端. 跨文化翻译的文化外交功能探索 [M]. 北京: 中国广播影视出版社, 2019.

[208] 王宏印. 中国文化典籍英译 [M]. 北京: 外语教学与研究出版社, 2017.

[209] 王静, 王占斌. 戏剧翻译中异国情调与可接受性的平衡——以尤金·奥尼尔《天边外》两个汉译本为例 [J]. 牡丹江大学学报, 2017, *26*（04）: 121-123.

[210] 王磊. 中国对外话语体系建设: 任务与策略 [J]. 中央社会主义学院学报, 2020（02）: 53-60.

[211] 王宁. 翻译与国家形象的建构及海外传播 [J]. 外语教学, 2018, *39* (05): 1-6.

[212] 王弄笙. 近年来汉英翻译中出现的一些问题 [J]. 中国翻译, 2002 (01): 22-27.

[213] 王弄笙. 外事汉英翻译中的几点体会 [J]. 中国翻译, 1991 (03): 6-12.

[214] 王守宏. 跨文化语用学视角下的外宣翻译策略研究 [D]. 上海: 上海外国语大学, 2012: 92-93.

[215] 王武兴. 英汉语言对比与翻译 [M]. 北京: 北京大学出版社, 2003.

[216] 王希杰. 汉语修辞学(修订本)[M]. 北京: 商务印书馆, 2004: 181, 178.

[217] 王希杰. 修辞学导论 [M]. 长沙: 湖南师范大学出版社, 2011: 165.

[218] 王向华. 国外影片的可接受性与影视翻译 [J]. 电影文学, 2005 (10).

[219] 王友贵. 意识形态与20世纪中国翻译文学史(1899—1979)[J]. 中国翻译, 2003 (09): 11-15.

[220] 王岳川. 面对薯片芯片大片,中国文化不能失声 [N]. 人民日报, 2006-4-14.

[221] 耶夫·维尔索伦. 语用学诠释 [M]. 钱冠连, 霍永寿译. 北京: 清华大学出版社, 2003.

[222] 位迎苏, 万莹, 曲艺. 纪录片《布衣中国》的国家形象建构 [J]. 中国广播电视学报, 2019 (07): 82-85.

[223] 温秀颖. 翻译批评基本理论研究 [D], 天津: 南开大学, 2000.

[224] 文化部对外文化联络局等. 摆渡者: 中外文化翻译与传播 [M]. 北京: 中央编译出版社, 2016.

[225] 文军, 邓春辜涛, 蒋宇佳. 信息与可接受度的统一——对当前旅游翻译的一项调查与分析 [J]. 中国科技翻译, 2002 (01): 49-52, 64.

[226] 沃尔夫拉姆·威尔斯. 翻译学——问题与方法 [M]. 北京: 中国对外翻译出版公司, 1988.

[227] 吴礼权. 修辞心理学 [M]. 昆明: 云南人民出版社, 2002.

[228] 吴礼权. 修辞心理学论略［J］. 复旦学报（社会科学版），1998（05）：101-107.

[229] 吴赟. 国家形象自我建构与国家翻译规划：概念与路径［J］. 外语研究，2019，36（03）：72-78.

[230] 吴赟，蒋梦莹. 改革开放以来我国对外翻译规划与国家形象构建［J］. 中国外语，2018，15（06）：16-22.

[231] 习近平谈治国理政［M］. 北京：外文出版社，2014：162.

[232] 习近平谈治国理政（第二卷）［M］. 北京：外文出版社，2017.

[233] 肖维青. 翻译批评模式研究［M］. 上海：上海外语教育出版社，2010.

[234] 谢莉，王银泉. 中国国际形象建构视域下的政治话语翻译研究［J］. 外语教学，2018，39（05）：7-11.

[235] 谢天振. 翻译研究新视野［M］. 福州：福建教育出版社，2003：120.

[236] 谢天振. 莫言作品"外译"成功的启示［N］. 文汇读书周报，2012-12-14.

[237] 谢天振. 语言差和时间差——中国文化"走出去"需重视的两个问题［N］. 文汇读书周报，2011-09-02.

[238] 辛红娟，宋子燕. 汉语外来词音译回潮之文化剖析［J］. 中南工业大学学报（社会科学版），2012，18（06）：220-224.

[239] 熊春锦. 东方治理学：中华民族文化软实力［M］. 北京：中央编译出版社，2016.

[240] 熊光楷. 中文词汇"韬光养晦"翻译的外交战略意义［J］. 公共外交季刊夏季号，2010（02）：62-66.

[241] 熊学亮. 浅谈语用现象的规约化［J］. 外语学刊，1997（03）：14-17.

[242] 徐建国. 建构"外宣翻译"英译名：术语学视角［J］. 解放军外国语学院学报，2013，36（05）：73-76，128.

[243] 徐鹏等. 修辞和语用——汉英修辞手段语用对比研究［M］. 上海：上海外语教育出版社，2007.

[244] 徐元瑛，崔清田. 简明逻辑学［M］. 石家庄：河北人民出版社，1982.

[245] 许丹. 翻译规范理论视角下影视翻译的可接受性［J］. 安徽工业大学

学报（社会科学版），2016，33（02）：71-72.

[246] 许宏. 外宣翻译与国际形象建构［M］. 北京：时事出版社，2017.

[247] 许渊冲. 典籍英译，中国可算世界一流［J］. 中国外语，2006（05）：70-72.

[248] 许渊冲. 谈重译——兼评许钧［J］. 外语与外语教学，1996（06）：56-59.

[249] 许钧. 翻译价值简论［J］. 外语与外语教学，2004（1）：39.

[250] 严文斌. 融通话语体系讲好中国故事［J］. 对外传播，2014（09）：16-17.

[251] 阎德胜. 翻译科学是应用逻辑［J］. 外语教学，1991（01）：56-64，71.

[252] 杨红英，黄文英. 汉英旅游翻译的可接受性研究［J］. 外语教学，2009，30（04）：104-108.

[253] 杨靖. 文化对等原则和可接受原则在文学翻译中的运用——以《西方以东》为例［J］. 江苏外语教学研究，2016（02）.

[254] 杨俊峰. 各国政党为中共点赞［N］. 人民日报海外版，2017-10-13.

[255] 杨柳，王守仁. 文化视域中的翻译理论研究［M］. 北京：人民文学出版社，2013：149.

[256] 杨柳等.《道德经》在多元文化语境下的接受与翻译［M］. 南京：南京大学出版社，2016.

[257] 杨平. 名作精译——《中国翻译》汉译英选萃［M］. 青岛：青岛出版社，2003.

[258] 杨琦. 英汉"反复"修辞格对比分析及翻译探究［J］. 教育教学论坛，2017（18）：229-230.

[259] 杨庆存. 中国文化"走出去"的起步与探索——国家社科基金"中华学术外译项目"浅谈［A］. 文化部对外文化联络局等.// 摆渡者：中外文化翻译与传播［C］. 北京：中央编译出版社，2016：16.

[260] 杨仕章. 论翻译活动中的文化过滤［J］. 解放军外国语学院学报，2011，34（04）：86-90.

[261] 杨司桂. 语用翻译观：奈达翻译思想再研究［M］. 成都：四川大学出

版社，2016.

[262] 杨鲜兰. 构建当代中国话语体系的难点与对策［J］. 马克思主义研究，2015（02）：59-65，159.

[263] 杨晓荣. 翻译批评导论［M］. 北京：中国对外翻译出版公司，2005.

[264] 杨晓荣. 翻译批评导论［M］. 上海：华东师范大学出版社，2017.

[265] 杨雪莲. 传播学视角下的外宣翻译［D］. 中国知网，http://www.cnki.net/2010.

[266] 杨雪松. 影响翻译实践的社会文化因素［J］. 山西煤炭管理干部学院学报，2013，26（03）：102-103，108.

[267] 杨友玉. 多维视域下的外宣翻译体系构建研究［M］. 北京：中国水利水电出版社，2018.

[268] 杨玉晨. 可能性与自然度：从语篇角度谈翻译文本的可接受性［J］. 北华大学学报（社会科学版），2019，20（02）：12-19.

[269] 姚亮生. 建立传播学的翻译观［D］. 南京：南京师范大学，2003.

[270] 叶君武. 再谈口译语言的可接受性［J］. 盐城工学院学报（社会科学版），2010，23（03）：57-59，77.

[271] 于丹翎. "Independence"抑或"Secession"，同乎，异乎？［J］. 中国翻译，2009，30（01）：73-75.

[272] 于秀娟. 价值观对接与译介之功——也议莫言获诺贝尔文学奖［J］. 现代职业教育，2016：136.

[273] 余红，王琨. 国家形象概念辨析［J］. 中州学刊，2014（01）：167-172.

[274] 余志为，张雅倩. 国家形象的他者想象和自我建构——中日两版纪录片《新丝绸之路》对照分析［J］. 艺术百家，2019，35（02）：137-141，147.

[275] 袁晓宁. 以目的语为依归的外宣英译特质——以《南京采风》翻译为例［J］. 中国翻译，2010（02）：61-64.

[276] 袁晓宁. 语篇翻译中的重构现象探讨［J］. 东南大学学报（哲学社会科学版），2008（02）：102-106，128.

[277] 袁宜平. 科技术语的零翻译［J］. 术语标准化与信息技术，2010（3）：13-17.

[278] 袁卓喜. 对外新闻编译与译者的修辞意识 [J]. 上海翻译, 2020 (06): 23-28, 95.

[279] 袁卓喜. 修辞劝说视角下的外宣翻译研究 [D]. 上海: 上海外国语大学, 2014.

[280] 约瑟夫·奈. 注定领导世界: 美国权力性质的变迁 [M]. 刘华译. 北京: 中国人民大学出版社, 2012.

[281] 岳峰, 陈榕烽. 从译审到翻译: MTI 传媒翻译逆序教学法探索 [J]. 中国翻译, 2014, 35 (05): 45-48.

[282] 曾丹. 论导游词英译 [J]. 中国科技翻译, 2006 (02): 36-39.

[283] 曾剑平, 樊萍. 文本类型与翻译策略 [J]. 新余高专学报, 2010, 15 (04): 52-54.

[284] 曾剑平, 潘清华. 论异化译文的可接受性 [J]. 江西财经大学学报, 2013 (04): 87-95.

[285] 曾剑平, 汪华. 语言禁忌与文化心理 [J]. 江西社会科学, 2001 (05): 46-48.

[286] 曾剑平, 钟达祥. 论译作的可接受性 [J]. 南昌大学学报（人文社会科学版）, 2005 (04): 142-146.

[287] 曾剑平. 提高翻译质量促进对外开放 [J]. 江西社会科学, 1999 (12): 144-145.

[288] 曾利沙. 论旅游指南翻译的主题信息突出策略原则 [J]. 上海翻译, 2005 (01): 19-23.

[289] 张苾芜. 国家形象理论与外交政策动机 [J]. 国外社会科学, 2011 (01): 97-103.

[290] 张桂珍. 中国对外传播 [M]. 北京: 中国传媒大学出版社, 2006.

[291] 张恒军, 吴秀峰. 中华文化海外传播: 话语权、价值观与影响力——以中华老字号为中心的考察 [M]. 北京: 中国社会科学出版社, 2019.

[292] 张骥等. 中华文化走向世界策略研究 [M]. 北京: 中国社会科学出版社, 2019.

[293] 张健. 全球化语境下的外宣翻译"变通"策略刍议 [J]. 外国语言文学（季刊）, 2013 (01): 19-27, 43.

[294] 张健. 外宣翻译导论 [M]. 北京：国防工业出版社，2013.

[295] 张昆，陈雅莉. 文化多样性与对外传播的差异化战略 [M]. 武汉：武汉大学出版社，2015：389.

[296] 张昆，徐琼. 国家形象刍议 [J]. 国际新闻界，2007（03）：11-16.

[297] 张昆. 跨文化传播与国家形象建构 [M]. 武汉：武汉大学出版社，2015：2-3.

[298] 张南峰. 从梦想到现实——对翻译学科的东张西望 [J]. 外国语，1998（03）：41-47.

[299] 张南峰. 中西译学批评 [M]. 北京：清华大学出版社，2004.

[300] 张添羽，宇文刚. 政治文献外宣翻译中修辞劝说理论的介入 [J]. 六盘水师范学院学报，2019，*31*（04）：56-61.

[301] 张同德，艾淑臻，黄青. 政治文献文本翻译中意识形态的建构策略 [J]. 东华理工大学学报（社会科学版），2014，33（02）：157-161.

[302] 张维友. 英语词汇学教程 [M]. 武汉：华中师范大学出版社，1999.

[303] 张新红. 文本类型与法律文本 [J]. 现代外语，2001（02）：192-200.

[304] 张杏玲. 生态翻译学视域下彝族文化的外宣翻译研究 [M]. 北京：中国社会科学出版社，2018.

[305] 张颖. 对重要政治文献翻译的几点思考 [J]. 中国翻译，2019，*40*（04）：150-155.

[306] 张志华. 影响翻译实践的社会和文化因素 [J]. 长春师范大学学报（人文社会科学版），2014，*33*（05）：95-97.

[307] 章晓英. 中国对外话语体系建构：一个叙事学视角 [J]. 国际传播，2019（01）：1-7.

[308] 章新传，金威. 汉语偶发性同义词语研究 [J]. 江西教育学院学报，2009，*30*（04）：45-48.

[309] 赵爱国. 语言文化学论纲 [M]. 哈尔滨：黑龙江人民出版社，2006：86-87.

[310] 赵琦，卢澄. 论音译在英汉翻译中的作用 [J]. 广西师范学院学报（哲学社会科学版），2013，*34*（01）：118-124.

[311] 赵彦春. 关联理论对翻译的解释力 [A]. 语用与认知——关联理论研

究［C］．北京：外语教学与研究出版社，2001．

［312］郑海霞．跨文化视域中的外宣翻译研究［M］．北京：中国水利水电出版社，2017．

［313］郑乐平．超越现实主义和后现代主义：论新的社会理论空间之建构［M］．上海：上海教育出版社，2003．

［314］郑蔚康．权力·翻译与中国文化软实力建设［J］．齐齐哈尔大学学报（哲学社会科学版），2017（01）：129-131．

［315］钟雯雯．外文出版社图书选题特色研究［D］．保定：河北大学，2013．

［316］周邦友．谈译入语的可接受性［J］．安徽大学学报（哲学社会科学版），2001（06）：112-114，122．

［317］周明伟．着力构建融通中外的话语体系［J］．对外传播，2015（07）：8-9．

［318］周智秋．"巧传播"时代下中国国家形象传播思路［A］．刘明．中国形象传播历史与变革［C］．北京：经济科学出版社，2012：47．

［319］周忠良．《习近平谈治国理政》海外出版影响力研究［J］．中国出版，2019（17）：51-55．

［320］朱纯深，张峻峰．"不折腾"的不翻译：零翻译、陌生化与话语解释权［J］．中国翻译，2011，*32*（01）：68-72．

［321］朱艳卿．标语英译文可接受性问题探讨［J］．华南师范大学学报（社会科学版），2006（06）：60-66，159．

［322］朱燕．从最佳关联性看广告翻译的效度［J］．四川外语学院学报，2007（4）．

［323］朱义华．外宣翻译的政治性剖析及其翻译策略研究［M］．苏州：苏州大学出版社，2017．

［324］朱永生，郑立信，苗兴伟．英汉语篇衔接手段对比研究［M］．上海：上海外语教育出版社，2002．

［325］祝朝伟，李萍．文本类型理论与诗歌翻译［J］．天津外国语学院学报，2002（03）：6-11．

［326］祝朝伟．翻译的话语等效与对外话语传播体系创新［J］．中国外语，2020，*17*（02）：4-12．

[327] 祝畹瑾. 社会语言学概论 [M]. 长沙: 湖南教育出版社, 1992.

[328] 庄琴芳. 福柯后现代语境观与中国话语建构 [J]. 外语学刊, 2007 (05): 94-96.

[329] Albert Branchadell, Lovell Margaret West. *Less Translated Language*[M]. Amsterdam & Philadelphia: John Benjamins Publishing, 2005.

[330] Allport, G. W. *The Nature of Prejudice*[M]. MA: Addison-Wesley, 1954.

[331] Alvarez, Roman & Vidal, M. Carmen-Africa. *Translation, Power, Subversion*[M]. Beijing: Foreign Language Teaching and Research Press, 2007: 1-9.

[332] Baker, Mona. *In Other Words: A Coursebook on Translation* [M]. Beijing: Foreign Language Teaching and Research Press, 2000.

[333] Bassnet, Susan & André Lefevere. *Translation, History, and Culture*[M]. London and New York: Printer Publishers, 1990.

[334] Belkin, N. J. & R. N. Oddy, H. M. Brooks. Ask for Information Retrieval[J]. *Journal of the Document*, 1982, *1* (2): 61-62.

[335] Burke, Kenneth. *Language as Symbolic Action*[M]. Berkeley: University of California Press, 1966.

[336] Burke. *Cultural Translation in Early Modern Europe*[M]. New York: Cambridge University Press, 2007.

[337] Carter R. & W. Nash. *Seeing Through Language: A Guide to Styles of English Writing*[M]. London: Basil Blackwell, 1990.

[338] Chesterman Andrew. *Memes of Translation*[M]. Amsterdam: Benjamins, 1997.

[339] De Beaugrande, R. & Dressler, W. *Introduction to Text Linguistics*[M]. London: Longman, 1981.

[340] De Waard, J. & Nida, E. A. *From One Language to Another: Functional Equivalence in Bible Translating*[M]. Nashville: Thomas Nelson, 1986.

[341] Edward Sapir. *Language: An Introduction to the Study Speech* [M]. Beijing: Foreign Language Teaching and Research Press, 2002.

[342] Edward W. Said. *Orientalism*[M]. New York: Vintage Books, 1978.

[343] Edwin Gentzler. *Contemporary Translation Theories*[M]. London&New

York: Routledge, 1993.

[344] Foucault, Michael. The Order of Discourse[A]. Shapiro, M. *Languages and Politics*[C]. Oxford: Blackwell, 1984.

[345] Gallois, C. et al. Accommodating Intercultural Encounters: Elaborations and Extensions[A]. In A. Virding (ed.), *International and Intercultural Communication Annual*[C]. Newbury Park: Sage, 1995.

[346] Gramsci, Antonio. *Prison Notebook*[M]. Bao Xu (trans.). Beijing: People's Publishing House, 1983.

[347] Gunther K. & Robert H. *Language as Ideology*[M]. London: Routledge & Kegan Paul, 1979.

[348] Halliday & Hasan. *Cohesion in English*[M]. London: Longman, 1976.

[349] Halliday, M. A. K. *An Introduction to Functional Grammar* (2nd edition)[M]. London: Edward Arnold, 1994.

[350] Harvey, K. A Descriptive Framework for Compensation[J]. *Translator*, 1995.

[351] Hatim & Marson. *Discourse and the Translator*[M]. Norman, 1994.

[352] Hermans, Theo. *Translation in Systems: Descriptive and System-oriented Approaches Explained*[M]. Manchester: St. Jerome Publishing, 1999.

[353] Herrick, James A. *The History and Theory of Rhetoric: An Introduction*[M]. Boston: Allyn &Bacon, 2001.

[354] Hofstede, G. *Culture's Consequences*[M]. Beverly Hills, CA: Sage, 1984.

[355] House, J. *Translation Quality Assessment: Past and Present*[M]. London: Routledge, 2015.

[356] Jenkins, J. *World Englishes*[M]. London: Routledge, 2003.

[357] Jorge Larrain. *The Concept of Ideology*[M]. London: Hutchinson, 1979.

[358] K. E. Boulding, National Images and International Systems[J]. *The Journal of Conflict Resolution*, 1959, 3 (2).

[359] Kachru, B. B. & Nelson, C. L. World Englishes[A]. Burns A. & Coffin, C. (eds). *Analysing English in a Global Context*[C]. London: Routledge, 2001.

[360] Kachru, B. B. *The Other Tongue: English Across Cultures*[M]. Urbana

and Chicago: University of Illinois Press, 1992.

[361] Kade, Otto. *Zufall und Gesetzmassigkeit in der Ubersetzung*[M]. Leipzig: VEB Enzyklopadie, 1968.

[362] Katharina Reiss. *Translation Criticism: The Potentials and Limitations*[M]. Shanghai: Shanghai Foreign Language Education Press, 2004.

[363] Lawrence Venuti. *Rethinking Translation: Discourse, Subjectivity, Ideology*[M]. London: Routledge, 1992.

[364] Lefevere, A. *Translation/History/Culture: A Sourcebook*[M]. London: Routledge, 1992 (b).

[365] Lee, L. O. *The Romantic Generation of Modern Chinese Writers*[M]. Cambridge: Harvard University Press, 1973.

[366] Martin I. M.& Eroglu S. Measuring a Multi-dimensional Construct: Country Image[J]. *Journal of Business Research*, 1993: 193.

[367] Marx, Engels. *Marx Engels Collected Works*[M]. Beijing: People's Publishing House, 1965: 52.

[368] Michael Shapiro. *Language Politics*[M]. Oxford: Basil Blackwell, 1984.

[369] Newmark P. *A Textbook of Translation*[M]. Shanghai: Shanghai Foreign Language Education Press, 2002.

[370] Nida E. A. *Language and Culture—Contexts in Translating*[M]. Shanghai: Shanghai Foreign Language Education, 2001: 60.

[371] Nida E. A. & Taber C. *The Theory and Practice of Translation*[M]. New York: United Bible Societies, 1982.

[372] Nida E. A. *Language, Culture and Translating*[M]. Hohhot: Inner-Mongolian University Press, 1998.

[373] Nida E. A. *Toward a Science of Translating*[M]. Shanghai: Shanghai Foreign Language Education Press, 2004.

[374] Nida, E. A. *Towards a Science of Translating: With Special Reference to Principles and Procedures Involved in Bible Translating*[M]. Brill: Leyden, 1864.

[375] Nida, E. A. & Taber, Charles R. *The Theory and Practice of Translation*[M]. 上海：上海外语教育出版社, 2001.

[376] Nord C. *Translating as a Purposeful Activity: Functionalist Approaches Explained*[M]. Shanghai: Shanghai Foreign Language Education Press, 2001: 32-33.

[377] Nord, C. *Translating as a Purposeful Activity*[M]. Manchester: St. Jerome Publishing, 1997.

[378] Nye, J. S. The Challenge of Soft Power[J]. *Time*, 1999: 21.

[379] Philipsen, G. *Speaking Culturally: Explorations in Social Communication*[M]. Albany: SUNY Press, 1992.

[380] Pinkham, Joan. *The Translator's Guide to Chinglish*[M]. 北京：外语教学与研究出版社, 2000: 26-113.

[381] R. Barthes. *Le Plaisir du texte*[M]. Paris: Seul, 1973.

[382] R. Quirk, S. Greenbaum, G. Leech & J. Swvartvik. *A Grammar of Contemporary English*[M]. London: Longman, 1973.

[383] Reiss, K. Text Types, Translation Types, and Translation Assessment. In Chesterman, A. (ed.) *Readings in Translation Theory*. Helsinki: Oy Finn Lectura Ab, 1989.

[384] Samovar, L. A. & H. F. Porter. *Intercultural Communication: A Reader*[C]. Belmont, Calif.: Wadsworth, 1985.

[385] Schleiermarcher Friedrich. On the Different Methods of Translating[A]. *Translating Literature: The German Tradition from Luther to Rosenzweig*[C]. Assen and Amsterdam: Van Gorcum, 1977.

[386] Sell, Joathan P. A. A Metaphorical Basis for Transcultural Narrative: A Response to David Pan[J]. *Language and Intercultural Communication*, 2007, *7* (1): 2-15.

[387] Seyhmus Baloglu & Ken W. McCleary. A Model of Destination Image Formation[J]. *Annals of Tourism Research*, 1999, *26* (4) : 868-897.

[388] Sperb D. & D. Wilson. *Relevance: Cognition and Communication*[M]. Oxford: Basil Blackwell, 1995.

[389] Toury G. *In Search of a Theory of Translation*[M]. Tel Aviv: The Porter Institute, 1980.

[390] Toury, G. *Descriptive Translation Studies and Beyond*[M]. Shanghai:

Shanghai Foreign Language Education Press, 2001.

[391] Venuti Lawrence. *The Translator's Invisibility*[M]. London: Routledge, 1995.

[392] Vincent, Richard C. *Global Communication and Propaganda in Global Communication*[M]. Thomson: Wadsworth, 2007.

[393] Weaver R. *Language Is Sermonic*[M]. Batou Rouge: Louisiana State University Press, 1970.

[394] Wierzbicka, A. *Understanding Cultures Through Their Key Words: English, Russian, Polish, German and Japanese*[M]. Oxford: Oxford University Press, 1997.

[395] Worf, Benjamin Lee. Science and Linguistics[J]. *Technology Review*, 1840: 229-231.

[396] Zipf G. K. *Human Behavior and the Principle of Least Effort: An Introduction to Human Ecology*[M]. New York: Hafner, 1949.